# UNA CAMINATA EN LA OSCURIDAD

Eva Piper

con Cecil Murphey

# Una caminata en la oscuridad

Cómo los

90 minutos en el cielo

que pasó mi esposo profundizaron

mi fe para toda la vida

Grupo Nelson
Una división de Thomas Nelson Publishers
*Desde 1798*

NASHVILLE DALLAS MÉXICO DF. RÍO DE JANEIRO

Publicado en Nashville, Tennessee, Estados Unidos de América. Grupo Nelson, Inc. es una subsidiaria que pertenece completamente a Thomas Nelson, Inc. Grupo Nelson es una marca registrada de Thomas Nelson, Inc. www.gruponelson.com

Título en inglés: *A Walk Through the Dark*



Publicado por Thomas Nelson



Editora en Jefe: *Graciela Lelli*
Traducción: *Lesvia Kelly*
Adaptación del diseño al español: *Grupo Nivel Uno, Inc.*

ISBN: 978-1-60255-671-3

Impreso en Estados Unidos de América

14 15 16 17 18 RRD 9 8 7 6 5 4 3 2 1

*A la memoria cariñosa de mi madre, Ethel Pentecost.*

*Ella fue un ejemplo de fortaleza, voluntad y determinación total.*

*Dios, familia y nación.*

# Contenido

# Prólogo

Hace poco me tropecé por las escaleras de nuestro hogar. El hecho de caerse se ha convertido en algo como una costumbre para mí. Mi amigo, Cliff McArdle ha observado que «me he tropezado en algunos de los mejores sitios de la ciudad».

He descubierto que el hecho de tropezarme parece ir acompañado de estar en un accidente horroroso de automóvil, severamente fracturando las dos piernas, y teniendo muchas cirugías en esas piernas. Eva estuvo allí para la mayoría de las cirugías y ella ha estado allí después de cada caída, incluyendo la más reciente.

Mientras que estaba acabando mi caída más reciente a la parte inferior del hueco de nuestra escalera, fui recordado del sentimiento de inutilidad mientras que me desplomaba. Yo no tenía nada de control sobre mi cuerpo. No había nada en absoluto que podía hacer para para detener el tambaleo. La gravedad se adueñaba del momento.

Esto es similar a la situación en que me encontraba en la mañana del 18 de enero de 1989, cuando un camión grande se estrelló conmigo de frente y me mató. Yo no tenía control ni de mi vida de mi muerte. No podía de ninguna manera haber captado en ese día hasta en qué medida otros controlarían mi vida en los días venideros.

Necesitaría de los esfuerzos combinados de algunos de los mejores profesionales en medicina sobre el planeta, miles de guerreros de oración, cientos de miembros de iglesias, miembros de la familia comprometidos y amigos queridos, para volver a recomponer a este Zanco Panco de nuevo. Sin embargo, la fidelidad absoluta de una mujer fue lo más indispensable en cuanto a mi recuperación.

Ella es mi esposa de casi cuarenta años, Eva Pentecost Piper.

Tres semanas antes del accidente, habíamos celebrado nuestro aniversario decimoquinto. En los dos años que siguieron, nos tocó tomar casi toda una vida virtual de decisiones difíciles y tuvimos emociones profundas. Cambió el curso de nuestras vidas. Todavía tenemos las cicatrices que quedanron de nuestras pruebas. La mayoría de las mías son visibles, las de ella, no tanto.

Eva había dado a luz a nuestros tres hijos, Nicole, Chris y Joe. Desde el momento en que regresamos del hospital con ellos, les nutrimos, apreciamos y guiamos. Mientras éramos los padres para nuestros hijos, estoy seguro de que Eva nunca contempló el hecho de tener que dar cuidados a un esposo de treinta y ocho años que era totalmente incapaz de hacer nada a la vez. Ella era una hija de treinta y seis años de edad, la hija mayor de un sargento jefe maestre jubilado de la Fuerza Aérea del estado de Missouri, una maestra de escuela primaria, una pianista dotada, y una madre y esposa cristiana devota.

En cierta manera, ella no estaba nada preparada para las noticias devastadoras de mi accidente terrible. Pero como tú aprenderás, en otras maneras ella sí estaba preparada para mi accidente horroroso.

Yo creo que por causa de su éxito sobre esta horrible experiencia, tú serás inspirado para vencer también. Tú puedes aprender de sus éxitos y desafíos. Tú puedes reírte de nuestras deficiencias, llorar en nuestros momentos más vulnerables, y animarla en sus victorias enormes. Al final estarás mejor preparado para conquistar el desastre, y vencer la inutilidad y desesperación.

Cientos de miles de personas han leído en los libros que he escrito, y escuchado en mis presentaciones en los medios, y en persona, lo siguiente: «Eva es la heroína de mi historia. Yo sobreviví el accidente, ella lo superó».

En *Una caminata en la oscuridad* encontrarás cómo ella lo hizo. Eva, juntamente con Dios y un elenco de miles, lo consiguió.

En esa mañana, el 18 de enero de 1989, dos personas ordinarias estaban haciendo lo que habían sido llamadas a hacer. Yo iba en camino a la iglesia en donde Dios me habían llamado a servir. Eva estaba enseñando a sus estudiantes en la escuela, un llamamiento que yo creo es uno de los más importantes y exigentes que Dios nos hace.

En un instante, nuestras vidas fueron cambiadas de una manera irrevocable y dramática. Mi cuerpo estaba allí terriblemente magullado entre restos de metal y cristales destrozados. Ella estaba al otro lado del escritorio del director cuando escuchó las palabras: «siento tener que decir que le tengo unas noticias nada agradables».

Hace algunos años, si tú me hubieras dicho que yo estaría escribiendo un prólogo para su libro acerca de cómo vencer la crisis y el quebranto del corazón, me hubiera burlado de la sugerencia. Yo he demostrado con seguridad que no tengo el don de profecía. De otra manera, podría haber anticipado la respuesta extraordinaria a nuestro gran reto. Yo no veía venir nada de eso, incluyendo este libro de la heroína de la historia: Eva.

Cuando comienzas a «tambalearte por las escaleras», viene ese instante en que te das cuenta de que no tienes ningún control de lo que está ocurriendo. Simplemente experimentas la caída y te fijas a dónde te lleva. Por lo menos en el caso de mi novia preciosa, Eva Piper, estoy encantado de que ella haya sido llevada aquí, a este libro. Creo que será atesorado por generaciones como un libro de texto para vencer, de alguien que sí venció.

Eva, yo honro tu determinación frente a adversidades pasmosas, tu fidelidad sin tambalear en las más oscuras de las noches, y tu amor sin vacilaciones, aun con alguien que en la mayoría de los casos no era amable, yo mismo.

Eva, tú eres la heroína de nuestra historia.

Don Piper
agosto de 2012

# 1.
# La oscuridad empieza

Mi esposo falleció el 18 de enero de 1989. En cuestión de segundos, pasé de estar viviendo en la luz a estar caminando por la oscuridad.

Y yo siempre he tenido miedo a la oscuridad.

No puedo dar ninguna razón convincente por mi miedo, pero está allí. Cuando era niña me iba a dormir con una lamparilla. Todavía me duermo con la luz del baño encendida durante la noche y dejo la puerta medio abierta. Cuando entro a nuestra casa, enciendo las luces; mientras más, mejor. Nunca nadie me va encontrar caminando por un llano totalmente oscuro o por una playa sin iluminación.

No se trata solamente de la oscuridad física. También me disgusta que me «mantengan en la oscuridad». Soy una de esas personas que lee el primer capítulo de un libro para averiguar cuál es el argumento e inmediatamente después salta hasta el último capítulo. Algo dentro de mí tiene que saber cómo termina todo. Solo entonces es cuando puedo disfrutar los capítulos del medio.

En ese día de 1989, empecé una caminata sin tener idea de cómo ni dónde iba a terminar o cuánto iba a durar. No podía haberme preparado para la oscuridad que empezó en esa tarde fría y húmeda del mes de enero.

En retrospección, a veces me pregunto: «¿por qué no tuve ni una pista de que algo terrible podría suceder?». Aun ahora, me convenzo a mí misma de que estoy totalmente sumergida en la luz, y sin previo aviso, me encuentro tropezando en la oscuridad de nuevo.

Ese miércoles, 18 de enero, empezó como cualquier otro día normal para mí. Enseñaba el primer grado en el Stevenson Primary School [Escuela Primaria Stevenson] en Alvin, Texas. Menos de dos años atrás, nos habíamos trasladado de Bossier City, Louisiana, a Alvin, después de que mi esposo Don aceptara la posición de pastor de jóvenes en el South Park Baptist Church [Iglesia Bautista de South Park].

El lunes por la mañana, Don salió a conducir por una hora y media en su Ford Escort a Trinity Pines, un centro de retiro Bautista al norte de Houston. El centro estaba auspiciando una conferencia de tres días, con énfasis en sembrar iglesias (cómo empezar nuevas iglesias).

Don me había comentado acerca de la conferencia varias semanas atrás. Noté que estaba muy emocionado en cuanto al evento y lo animé a que asistiera. «Invitaron a los cónyuges para que vinieran», me dijo Don. «¿Quieres ir conmigo?».

«¡Sí!».

He intentado apoyar a Don a través de todo su ministerio y sentí que si iba con él, me ayudaría a entender algunos de los problemas que él enfrentaría al establecer una iglesia nueva. Decidí tomar tres días personales e ir a acompañarlo.

No había podido asistir a muchos de los eventos con Don, así que anticipaba poder pasar tiempo con él, y a la misma vez aprender más acerca de cómo llevar el evangelio a las comunidades. Egoístamente estaba deseando tener «un tiempo a solas» con mi marido.

Aunque iba a haber centenares de ministros presentes, pensé que sería bueno no tener a uno de nuestros hijos clamando por nuestra atención. Desde que nos trasladamos a Texas, Don y yo habíamos tenido muy poco tiempo como pareja para hablar y disfrutarnos mutuamente. En Bossier City, mis padres vivían muy cerca de nosotros, así que no tuvimos problemas para conseguir a alguien que nos cuidara a los niños. No teníamos ese lujo en Texas.

El asegurarme de que las necesidades de nuestros hijos iban a ser provistas no fue problema alguno. Nicole cursaba el primer año de la escuela secundaria y su mejor amiga era Kim Chisolm. Nicole ya pasaba la mayoría de su tiempo libre con la familia Chisolm. Ellos me aseguraron de que no iba a ser una imposición que nuestra hija se quedara allí.

Nuestros niños gemelos, Chris y Joe, cursaban el segundo grado. Otra familia del South Park Church se ofreció a cuidarlos mientras estábamos fuera.

Conseguí el tiempo libre, hicimos arreglos para nuestros hijos, y todo estaba listo para que pudiésemos salir el lunes por la mañana hacia Trinity Pines. Nos íbamos a quedar a almorzar antes de regresar a casa. Eso hubiese hecho que la conducción de regreso a Alvin fuese relajante, con tiempo de sobra para asistir a las reuniones de la iglesia el miércoles por la noche.

Pero como salieron las cosas, no me fui.

Menos de una semana antes de la conferencia, un buen número de estudiantes nuevos se matricularon en la escuela. Varios de ellos quedaron en mi clase del primer grado.

Después de buscar la forma de cómo integrar a los nuevos estudiantes a la clase y al sistema escolar, y todavía poder irme con Don, me di cuenta de que no iba a poder terminar todo antes de que nos fuésemos. No hubiese sido justo que la maestra substituta tuviese que lidiar con los nuevos estudiantes junto con otros problemas que los maestros substitutos tienen que enfrentar.

«No conozco el nivel de lectura de estos niños», le dije a Don. «No los puedo dejar hasta que les haya hecho un examen y así saber cómo pueden ser integrados a la clase. No puedo ir contigo». Estaba desilusionada por haber tenido que decir que no. Hubiese sido una conferencia excelente para ambos.

Don también estaba decepcionado, pero comprendió.

---

El lunes en la escuela fue un día normal para mí, o tan normal como puede ser una clase con seis estudiantes nuevos, todos en el primer grado, los cuales fueron transferidos en la mitad del año escolar. Tomó un poco más de tiempo y esfuerzo para hacerles la prueba a los seis estudiantes, pero al final del día escolar ese lunes, pude lograrlo.

El martes todo estuvo bien. El miércoles por la mañana no hubo incidentes; y lo mismo puedo decir del almuerzo y del tiempo de recreo. Los miércoles por la tarde, los cinco miembros de nuestra familia normalmente nos reuníamos en la iglesia para los eventos normales de entresemana. Cenábamos en la iglesia y luego asistíamos a nuestras actividades individuales.

Nicole formaba parte de Acteens [Adolescentes de acción], una organización misionera para niñas adolescentes. Los niños eran miembros de los Royal Ambassadors [Embajadores de la realeza], un grupo misionero para niños que cursaban desde el primer hasta sexto grado. Yo era miembro del coro y ensayábamos los miércoles por la noche. Don había planeado enseñar en lo que llamábamos nuestro servicio de oración de entresemana. Así que los cinco estábamos involucrados. Esperaba que Don se encontrara con nosotros en la iglesia y habíamos planeado regresar a casa con los dos autos.

Nada inusual. Solo lo que normalmente hacíamos los miércoles. Pero esa noche no nos reunimos en la iglesia. De hecho, pasarían muchos miércoles antes de que los cinco nos juntásemos en la iglesia de nuevo.

---

El clima ese miércoles en Alvin estuvo frío y húmedo. A veces caía una lluvia fuerte y entonces se volvía llovizna. De cualquier modo, fue miserable. Mi salón de clases estaba ubicado al final del pasillo, así que podía oír el sonido del chaparrón sobre el metal que cubría las aceras que llevaban a los edificios provisionales. Al mirar por las puertas de cristal que daban al exterior, el mundo se veía frío, húmedo y sombrío.

Entonces llegó mi propia oscuridad. Empezó a descender como a las 13:30 horas de la tarde.

Estaba enseñando en mi salón de clases como por unos noventa minutos antes de que terminara el día. Estaba sentada en una de las mesas que tenían forma de riñón, trabajando con uno de los cuatro grupos de lectura. Los otros estudiantes estaban trabajando en sus propios pupitres. Habíamos convertido el aula en un paisaje invernal y ocasionalmente hacía una pausa, miraba alrededor del cuarto, y disfrutaba al ver todo lo que habíamos hecho. No tenemos nieve en el sur de Texas a menudo, así que era una tradición decorar los cuartos con un tema invernal para ayudar a los estudiantes a entender cómo se ve el invierno en el norte.

Los estudiantes hicieron copos de nieve que guindaban del techo. También había dibujos creados con el detergente Ivory como «pintura» de nieve y muñecos de nieve hechos con bolas de algodón.

Un tablón de anuncios todavía tenía las resoluciones de año nuevo escritas por los estudiantes después de que regresaron de las vacaciones navideñas. Con excepción del grupo pequeño que estaba conmigo, los niños estaban sentados en las mesitas tradicionales con sillas de color café. El aula de bloques de cemento, pintada de color beige, no tenía ventanas, excepto una pequeña vertical que estaba en la puerta.

Un ruido pequeño me llamó la atención. Alcé la cabeza y dejé de leer el libro que tenía cuando se abrió la puerta del salón de clases como unos siete centímetros. Glenda Sosa, una asistente de instrucción, alta y pelirroja, me indicó con un gesto que fuera a donde estaba ella.

Negué con la cabeza y le señalé a los niños como diciéndole: «No puedo detenerme ahora. Estoy en medio de una lección».

Glenda me hizo señas nuevamente, y la mirada intensa que tenía en su rostro decía: «Ven de todas maneras. Es importante».

Asentí con la cabeza, pero me pareció extraño. Normalmente, ella hubiese dicho algo allí mismo en la puerta o hubiese hecho un gesto para dejarme saber lo que quería. Pero esta vez no.

Levanté la mano como para decirle: «Dame unos cuantos segundos», y luego me volteé hacia los niños. «Regresaré pronto. Quiero que permanezcan en silencio en sus mesas mientras que la señora Piper habla con alguien que está en la puerta».

Dejé el libro y caminé hacia ella.

«Te necesitan en la oficina inmediatamente», dijo Glenda con una voz que no sonaba del todo normal. «Te cuidaré la clase».

Le di las gracias y me fui.

Lo primero que me vino a la mente fue una pregunta: *¿Hice enojar a uno de los padres?* Esa es una de las realidades de la profesión. Durante mi carrera, me he encontrado con unos cuantos estudiantes a quienes no les ha gustado algo que dije o hice, y les cuentan a sus padres, quienes se han quejado con el director de la escuela. En ocasiones me he sentado pacientemente en una reunión de padres de familia, escuchando a lo que otro de los maestros llamó: «Una queja en la cual estás infringiendo los derechos de su hijito querido». Al trabajar juntos, normalmente llegábamos a un entendimiento y el año continuaba sin ningún otro problema. Mientras caminaba hacia la oficina, no podía pensar en alguien que pudiera haberse quejado recientemente.

Luego me vino un segundo pensamiento: *tal vez no entregué un formulario importante o se me olvido algo que debería haber hecho.* Acababa de empezar a trabajar para el distrito y aún estaba aprendiéndome todos los detalles prácticos de lo que se esperaba de mí.

Mi tercer pensamiento fue acerca de nuestros hijos gemelos. Aunque los manteníamos en diferentes salones de clases, todavía encontraban maneras de meterse en problemas. Nunca hubo serias dificultades, eran niños buenos, pero estar en diferentes aulas, no significaba que no encontrarían maneras de estar juntos. El cuarto de baño, la cafetería y el patio del recreo eran áreas en las cuales se les permitía estar juntos, y lugares donde ellos podían concebir nuevas formas para divertirse.

Chris siempre había sido extrovertido, mientras que Joe era callado y reservado, al menos hasta que empezó a conocer gente. Juntos podían confabular toda clase de travesuras (y lo hacían a menudo), tanto en casa como en la escuela. Me vino a la mente un tiempo a principios del año, cuando estaba llevando a uno de mis estudiantes a la oficina del director. Por un lado venía Chris con su maestra de segundo grado y vi que por el otro venía Joe con su maestra. Tomé a mi estudiante de la mano y regresé a mi salón de clases. Me dije a mí misma en voz baja: «No quiero saber nada acerca de esto». (Nunca supe lo que pasó.)

*Los niños. Tienen que ser los gemelos. Me pregunto qué fue lo que hicieron esta vez.*

Entré a la oficina y tan pronto Mary Nell Douglas, la asistente del director me vio, se levantó del escritorio, corrió hacia mí, puso sus brazos alrededor mío y me abrazó. Mary Nell, una mujer alta, la cual ejemplificaba una actitud profesional en su carácter y manera de vestir, se comportó típicamente calurosa, amigable y cariñosa.

Aunque ese había sido mi primer año en Stevenson, Mary Nell me hizo sentir bienvenida y parte de la familia. Especialmente estaba agradecida ya que ella ofrecía consejos de una manera positiva. Era popular con todo el personal porque sentíamos que tenía nuestros mejores intereses en mente.

Solo una cosa parecía ser diferente: un abrazo no era su método usual de saludarme. Antes de que yo pudiese hablar, ella dijo: «Hemos recibido una llamada de tu iglesia».

«¿Qué?».

«Don ha sufrido un accidente. Estamos tratando de averiguar qué sucedió».

Me le quedé mirando fijamente, intentando asimilar lo que me acababa de decir.

En ese momento, Dios me habló. No escuché una voz audible, pero el mensaje fue tan claro que no podía dudar de su realidad. *Esto va a ser difícil, pero va a estar bien. Don tiene un brazo fracturado y las dos piernas fracturadas.*

Eso probablemente les suene raro a algunas personas, especialmente por lo específico que fue. Dios había hablado y no había dudas. Creo que Dios me susurró para darme la perfecta paz de la cual habla la Biblia y para prepararme para lo que venía en camino.

«Fue un accidente automovilístico», añadió Nell. «No sé en qué lugar».

No sabía dónde estaba Don, qué había pasado, o cuán gravemente herido estaba, pero una calma interna y profunda me había sobrecogido.

Mientras la miraba fijamente, me pude dar cuenta de que estaba afligida y pude notar que ella estaba preocupada por mí. «Todo está bien», le dije. «Todo va a salir bien».

Respiré profundamente para normalizar mi voz y tratar de no llorar. Por naturaleza soy una persona muy emocional y lloro fácilmente. Sin embargo, he aprendido que algunas veces puedo controlar las lágrimas. Es un truco que aprendí cuando estaba en la escuela secundaria y empecé a usar lentes de contacto. Llorar hacía que se escurriera el rímel y que se me metiera en los ojos, lo cual causaba estragos con mis lentes de contacto. A través de los años, me he convertido en una experta en controlar mis lágrimas en público, pero esta vez, aun después de las palabras reconfortantes de Dios, gotas de líquido salado se me deslizaron por las mejillas mientras me las trataba de limpiar.

«¿Quién llamó?», pregunté. «¿Qué sabes? ¿Dónde está él?».

«No sé nada más. Todavía no».

Me senté en la silla de cuero grande que estaba enfrente del escritorio de Nell y puse mi cabeza en mis manos.

---

Partes de la próxima media hora se han mantenido borrosas en mi mente. Dos de mis mejores amigas de la iglesia vinieron apresuradamente a la escuela. Suzan Mauldin enseñaba en la escuela secundaria de Alvin y dejó sus clases para estar conmigo. Susan Long era una enfermera que estaba de turno, pero pudo dejar el trabajo para poder estar conmigo también.

Las dos eran delgadas y de mediana estatura. Suzan Mauldin tenía cabello color castaño que le llegaba hasta los hombros, el cual a menudo se lo recogía en una cola de caballo. Siempre se vestía elegantemente y con buen gusto. Sus estudiantes la querían mucho porque era accesible y les resultaba fácil hablar con ella.

Susan Long era rubia, de ojos azules, tipo atleta. Su forma típica de vestir era una camiseta con pantalones vaqueros. Mi hijo Chris dice que él recuerda que ella tenía ojos tiernos. Supongo que esa característica coincide bien con ser una enfermera.

Ambas mujeres me brindaron ayuda cuando nos mudamos para Alvin. Al igual que ellas, yo era una madre joven que trabajaba, y las tres nos relacionamos muy bien. Las familias Long y Mauldin eran muy activas tanto en el grupo de jóvenes, como en la escuela dominical, asistían a los retiros, y servían como consejeros en los campamentos juveniles. Suzan y Susan habían tomado la responsabilidad (lo cual era muy típica de ellas) de extenderle la mano a la recién llegada, yo.

No me sorprendió verlas en la oficina de Mary Nell. Eso es lo que hacen las amigas. Están allí para apoyarse las unas a las otras.

Mark Evans, el ministro de música de South Park, llegó más o menos al mismo tiempo. Muy pronto llegaron otros, una oficina pequeña llena de gente. Todos allí para expresar su compasión y preocupación. Me pregunté vagamente a mí misma por qué tantos habían venido.

*No es como que Don hubiese fallecido,* pensé mientras miraba a mi alrededor. Ya sabía acerca del brazo y las piernas que se le habían fracturado antes de que recibiésemos algún informe, así que estaba más tranquila que mis consoladores.

De todas maneras, estaba sorprendida del número de personas que habian ido. Después de todo, solo habíamos estado en Alvin por un corto tiempo. Me animó saber que tantas personas estaban interesadas en nuestro porvenir. Ya que Don y yo estábamos lejos de nuestros familiares por primera vez en nuestra vida de casados, la presencia de nuestros nuevos amigos me tocó el corazón. El hecho de que hicieron el esfuerzo y tomaron el tiempo para ir, me hizo consciente de su amabilidad y afecto.

Al saludar a cada uno de ellos, me vino a la mente algo que mi madre usualmente solía decir cuando yo era pequeña: «Las acciones dicen más que las palabras». Los apreciaba aun más porque sabía que aquellos que vinieron no estaban allí por obligación. Eso era obvio. Ellos vinieron porque estaban preocupados por mí. Les di un abrazo cuando iban llegando e intenté darles las gracias por venir. Escribo *intenté* porque a veces las lágrimas fluían y las palabras no me salían. Pero me di cuenta de que las palabras no eran necesarias, así que no me sentía avergonzada cuando no podía articular mis sentimientos.

En pocos minutos, más miembros de la iglesia llegaron y llenaron la oficina. En total, probablemente llegaron de quince a veinte personas.

La mayoría de ellas no se quedaron, pero su llegada significó mucho para mí. Entraron a la oficina, me dieron un abrazo, me dijeron unas cuantas palabras amables y se fueron. Otros, como Susan, Suzan y Mark, se quedaron todo el tiempo. Algunos eran maestros de la escuela al otro lado de la ciudad donde yo había enseñado el año anterior, pero varios eran miembros de la iglesia, junto con unos cuantos administradores de la escuela.

Aun no sabía nada, solo lo que Dios me había susurrado. No le dije a nadie acerca del mensaje, pero traté de asegurarles que todo estaba bien. Después de varios minutos, me di cuenta de que yo los estaba consolando porque parecían estar más agitados que yo.

Mientras esperábamos para obtener más información, lentamente miré alrededor del cuarto y vi a mis amigos que se habían reunido. Probablemente dijeron muchas cosas, pero sus palabras se perdían tan pronto como eran habladas. Sin embargo, hicieron una cosa que era importante para mí y algo que nunca olvidaré: cada uno de ellos puso sus brazos alrededor mío y me sostuvo. De cada persona sentí un gesto espontáneo, lo cual lo hizo aún más poderoso. Desde ese entonces, aprendí que un abrazo a menudo puede hablar más, consolar más y expresar más amor que las palabras más sabias y profundas.

Mary Nell siguió marcando número tras número, tratando de averiguar algo, cualquier cosa. Dándole seguimiento a cada pista que podía, estaba determinada a obtener más información.

Susan agarró un directorio telefónico extra y se metió en otra oficina para usar el teléfono. Llamó a cada hospital del área para preguntar si le habían llevado un paciente llamado Don Piper.

En cada hospital, la operadora le respondía: «No tenemos ningún paciente con ese nombre».

El timbrazo del teléfono en la oficina exterior interrumpió el sosiego en el cuarto. Segundos después, la secretaria transfirió la llamada a la oficina de Mary Nell.

Ella escuchó por unos segundos antes de anunciarnos a todos: «Es el hospital en Huntsville». (Huntsville estaba a unos 210 kilómetros de distancia). Aparentemente alguien le estaba dando información básica y ella puso la mano sobre el auricular y dijo: «A Don lo llevaron al Memorial Hospital en Huntsville, ubicado por la autopista I-45».

Ella escuchó otra vez antes de darme el teléfono: «¿Quieres hablar con Don?».

Yo podía ver el alivio en su rostro. Su expresión parecía decir: *Ya ves, las cosas no están tan mal.*

Claro que quería hablar con él. Tomé el teléfono y le saludé.

«Tenemos al señor Piper», una mujer respondió, identificándose como enfermera. «¿A la señora Piper le gustaría hablar con él?».

«Sí me gustaría. Soy la señora Piper».

Él no puede sostener el teléfono por sí solo, así que se lo voy a poner en la oreja.

«¡Don! ¡Don! ¿Cómo estás?».

«Solo quería regresar a casa... solo quería regresar a casa». Después de eso gimió y no pude entender nada más.

Nunca olvidaré ese gemido porque fue un sonido tan horrible, especialmente saliendo de una persona que sé que es fuerte. Mis ojos se llenaron de lágrimas otra vez y no supe que más decir.

Susan me quitó el teléfono y habló con la enfermera. En retrospectiva, tengo que decir que yo estaba en estado de shock. No me acuerdo si seguí llorando, pero probablemente sí. Soy propensa a las lágrimas cuando me pongo emocional, pero no es mi naturaleza chillar o gritar.

Tan pronto ella colgó, Susan dijo en una voz llana y profesional: «Están haciéndole algunas evaluaciones».

«¿Qué es lo que significa eso?». Creo que eso fue lo que pregunté o quizá solo quería hacerlo.

Él está en el hospital de Huntsville. Van a evaluar sus heridas y estabilizarlo antes de trasladarlo al hospital Hermann Memorial. El Hermann Memorial es uno de los hospitales ancla del Texas Medical Center [Centro Médico de Texas], el cual es mundialmente reconocido.*

De hecho, es el hospital donde nací cuando mi papá estaba emplazado en la base de la Fuerza Aérea en Ellington. «Esto fue lo que la enfermera me dijo: Don tiene un brazo fracturado y las dos piernas fracturadas».

*Yo sabía eso.* No le había dicho a nadie que Dios me había hablado, pero el mensaje de Susan inmediatamente me trajo paz.

Todo iba a estar bien. Si Dios había estado en lo correcto en cuanto a las lesiones de Don, entonces debe estar en lo correcto en cuanto a que todo iba a salir bien. Poco sabía yo acerca de lo que tomaría llegar a ese punto.

* Los términos *Hospital Hermann* y *Centro Médico de Texas* son usados indistintamente a través de esta historia.

# 2.
# PREPARÁNDOME

El informe de Susan diciéndome que el personal médico tenía que evaluar las lesiones de Don antes de trasladarlo, tenía sentido. También me ayudó a entender los gemidos de él por teléfono. Tenía mucho más sentido cuando me di cuenta de que probablemente no le habían dado medicamentos hasta que supieran cuán seriamente herido estaba.

Lo iban a trasladar, así que eso era alentador. *No lo trasladarían si estuviese seriamente lesionado.* No sabía si eso era cierto, pero la idea me ayudó a mantener el ánimo.

Después, al ir recordando todo lo que sucedió, quedé convencida de que Dios me había dado el hecho concreto en cuanto a los huesos fracturados antes de que escuchara cualquiera de los informes porque, por terribles que estos fueren, yo podía entender eso de los huesos fracturados.

Mientras esperábamos más información, mi mente seguía recordando a dos cosas: Don estaba vivo y había hablado con él por teléfono.

*Él va a estar bien.*

Aunque el mensaje por medio de Susan era preciso, nadie me había dado una idea de cuán herido estaba Don. Luego, después de que me enteré acerca de la magnitud de sus lesiones, tendría que apoyarme de nuevo en esas palabras especiales que el Señor me dijo: *esto va a ser difícil, pero va a estar bien.*

En los días venideros, mi fe flaqueaba a veces y cuestionaba a Dios. Esos eran los peores momentos. Sin embargo, la mayoría del tiempo pude recordarme a mí misma que Dios me había dado palabras de consuelo para asegurarme que no tenía que preocuparme acerca de mi esposo.

---

Después de un abrazo colectivo y la llamada de Huntsville, todos nos mantuvimos de pie incómodamente, como si ninguno de nosotros estuviera seguro de qué se tenía que hacer a continuación. Miré mi reloj y me di cuenta de que había estado fuera del salón de clases por casi treinta minutos.

«Tengo que regresar a mis niños», dije.

Mis amigos estaban preocupados por mí y la mayoría de ellos pensaban que no era una buena idea que yo regresara al salón de clases.

Asentí con la cabeza. «Joe me recordó nuevamente esta mañana que él y otros niños del segundo grado iban a venir a mi salón de clases para hacernos la presentación de un drama. Necesito estar ahí».

Ese era un evento importante para mí. Para Joe, ser parte de un drama era algo grande porque él típicamente no era extrovertido. Este era un paso gigantesco para él. Había estado muy emocionado y con lo callado que es, habló del drama varias veces. No podía desilusionarlo. Además, no quería que él entrara a mi salón de clases y preguntara: «¿Dónde está mi madre?». Tenía que estar allí para apoyarlo.

«Tengo que regresar a mi salón de clases», dije otra vez, firmemente, a mis amigos. Les aseguré que yo estaba bien y que todo estaba en las manos de Dios. Al animarlos, también les aseguré que estaba en paz. Esas no fueron palabras vacías, porque creía exactamente lo que dije. No me di cuenta en ese entonces, pero iba a ser solamente una de las tantas veces en que me hallaría tratando de animar a otros que habían venido a animarme a mí.

«¿Estás segura de que estás bien?». Escuché esa pregunta por lo menos tres veces. Cada vez contestaba que sí estaba bien.

Y lo estaba.

Al menos lo estaba en ese entonces.

Cuatro o cinco de mis amigos se quedaron en la oficina esperando tener noticias nuevas. Otros regresaron al trabajo.

«Espera un minuto», me dijo Mark. «Después de que se terminen las clases, voy a seguir tu auto hasta tu casa para que así puedas recoger lo que necesites. Entonces te llevaré al hospital en mi auto».

No sé si le di las gracias en ese momento, pero su oferta me sonó como un regalo para mí. Pude haber conducido sola, pero estaba contenta de no tener que hacerlo.

«No tienes que hacer eso...».

«Estaré aquí para recogerte», me dijo. «Y no te preocupes de la reunión de esta noche. Ya lo tenemos cubierto». Supuestamente Don tenía que haber predicado y yo estaba agradecida de que hubieran resuelto eso sin tener que hablarme a mí.

Como casi todo el mundo en la zona, yo conocía acerca del Houston Medical Center. Como pastor, Don hizo varias visitas pastorales a ese hospital. Me acuerdo haberle escuchado decir que era una pesadilla maniobrar por esa área y encontrar el garaje de estacionamiento correcto para el hospital correcto. Quince hospitales están conectados a ese complejo médico.

Fue un alivio saber que yo no iba a tener que hacer ese viaje y enfrentar la presión de encontrar un lugar en donde estacionar el auto.

Uno de los temores que tengo en cuanto a la «oscuridad», el cual continúa aún hoy, es el temor de perderme. Tengo un buen sentido de dirección, pero me siento más cómoda si sé exactamente a dónde voy. Eso era en los días antes de que existiera el GPS o los mapas en Google. Aunque siempre me he sentido cómoda conduciendo por la ciudad, los garajes de estacionamiento me hacen sentir nerviosa, especialmente cuando no sé por dónde entrar. Solo la mención del Centro Médico, normalmente traía historias de horror de personas que se habían perdido entrando y saliendo de allí.

«Gracias», le dije a Mark. «Me encontraré contigo en el estacionamiento después de que se acaben las clases».

«Me llevaré a Chris y a Joe para mi casa», dijo Susan. «Para que así no tengas que preocuparte de los niños».

Suzan Mauldin tenía que regresar rápidamente a la escuela secundaria antes de que se acabaran las clases. Antes de irse ella insistió en que quería ayudarme y apoyarme. «¡Mantenme informada!».

Le prometí que lo haría y me dio un abrazo antes de irse.

Yo sabía que Nicole se iba a ir a casa con Kim Chisolm porque esa era la rutina normal de todos los miércoles. Pedí que alguien llamara a la madre de Kim para dejarle saber lo que estaba sucediendo. De esa manera ella podía mantenerse al tanto de Nicole hasta que pudiese hablarle yo misma. No pensaba que Nicole hubiese sabido lo que le había ocurrido al papá, pero Alvin es una ciudad pequeña y las noticias circulan rápidamente. No quería que escuchara una conversación por casualidad antes de que yo tuviese la oportunidad de asegurarle que todo iba a estar bien.

Con mis niños bien cuidados y con la confianza de que el personal médico estaba haciendo todo lo que podía por Don, sentí como que la vida estaba volviendo a la normalidad, al menos a nuestro miércoles normal. Estaba segura de que íbamos a aprender a adaptarnos después de que Don regresara a la casa.

La paz de Dios verdaderamente llenó mi corazón. Pude compartimentar mis emociones para no preocuparme. Podía hacer eso porque yo sabía que Don estaba en las manos de Dios.

Regresé rápidamente a mi salón de clases para poder estar lista para la presentación que el segundo año iba a hacer. Cuando abrí la puerta, la clase de Joe ya estaba adentro del salón de clases, de pie enfrente, esperándome para que pudiesen empezar. Él sonrió y supe que yo había hecho lo correcto al insistir en que tenía que regresar a mi salón de clases.

Joe y sus compañeros de clases hicieron la presentación de su pequeño drama. No puedo acordarme nada acerca de esto, aunque lo normal es que recuerde cosas por el estilo. A pesar de la paz que Dios me había dado en ese entonces y mi habilidad de asimilar las cosas, los acontecimientos que sucedieron después, causaron que muchas cosas se me desdibujasen de mi mente.

O tal vez yo estaba fingiendo tanto mi alegría como mi asimilación de la presentación del drama. No sé; quizás estaba entumecida, pero verdaderamente me sentí en paz. Después, vagamente recuerdo que estaba finalizando el día escolar y preparando a mis alumnos del primer grado para la salida.

Los maestros se tienen que quedar después de que los niños salen de la escuela, y la mayoría de los días, Joe y Chris venían a mi salón de clases para esperar hasta que fuese tiempo de irnos a casa. Yo quería hablarles y explicarles lo que había sucedido antes de que Susan los viniera a buscar. Sabía que iba a ser difícil. Al ir pasando el tiempo, se me hacía más difícil controlar mis emociones, así que pedí que alguien me los llevara al salón de clases de mi amiga Barbara Buckley. Había sido la maestra de Chris del primer grado, y ellos habían formado una relación muy especial. Barbara se había convertido tanto en una amiga íntima, como en mi colega. Decidí que si ella estaba en el salón de clases conmigo, yo tendría un respaldo, alguien que interviniera si acaso no pudiese explicarles a los niños lo que estaba sucediendo. Yo estaba esperando en el salón de clases de Barbara cuando los niños entraron. Los dos estaban usando pantalones vaqueros y camisas de manga larga, y cargaban sus mochilas.

Joe todavía estaba entusiasmado por la presentación del drama. Chris, como siempre, tenía preguntas en sus ojos. Algo estaba ocurriendo y él lo sabía.

Me arrodillé y puse mis brazos alrededor de ellos. «Tengo algo que decirles», dije.

Ambos se me quedaron mirando con preocupación, y ninguno de los dos dijo nada. Pudieron darse cuenta de que había estado llorando, pero traté de ser lo más fuerte posible por el bien de ambos. Tener a Barbara en el salón de clases me ayudó a concentrarme en hablarles a los niños sin ceder a mis emociones.

«Papá tuvo un accidente automovilístico», les expliqué. Continué diciéndoles que no tenía detalles, pero les mencioné lo de los huesos fracturados. «Eso es todo lo que sabemos por ahora». Le di un abrazo a cada uno y les dije que los quería mucho.

Los dos dijeron: «También te quiero mucho, mamá».

Sus caritas pequeñas demostraban que estaban tratando de entender lo que estaba sucediendo. Eran lo suficientemente mayores como para saber acerca de accidentes automovilísticos, pero lo suficientemente jóvenes como para no entender la posible gravedad. Tomé todo lo que tenía por dentro para continuar con una voz tan calmada como pude.

«Tendrán que quedarse con la señora Buckley hasta que Susan Long pueda venir. Ella los va a recoger y llevar a la iglesia esta noche». Ambos asintieron con la cabeza, con los ojos grandes y redondeados.

«Mark Evans me va a llevar al hospital para que yo pueda ver a papi. Probablemente no voy a regresar antes de la hora de dormir y es por eso que Susan los va a llevar para la casa de ella». Sentí como si le estuviese hablando a un robot. No quería asustar a los niños, así que les dije lo menos posible.

Tengo que decir a su favor, que no protestaron. Habrán hecho preguntas, pero si lo hicieron, mi mente ha borrado eso de mi memoria.

Mientras les hablaba a los niños, me imaginaba un encontronazo entre dos automóviles. Don siempre había sido un conductor extremadamente prudente, así que supuse que tal vez fue alguien que se pasó el semáforo en luz roja, cruzó la línea del medio, o le pegó por detrás y chocó su automóvil contra un terraplén.

*No va a ser algo terriblemente horrible.*

Cuando mi mente empezó a meterse a profundidad en lo que tal vez había sucedido, recordé que dos piernas fracturadas y un brazo fracturado no iban a poner en riesgo su vida. Terrible. Doloroso. Pero nuestros miembros se sanan. Podía verlo con un yeso en ambas piernas y en su brazo. Don siempre había sido tan activo que a él no le iba a gustar eso, pero un par de meses y ya regresaría otra vez a la normalidad.

Sí, podríamos sobrellevar esto.

# 3.
# Pisando hacia lo desconocido

Después de asegurarme de que los niños estaban bien, agarré mi bolsa de lona con papeles de la escuela, mi cuaderno de notas y una calculadora. El periodo de reportes de nueve semanas iba a terminar pronto, así que tenía que corregir exámenes y anotar en la libreta de calificaciones. En esos días, los maestros todavía calculaban sus propios promedios y llenaban hojas de calificación para las libretas de calificaciones.

Mientras estaba tratando de salir del edificio apresuradamente para encontrarme con Mark en el estacionamiento, Mary Nell me detuvo y ofreció llevarme a casa. «No deberías estar conduciendo», dijo ella.

«Voy a estar bien», dije. «Realmente lo estaré». Me conmovió que ella estuviese preocupada porque yo estuviera demasiado agitada como para conducir desde Alvin hasta nuestra casa en Friendswood, que estaba a unos dieciséis kilómetros de distancia. Les aseguré a ella y a todos los miembros del personal que todavía estaban allí, que iba a poder llegar a mi casa bien. «Además, Mark va a estar conduciendo detrás de mi auto siguiéndome».

No se me hubiese ocurrido llorar enfrente de ellos, no importa cuán inestable me estuviese sintiendo. En nuestra familia, durante mi niñez, no permitíamos que nuestras emociones bloquearan lo que tenía que hacerse.

En ese momento, yo tenía que ir a mi casa y eso es lo que iba a hacer. Saqué todo de mi conciencia y me concentré en lo que tenía que hacer de inmediato.

Me metí en mi Ford Tempo color celeste. Traté de relajarme mientras conducía los dieciséis kilómetros hacia nuestra casa y marqué en mi mente todas las cosas que iba a tener que hacer de inmediato. Lo más importante era que tenía que cambiarme de ropa. No quería usar la misma vestimenta que había usado durante todo el día en la escuela. Tan pronto estacioné el auto, saludé a Mark con la mano y me metí rápidamente a la casa.

Me puse unos pantalones deportivos azules y una camiseta blanca. Tiendo a tener frío en lugares como hospitales, así que también agarré una chaqueta. Antes de irme, pausé para pensar en lo que iba a necesitar si es que me quedaba toda la noche en el hospital. Agarré mis lentes y luego el estuche de mis lentes de contacto y los metí en el bolso junto con un peine y un cepillo de dientes.

Ya estaba casi a la entrada de la puerta, cuando pensé en otra cosa. El semestre anterior, el esposo de nuestra maestra de música sufrió un ataque cardiaco masivo cuando estaba en el oeste de Texas. Lo transportaron al hospital y su esposa salió apresuradamente para estar con él. Me acuerdo oírla decir que lo más difícil para ella fue tratar de conseguir monedas para poder usar los teléfonos públicos. Eso fue en lo días antes de que existieran los teléfonos celulares y el Internet.

Ella se aseguró de describir el conjunto de teléfonos públicos contra un lado de la pared. «Nunca parecía tener suficientes monedas», dijo ella, «Y todos los días tenía que rebuscar por todos lados, pidiendo cambio».

Un mes antes del accidente, los jóvenes del South Park Baptist Church nos dieron a mí y a Don lo que ellos llaman un árbol de dinero. Los adultos adjuntaron dólares a un árbol (para ser exactos, una rama pequeña de árbol), pero los niños, como no tenían mucho dinero, nos dieron monedas. El árbol de dinero estaba dentro de una maceta pintada y los jóvenes rellenaron la maceta con monedas suficientes para poder sostener el árbol. Yo había tirado el «árbol», pero había dejado las monedas en la maceta.

Al ir caminando hacia la puerta, recogí el envase, eché las monedas en una bolsa de papel color marrón y la metí adentro de mi bolso.

Para mí, pensar acerca de teléfonos públicos es una de esas cosas pequeñas pero importantes. Aunque no tenía conocimiento de que Dios me estaba hablando, creo que el Señor me había guiado a que metiera el dinero dentro de la bolsa de papel. Esas monedas eran exactamente lo que yo necesitaría en los días que estaban por venir. Tantas veces necesité llamar a alguien, o solamente hablar o escuchar una voz comprensiva. Estoy agradecida porque no tuve que preocuparme por la frustración que mi amiga la maestra tuvo que enfrentar. Nuestro Dios está atento hasta con el más pequeño detalle.

---

Mark me llevó a la casa de los Chisolms en su auto para que yo pudiese ver a Nicole. Quería ser la persona que le dijera lo poco que yo sabía. Como era la mayor y verdaderamente la niña de los ojos de papá, era esencial que se le informara personalmente.

Los Chisolms vivían en las afueras de la ciudad, y su casa era el perfecto hogar rural tejano, con contraventanas y una cerca en el jardín delantero. Nicole estaba mirando por la ventana de enfrente cuando llegamos en el auto.

Probablemente al principio ella no pensó nada al respecto porque estábamos en el auto de Mark, pero después que me vio, salió de la casa y corrió hacia mí. La expresión en su rostro hizo que me diera cuenta que ella tenía el presentimiento de que algo andaba mal.

«¿Qué ha pasado?», preguntó ella. Nicole es una chica hermosa con ojos verdes brillantes. Siempre había sido alta de estatura para su edad, y en ese entonces cursaba el primer año de la secundaria y tenía el cabello rizado (cortesía de una permanente), de color marrón. Nicole tiene una personalidad jovial y consigue amigos fácilmente. Ella también toma en serio el papel de ser la mayor.

Ella y yo siempre hemos sido muy unidas, así que me podía leer la cara mejor de lo que podían hacer los niños.

«¿Has estado llorando, verdad?».

En vez de contestarle, le dije: «Necesito hablar contigo sobre algo».

Puse mi brazo alrededor de su hombro, caminamos hacia adentro y nos sentamos. Con una voz calmada le dije que su papá había sufrido un accidente, lo cual fue casi la misma cosa que les dije a los niños. De nuevo, traté deliberadamente de ser lo más positiva que pude para no asustarla.

Aunque solo tenía doce años, ella se sentía una figura materna para sus hermanos gemelos y a veces se comportaba como si tuviera más edad de la que tenía. Después de que nacieron los niños, a menudo los llamaba «mis bebés».

Ella escuchó silenciosamente. Tan pronto hice una pausa, ella preguntó: «¿Papá va a estar bien?».

«Sí, él va a estar bien».

«¿El auto está bien?».

Me reí, pero entendí. Nicole ya casi tenía trece años y a esa edad, un auto es gran cosa. «No sé cómo está el Ford», dije. «Voy a tener que ver los daños».

Ella tomó bien la información, aunque pude percibir las mismas preguntas que había visto en los ojos de sus hermanos previamente, así que dije: «Ve a la iglesia esta noche con Kim. Puedes quedarte la noche con ella. Después de eso veremos cómo van a funcionar las cosas». Añadí: «Todo va a estar bien. Dios está con nosotros».

«Te quiero mucho, mamá. Dile a papi que lo quiero mucho». Se despidió con un abrazo.

Como ella era mayor, yo esperaba más preguntas, pero ella tomó las noticias muy bien. Pienso que se dio cuenta de cuán ansiosa yo estaba por ir al hospital y no quiso retrasarme. Supongo que quería ir conmigo, pero entendió que esa no era una idea práctica.

---

Aunque aún no eran las 16:00 horas cuando Mark y yo salimos hacia el hospital, el clima todavía estaba lluvioso, neblinoso y más oscuro de lo normal para esta hora del día. Luego me enteré que el médico que iba a examinar a Don había querido que lo llevaran a Houston en un helicóptero, pero el tiempo estaba muy malo. En vez de eso, una ambulancia nueva de Huntsville estaba haciendo su primer recorrido para transportarlo hacia Houston.

Yo todavía no tenía idea de dónde y cómo sucedió el accidente. Esas no eran las clases de preguntas para las cuales necesitaba respuestas de inmediato. Estaba más preocupada por la condición en que se encontraba Don, que por la causa.

Mientras Mark y yo estábamos conduciendo de mi casa hacia la carretera 288 y el Centro médico, tuvimos poca conversación. Pasé la mayor parte del viaje mirando por el cristal del asiento delantero.

En muchas maneras, yo todavía no podía comprender lo que estaba sucediendo. Todo parecía ser como un sueño. Trataba de pensar en algo, pero el pensamiento salía volando de mi mente antes de que tuviese la oportunidad de agarrarlo y hacerlo realidad. La verdad es que el clima era un reflejo de mi estado mental, neblinoso y brumoso.

Mark habrá tratado de consolarme con sus palabras pero no recuerdo. O quizá no dijo nada la mayor parte del tiempo, siendo sensible a la necesidad que yo tenía de sentarme y procesar las cosas. Me parece recordar que él estaba tarareando un himno o que estaba escuchando la emisora local cristiana, KSBJ. Eso tendría sentido, ya que ambos estábamos activamente involucrados en el programa de música en la iglesia.

Mis pensamientos fluctuaban rápidamente de los huesos rotos de Don a los niños, y luego de regreso a Don. Me venía imagen tras imagen a la mente y traté de absorber todo en la tranquilidad del automóvil. Una cosa me estaba torturando, el gemido de mi esposo. No importa lo mucho que trataba de empujar ese sonido hacia afuera, ese regresaba a mi mente.

Llegó el punto en que fue evidente que Mark tenía algo que necesitaba decirme. El tosió levemente, despejó su garganta y empezó a hablar con suavidad. Era el tipo de voz que un adulto usa cuando está tratando de hablarle a un niño que está agitado. Calmada, moderada y equilibrada. Sus ojos nunca se apartaron de la carretera mientras explicaba que la iglesia había llamado para obtener información adicional.

«Por lo que escuchamos, fue un camión trailer de dieciocho ruedas el que chocó contra el auto de Don, pero no tenemos más detalles».

Esa declaración destruyó mis pensamientos nublados. Tener un *accidente automovilístico* es una cosa y se sobreentiende que los resultados pueden ser significativos pero no necesariamente de vida o muerte. *¿Pero ser chocado por un camión trailer*?

Yo había visto suficientes colisiones como para saber que la mayoría de las veces, los accidentes contra camiones de dieciocho ruedas no terminaban bien. Una experiencia que tuve durante mi adolescencia me dejó con un temor profundo a los camiones. Cuando uno de estos se me acercaba en la autopista, normalmente contenía la respiración hasta que este pasara o yo me adelantase para que ya no estuviésemos lado a lado.

No estoy segura de si le respondí a Mark. Probablemente él estaba tratando de ser amable y no decirme todo lo que él sabía. Seguí mirando por el cristal sin poder hablar. Después de oír sobre el camión, perdí provisionalmente la paz y estaba consciente de mi respiración superficial.

*Tengo que llegar allí. Tengo que ver a Don por mí misma... ¿Qué tan mal está? Tengo que llegar al hospital.*

Tan ilógico como suena, sentí que una vez que llegase al hospital y pudiese estar al lado de Don, las cosas iban a estar mejor. Yo quería respuestas y estaba segura de que cualquier cosa que estuviese mal, los doctores podrían arreglarlo. También recordé que el Hermann Medical Center es de renombre mundial ,y los mejores doctores del país trabajan allí.

*Don va a estar bien. Los doctores van a cuidar de él... Seguramente, por supuesto que ellos pueden arreglar cualquier cosa que estuviese mal.*

---

Al final llegamos al centro médico. No fue un viaje inusualmente largo, pero pareció serlo. Mark no tuvo ningún problema para encontrar un lugar adonde estacionarse, así que salimos del auto y corrimos rápidamente hacia adentro. Seguimos las señales hacia la sala de emergencias y nos dirigimos al mostrador de admisiones.

Dije mi nombre y pregunté si mi esposo, Donald Piper, había ingresado.

«Él viene en camino», me dijo la mujer que estaba en el mostrador. «Debe de llegar pronto».

Antes de que tuviese la oportunidad de hacerle más preguntas, me dio varios papeles. «Necesitamos que llene estas formularios en cuanto a la compañía de seguros».

Tomé los formularios y me les quedé mirando. No tenía ni idea de cómo llenar estos papeles. Yo tenía treinta y seis años, era educada y también una maestra con experiencia en educación pública, pero mi esposo siempre había sido el que se encargaba de los documentos legales y de los formularios de las compañías de seguros. Ese era un acuerdo mutuo, porque no me gustaba tomar grandes decisiones.

Le dije a Don unas cuantas veces: «No sé adónde se va el dinero». Él me explicaba todo lo que le preguntaba, pero si soy sincera, realmente no le prestaba atención.

Una vez señaló hacia un cajón donde él guarda los archivos. «Todo está allí dentro. Puedes ver los documentos cuando quieras».

La verdad es que yo no quería ver esos archivos. Era más fácil depender de Don y permitirle que tomara las decisiones. Yo sentía que tenía las manos llenas cuidando de nuestro hogar, nuestros niños y mi trabajo. ¿Por qué necesitaba saber acerca de las cosas aburridas?

Ese había sido nuestro acuerdo desde que nos casamos en 1973. Sabía el número del Seguro Social de Don y su fecha de nacimiento, pero no mucho más que eso. Para el tiempo en que pasó el accidente, yo ni siquiera sabía el nombre de la compañía de seguros para el auto, solamente que cubrían el distrito escolar de Alvin Independent. No sabía el tipo de cobertura que teníamos o cuál era nuestro deducible. Ni siquiera cargaba una tarjeta de seguros conmigo.

La experiencia me asustó. Solo estar en la sección de emergencias significaba que había entrado hacia lo desconocido. Por muy pequeño que parezca ser el asunto, el llenar formularios me abrumaba con ansiedad. Me hubiese gustado saber las *respuestas*, pero al mirar las *preguntas*, no sabía qué escribir.

Le devolví los formularios casi vacíos. «No sé las respuestas para todas esas cosas». Le di la información que sabía y le explique a la recepcionista que iba a encontrar el resto y se lo dejaría saber al hospital el día siguiente. Ella asintió con la cabeza y eso me dio a entender que trataba con situaciones como esta todos los días.

Mi vida antigua se estaba desintegrando, y me sentí sola y confundida. Había tomado un paso más en el sendero de la oscuridad que iba a seguir por un largo, largo tiempo.

# 4.
# Enfrentándome a la realidad

Si alguien me hubiera preguntado, le hubiese dicho que estaba tranquila y consciente de todo lo que estaba sucediendo alrededor de mí en la sala de emergencias. Quizá lo estaba; o tal vez solo pensaba así en ese momento.

Al tratar de escribir acerca de esas experiencias, me he dado cuenta de que el pasar del tiempo ha hecho que varios recuerdos se deterioren. Sin embargo, probablemente más significativo es que el estrés y la conmoción han tenido papeles aun más grandes a la hora de amortiguar partes de esas experiencias dolorosas. En ese tiempo todo era tan real, que yo estaba convencida de que nunca me olvidaría ni de un solo detalle; pero el pasar del tiempo y cientos de cosas más que sucedieron, hizo que los recuerdos se desvanecieran. Otras personas con las cuales he hablado, quienes han pasado por experiencias traumáticas, dicen la misma cosa.

En vez de quejarme, me consuela pensar que es como que Dios está poniendo persianas sobre algunos de nuestros recuerdos más dolorosos para protegernos del aturdimiento y el dolor.

Atrás, en la sala de emergencias, la mujer que me había tomado los formularios en cuanto a la compañía de seguros, casi vacíos, señaló hacia la sala de espera y me dijo que fuera para allá. «Él viene en camino», dijo ella nuevamente.

Recuerdo poco sobre la sala excepto que no había ninguna silla, solo banquetas. La televisión estaba encendida, pero el volumen estaba muy bajo como para poder oírla. Quizás ocho o diez personas ya estaban allí sentadas en la sala grande. Cada pocos minutos, un doctor llamaba a una familia y entonces ellos se marchaban. Otros entraban, así que había mucho movimiento. A pesar de todas las personas que estaban allí, el lugar estaba silencioso, casi como si todos tuvieran miedo de hablar muy alto.

Mark se sentó a mi lado y no dijo nada, por lo cual estaba muy agradecida. Me sentía perdida en mis propios pensamientos, vacilante de la paz a la ansiedad, y de regreso a la calma. Oraba por Don cuando podía enfocar mi mente.

Alcé la mirada cuando dos diáconos de la iglesia de South Park estaban caminando hacia mí. Quizá habían estado allí antes de que yo llegara, pero no estoy segura. No puedo acordarme de ellos claramente, ni siquiera de sus nombres, solo que estaban allí. Mi mente estaba dando vueltas mientras ellos me hacían preguntas.

«¿En dónde fue que sucedió esto?».

«¿Qué respuestas te han dado acerca de su condición?».

«¿Por cuánto tiempo va a estar en el hospital?».

Yo no sabía y se los dije. Apreciaba que hubieran ido para estar conmigo, pero me sentía frustrada por no tener respuestas a sus preguntas. Quería permanecer calmada, pensar positivamente, y orar en silencio por mi esposo.

Se quedaron para apoyarme, pero no pude prestarles mucha atención. En mi subconsciente los podía oír hablando, pero yo estaba concentrada en la puerta. De donde estaba sentada, no podría ver cuando trajeran a Don al hospital, pero supuse que alguien vendría a decirme inmediatamente.

La puerta que daba hacia la entrada de emergencias tenía una ventanilla y si caminaba hacia ella, podía mirar afuera y ver cuando llegaban las ambulancias. No podía quedarme allí y bloquear la puerta, pero cada pocos minutos me ponía de pie, caminaba hacia allá, y miraba hacia afuera con la esperanza de ver la ambulancia de Don llegar.

Llegamos al hospital como a las 16:40 de la tarde. Trataba de no seguir verificando el tiempo o de no quedarme mirando el reloj blanco y negro común y corriente que estaba en la pared. Mientras más esperaba, más nerviosa me sentía. Finalmente me puse de pie y caminé de un lado a otro para tener algo que hacer.

Caminar dando vueltas no ayudó, así que después de unos 20 minutos, fuí hacia el puesto de enfermería. «¿En dónde están ahora?», les pregunté.

«Aún vienen en camino».

Era la misma respuesta y sabía que la mujer no tenía ninguna información adicional para mí, pero no podía relajarme completamente. Por más o menos una hora después, continúe haciéndole la pregunta repetidamente y siempre recibía la misma respuesta calmada y neutral.

Parecía que nadie sabía nada, y mi nivel de inquietud y preocupación crecía al mismo tiempo que el reloj grande marcaba los minutos.

Como a las 18:15 horas de la tarde, miré por la pequeña partición de vidrio y vi una ambulancia llegar. Las puertas de la plataforma se abrieron rápidamente. No sé cómo, pero sabía que tenía que ser Don al que estaban trayendo a la sala de emergencias.

Tan pronto se abrieron las puertas, corrí hacia la camilla antes de que los paramédicos siquiera tuviesen la oportunidad de sacarlo de la ambulancia para llevarlo a través de otro par de puertas. Yo había estado en suficientes hospitales como para saber que tan pronto pasara por el par de puertas que estaban delante, no iba a poder estar con él.

Me moví apenas lo suficiente para que la camilla y los auxiliares me pudiesen adelantar.

*Era Don.*

No pude ver mucho de Don. Él tenía una máscara de oxígeno puesta y un suero intravenoso colgando del brazo.

Necesitaba verlo de cerca, tocarlo, hablarle, hacer algo para que él supiera que yo estaba allí. Y probablemente de la misma manera para asegurarme de que todo iba a estar bien.

Sus dos piernas estaban metidas en moldes inflables de plástico que yo había visto que se los ponían a jugadores que habían sido lesionados en el campo de fútbol. Los paramédicos le habían atado su brazo izquierdo al pecho. Don tenía puestos unos pantalones caqui cortados por las costuras y una camisa a cuadros color azul verdoso de la marca Abercrombie que le habíamos comprado la última vez que fuimos de visita a Nueva Orleans. Esta se había convertido en su camisa de vestir informal favorita.

Ahora parece gracioso, pero me concentré en esa camisa. Habían cortado o desgarrado las mangas, así como también la parte delantera de la camisa para poder tomarle los signos vitales. Su camisa estaba llena de sangre.

*Don va a estar enfadado porque le han hecho cortes a su camisa.*

Parecieran pueriles, pero esos eran la clase de pensamientos que pasaban por mi mente. Probablemente me ayudaron a calmarme.

«¿Desea hablar con él?», me preguntó uno de los paramédicos una vez que estaban dentro del hospital.

Asentí con la cabeza con gratitud, me incliné hacia él y lo besé en la frente. Le tomé la mano, pero él no respondió. «Don, Don, estoy aquí. Ellos van a cuidar bien de ti».

Él revoleó los ojos cuando lo llamé por su nombre, pero no hizo ni un esfuerzo para hablar. Seguí tratando de alentarlo diciéndole: «Está bien. No fue tu culpa. Lo vas a sobrevivir».

Después, Don me dijo que por la forma en que me le había quedado mirando, él estaba seguro de que yo no esperaba que él fuera a sobrevivir. Me dijo que él se acuerda que yo le estaba hablando, y pensó que me había dicho algo acerca del accidente. Pero no lo hizo. Quizás estaba lo suficientemente consciente como para escuchar pero no para hablar.

Mientras lo estaba mirando fijamente, no vi tanta sangre como esperaba. Claro que lo tenían envuelto, pero me había preparado para verlo peor que eso. Retrocedí, pero me quedé cerca de la camilla, insegura de qué hacer después.

«Regresaremos pronto para decirle lo que encontramos y para darle novedades», el paramédico dijo al empezar a empujar la camilla hacia adelante.

Regresé a la sala de espera. Los diáconos aún estaban allí junto con Mark. Les dije lo que vi, y ellos fueron compasivos y comprensivos. Tuve sentimientos encontrados al hablar con tres de ellos. Estaba contenta de que estuviesen allí porque representaban a nuestros amigos y a los miembros de la iglesia de South Park. Pero yo no quería hablar. Estaba consciente de que trataban de ser alentadores y de que querían ayudarme a no pensar tanto en Don.

No funcionó. Mientras más inocua la conversación, más pensaba en Don. Los gemidos que oí en nuestra conversación telefónica me estaban torturando, pero que no me respondiera, me atormentaba aún más.

Múltiples veces alguien me preguntó si quería algo de comer, algo de beber, o tal vez una revista para leer. Siempre yo decía: «Ahora mismo no. Gracias».

Esa clase de ofertas se volvieron comunes durante las semanas siguientes. Me he dado cuenta de que cuando la gente no sabe qué hacer o qué decir, esas son las ofrendas comunes, comida, bebida o algo para leer.

Mark había esperado, y en su favor, no dijo mucho. Su presencia era reconfortante porque no exigía nada de mí y, sin embargo, me recordaba que otros estaban preocupados por mí.

No estoy segura de qué es lo que esperaba que sucediese después, pero supuse que dentro de unos cuantos minutos el paramédico o una enfermera iban a venir a la sala de espera para decirme lo que estaba sucediendo.

La espera comenzó.

Nadie vino.

Estoy segura de que fui una molestia para la mujer que estaba en el mostrador de admisiones, pero parecía que yo no podía controlarme. Cada pocos minutos, los cuales parecían ser más largos para mí, iba y le preguntaba: «¿Tenemos alguna novedad ya?».

«No, señora, aún no».

En su favor, ella no demostró impaciencia. Probablemente estaba acostumbrada a esa clase de preguntas ansiosas de aquellos que están sentados en la sala de espera.

La puerta por donde llevaron a Don en camilla tenía un letrero que decía: Personal médico solamente. Debo haber caminado hacia esa puerta (la cual no tenía ventanas), por lo menos una docena de veces. Cada vez miraba por la ranura que estaba en medio de las dos puertas, pero no podía ver mucho.

Después de una hora más o menos, no podía soportar la tensión de no saber. Muy característico de mí, tuve la determinación de averiguarlo yo misma. Volteándome hacia los hombres que estaban esperando conmigo, dije: «Voy a averiguar qué es lo que está sucediendo». Antes de que pudieran convencerme de lo contrario, o de yo querer darle más vueltas al asunto, empujé las puertas y caminé hacia adentro.

Nadie estaba en los pasillos, pero vi un mostrador y fui directamente para allá. Un joven residente me vio y se acercó al mostrador. «¿Puedo ayudarla en algo?».

Traté de mantener la voz baja al mencionarle el nombre de Don. «Estoy tratando de averiguar lo que está pasando con mi esposo».

«¿Nadie ha salido a hablarle todavía?». La forma en que él habló me dio la impresión de que estaba sorprendido. Después de todos estos años, no me acuerdo mucho de su apariencia física, solo que parecía ser accesible y estar preocupado por mí.

«No, nadie. No he escuchado nada».

«Lo siento», dijo él, y su voz era suave y amable. Me llevó hacia el tablero de las radiografías, en el cual las radiografías de Don estaban exhibidas. «Déjeme enseñarle lo que está sucediendo». Él me explicó que los brazos de Don no solo estaban fracturados sino que estaban despedazados. Me mostró varios pedazos pequeños y dentados.

Antes de que yo pudiese decir algo, él me mostró otra radiografía. «Esta es su rodilla derecha». Parecían dibujos de un rompecabezas, docenas de pequeños pedazos esparcidos alrededor.

Entonces él dirigió mi atención hacia su pierna izquierda. «Esto es donde el fémur, el hueso del muslo, debería estar».

«*¿Debería estar?*».

«Le falta un pedazo», dijo él y se apresuró hacia la próxima radiografía. Me enteré después que le estaban faltando unos 10 centímetros de hueso.

«Parece que tuviese una fractura en la cadera, pero vamos a tratar con eso más tarde». Él señaló hacia la radiografía de la pierna. «Estas lesiones necesitan ser intervenidas inmediatamente».

Aun con mi ojo inexperto, podía ver que las lesiones eran serias. He tenido problemas con mis rodillas la mayor parte de mi vida y he visto muchas radiografías de piernas. Sabía cómo deberían verse. Por esa experiencia podía ver que su rodilla derecha, o la rótula, iba a requerir una cirugía extensa y terapia.

Como el joven residente me explicó, solamente el tejido por debajo de la pierna estaba conectando la parte inferior de la pierna izquierda con el resto del cuerpo. Yo estaba segura de que eso es lo mismo que estaba sucediendo con su brazo. El hombre también me dijo que había «una tremenda cantidad de residuos adentro de la herida». Ellos iban a usar dosis masivas de antibióticos para prevenir la infección.

«Cristales del parabrisas roto cortaron su rostro y aún más están incrustados en su pecho. Hemos estado tratando de limpiar eso».

Como no suelo hacer ruido a causa de mi angustia, interioricé lo que vi. Nuevamente hice todo lo posible para no llorar. Me quedé mirando las radiografías, pensando cuánto dolor debía estar sintiendo Don.

«¿Quiere verlo?».

«Sí, sí, por favor».

«¡Sígame!». Me llevó por el pasillo y entramos a un cuarto, el cual supuse era para pacientes prequirúrgicos.

El cuarto estaba frío y temblé ligeramente, pero mi mente estaba concentrada en Don. Estaba acostado en una cama en medio del cuarto, con una luz brillando sobre él. Alguien lo había cubierto con una sábana blanca.

El residente me trajo uno de los banquitos redondos de metal. Todavía puedo escuchar el sonido de las patas rozando contra el piso de azulejo. Me senté, me extendí hacia Don y le tomé la mano.

Sus manos estaban frías. Estaba pálido, pero podía ver su pecho subir y bajar debajo de la sábana. Se veía en paz.

Yo había asistido a muchos funerales y visto a los muertos en sus ataúdes, mis cuatro abuelos, una amiga de la iglesia, una mujer joven que falleció de cáncer. Pero nunca había visto a nadie vivo que se viera tan pálido y tan inmóvil. Aun después de todos estos años, esa imagen está tan grabada en mi mente que no la puedo olvidar. La cara de Don y el cuarto son tan evidentes como si los acabara de ver. La iluminación austera del hospital, los armarios de acero inoxidable, los envases con hisopos de algodón, y el olor innegable de hospital, hizo que todo se sintiera frío y estéril.

«Él no le puede responder porque está bajo mucho sedante», dijo el residente. «No le pudimos dar nada hasta que termináramos con nuestro examen».

Iba a preguntarle algo acerca de la cirugía o la recuperación, pero las palabras no me salían.

«Pronto van a venir a buscarlo para llevarlo al quirófano. Tienen que limpiarlo para evitar una infección grave».

Don estaba acostado allí esperando para ir al quirófano y probablemente no estaba consciente de nada. No me acuerdo si había algunos sueros, pero yo estaba consciente de la luz y los armarios de acero inoxidable. Aun con mi chaqueta, me sentí helada al estar sentada en ese cuarto.

El residente se fue, supongo que para darme unos cuantos minutos de privacidad con Don.

A través de toda esa experiencia tan difícil, esa fue la única vez en la que la inmensidad de la situación se hizo realidad. Me sentí sola, ansiosa y asustada. Muy asustada. Era como si estuviese caminando por una calle oscura en una noche cubierta por nubes. No sabía por dónde ir.

Y sin embargo, por extraño que parezca, no estaba preocupada por su sobrevivencia. Me concentré en cuán seriamente estaba herido y el dolor que ya debía haber sufrido.

Inmediatamente pensé en su pie izquierdo y me dije: *Esta no es una fractura simple y es más que una fractura expuesta. A su pierna le falta un hueso.* Yo sabía que el fémur era al que le llamaban el hueso del muslo y que es la parte más importante de la pierna al igual que el hueso más grande del cuerpo. Pero todavía no había alcanzado a comprender el significado de esa información.

Otra vez me concentré en la rodilla derecha que estaba destrozada y me dio escalofrío, mientras pensaba en esos pequeños fragmentos que estaban adentro de su brazo.

No estoy segura por qué, pero hasta ese momento no había pensado en preguntar acerca de lesiones internas. ¿Hubo daño cerebral? Supuse que esas cosas fueron las que evaluaron en el hospital de Huntsville. El residente no había dicho nada acerca de su condición, solo lo que estaba en las radiografías.

Ahí fue cuando clamé a Dios: «Estoy asustada. Por favor, Señor, por favor ayúdame en esto».

Sollocé discretamente, pero tan pronto me calmé, dije: «Tú siempre has cuidado de nosotros antes. Cuídanos aquí». Esas palabras sencillas me dieron un poco de paz.

Me había criado en la iglesia y la oración había sido una parte significativa de nuestra enseñanza. Pero tengo que admitir que gran parte de mi oración había sido superficial. Recuerdo que a veces el pastor les pedía a ciertos individuos que oraran en voz alta y ellos oraban, y seguían y seguían. A menudo me desconectaba y me concentraba en mis propios pensamientos. De todas maneras, oraba por mi familia cada día y por otros. Es lo correcto y es el deber (como también el privilegio) que tienen los cristianos de orar los unos por los otros. Tiempo diario en oración y lectura de la Biblia era parte de mi vida, así que para mí no era extraño hablar con Dios.

Eso era antes. Nunca antes había tenido que enfrentarme con algo tan serio como esto. Yo había orado durante toda mi vida, pero la mayoría de las veces la oración era general, aunque era en serio: «Cuida a mi familia; bendice a los misioneros; gracias por amarme». Tengo que confesar que lo hacía más por rutina, que por honestidad pura y profunda.

Esta oración fue diferente. Yo amaba a este hombre, el padre de mis hijos, y no sabía lo que le iba a pasar a él. Allí mismo, solo podía pensar en la agonía de Don y su palidez parecida a la muerte. En ese cuarto frío e impersonal, la oración tomó un significado más intenso y más fuerte para mí que en cualquier otro tiempo en mi vida. Oré, pero pensaba en ello más como un clamor del fondo de mi alma hacia Dios.

Ese día me enfrenté con una situación en la que no tenía control en lo absoluto. Estaba asustada porque no sabía cómo hacerle frente. Estaba como una niña perdida en la noche sin nada para guiarme.

Puse mi cabeza en el borde de la cama donde estaba acostado Don y le abrí mi corazón a Dios. Repetí y declaré la promesa que escuché a Dios susurrarme en la oficina de Mary Nell: *esto va a ser difícil, pero va a estar bien.*

Después de ver esas radiografías, tenía una imagen de cuán difícil iba a ser para Don. También eran una evidencia concreta de lo que Dios me había dicho más temprano en el día, dos piernas fracturadas y un brazo fracturado.

*Pero es más que unos rutinarios huesos fracturados.*

En el silencio de ese cuarto, oré por Don y por mí. Oré por los doctores que iban a estar cuidando de él. Le pedí a Dios que me fortaleciera para salir hacia delante con esa situación, sin importar lo que tuviese que suceder, ni por cuánto tiempo. Lo más importante, era la primera vez que le decía a Dios cuán asustada estaba.

Quizá regresé a mi infancia, pero en esos momentos, más que cualquier cosa, quería que mis padres me abrazaran, me consolaran, y me aseguraran que todo iba a salir bien. No quería estar sola y desamparada.

Después de que oré por varios minutos, las ansiedades y los temores se disiparon lentamente. Me di cuenta de la sensación de paz cuando Dios me recordó que Él era mi Padre Celestial y que siempre estaba conmigo. Pensé en las palabras de la Biblia en Hebreos 13.5: «No te desampararé, ni te dejaré». No me acuerdo haber dicho amén, pero después de que levanté la cabeza, una nueva fortaleza surgió a través de mí.

Todavía estaba preocupada por Don, y, sin embargo, tenía la confianza de que Dios estaba con nosotros y que Él nos llevaría a través de los tiempos oscuros que estaban por venir.

# 5.
# LLAMADAS TELEFÓNICAS DIFÍCILES

No tengo idea de cuánto tiempo el personal del hospital me dejó sentarme al lado de Don y sostener su mano fría e insensible. Después de esos primeros pocos minutos, no estoy segura de que estuviera consciente de nada, excepto de que Dios estaba conmigo y de que me encontraba sentada al lado de mi esposo.

No podía hacer nada para ayudar a mi marido, pero estaba allí. Solo el simple hecho de poder agarrarle la mano a Don, de ver su cara y de verlo respirar me dio perspectiva. No podía pensar en lo que iba a suceder en el futuro. Me concentré en el próximo paso de limpiar los residuos que estaban en las heridas y empezar con los antibióticos. Nada más allá de eso importaba.

Un paso a la vez. Eso suena a tópico, pero era real para mí. Esta sería la manera en que yo iba a funcionar durante los próximos días, semanas y meses mientras caminaba a través de muchos lugares oscuros. Un paso a la vez.

Estar sentada allí me dio paz y yo estaba lista.

«Señora Piper», dijo la voz de una mujer que estaba detrás de mí. «Tenemos que llevarlo al quirófano ahora».

Asentí con la cabeza y me levanté. Cientos de preguntas llenaron mi mente, pero no sabía cómo preguntar.

«Vamos a limpiarlo», me dijo una enfermera. «Necesitamos desinfectar esas heridas y estabilizarlo».

Probablemente ella dijo más, pero eso fue todo lo que pude absorber. Me sentí como si no me pudiera mover. No podía hacer nada excepto mirarla fijamente.

«Usted necesita ir a la sala de espera principal», dijo ella.

Asentí con la cabeza, pero aún parecía que no podía y no quería moverme.

Ella amablemente tomó mi brazo y me volteó hacia la puerta.

Ya no sentía temor ni ansiedad. Ninguna emoción. Todo estaba fuera de mis manos y no podía hacer nada.

Yo estaba entumecida.

---

Después de que la enfermera me sacó del cuarto, me quedé de pie al lado de la puerta que conducía a la sala de espera y observé al personal llevar a Don a través de otro grupo de puertas. Todavía estaba entumecida, pero podía sentir el terror y el pánico tratando de emerger a la superficie. No quería desmoronarme enfrente de los hombres que habían venido a estar conmigo, respiré profundamente varias veces para calmarme y recobrar la paz que había sentido antes. Cuando regresé por las puertas dobles y entré a la sala de espera, estaba una vez más en control de mis emociones.

Mark y los dos diáconos todavía estaban sentados allí. Se pusieron de pie cuando caminé hacia ellos. Les pedí que se sentaran y les dije lo poco que sabía. Fui cautelosa de no decirles cuán asustada me sentía. Quizás eso era parte del modo automático de mamá protectora. O tal vez era muy privado y muy personal para compartir.

Creo que hubo un breve silencio, aunque no estoy segura, antes de que uno de los diáconos dijera: «Eva, tienes que comer algo».

«¿Por qué no vamos a la cafetería?», preguntó el segundo. «Le voy a decir a la enfermera en dónde vamos a estar».

Debo haber consentido porque lo que recuerdo después es que estaba sentada en una cafetería vacía, tratando de comer forzadamente una ensalada y un Coca Cola de dieta mientras hombres alrededor mío estaban tratando de ofrecerme consolación.

Porque Mark era padre de niños pequeños, le rogué que se fuera a casa.

«Está bien. Me puedo quedar...».

«No, de verdad, estoy bien», le dije. «Por favor ve a tu hogar. Encontraré la forma de regresar a Alvin».

Él protestó, pero tan pronto le aseguré que yo estaba bien y que alguien me llevaría a mi casa cuando estuviese lista para irme, él se fue.

Cuando terminé de comer, aunque dejé la mayoría de la ensalada, caminamos de regreso a la sala de espera principal. En ese entonces, el Hermann Hospital estaba bajo una remodelación masiva, así que la sala de espera normal para cirugías estaba inutilizable. En su lugar, alguien nos dirigió hacia el vestíbulo en la entrada del hospital. La enfermera de la sala de emergencias me había dicho que me iban a decir allí cuando Don saliese del quirófano.

Era una sala grande con muchos azulejos fríos e impersonales. Las puertas delanteras masivas se abrían hacia los escalones que conducían hacia el hospital. Me quedé mirando las hileras e hileras de sillas imitación de cuero de color azul oscuro. Las sillas estaban unidas en grupos de a siete u ocho con un reposabrazos de metal separando cada silla de la otra.

A lo largo de una pared había un conjunto de teléfonos públicos. La pared estaba por una esquina, lo cual significaba que proveía alguna forma de privacidad aunque las voces parecían hacer eco hacia el vestíbulo.

Me di cuenta de que necesitaba dejarles saber a los niños lo que estaba pasando, así que llamé a la casa de los Chisolm. Para ese entonces eran las veintiuna horas de la noche, lo que significaba que el servicio de la iglesia ya se había acabado. Cuando sonó el teléfono, la mamá de Kim contestó.

Le expliqué brevemente lo poco que sabía y que yo había visto a Don. Luego le pedí hablar con Nicole. Le expliqué a mi hija lo mejor que pude que había visto a su papá y que él estaba en el quirófano. Le prometí que la iba a llamar a la escuela el próximo día para darle noticias. Nos dijimos que nos queríamos mucho y nos dimos las buenas noches.

Después llamé a Susan Long, la cual me dijo que los niños estaban bien. Ella me dijo que cuando llegaron a su casa, Joe salió afuera y jugó con sus hijos, los cuales tenían más o menos la misma edad. Chris salió a jugar, sin embargo, él quería ver su libro de anatomía para que ella le pudiera enseñar cuáles eran los huesos que se le fracturaron al papá. Esa es la manera en que Chris procesa información: él necesita tener detalles.

Susan terminó la conversación diciéndome que los niños estaban durmiendo y que ella los iba a llevar a la escuela el próximo día.

Después de averiguar cómo estaban los niños, yo necesitaba dejarles saber a mis padres lo que estaba sucediendo. Mientras estaba rebuscando la bolsa de papel con monedas en mi bolso, me pregunté a mí misma: *¿A quién debería llamar? ¿A quién debería contactar para ponerles al día con respecto a lo que está ocurriendo?*

Saqué la bolsa de papel y puse las monedas en pequeñas pilas. Decidí llamar a mi mamá y a mi papá primero. Le di el número de teléfono a la operadora de larga distancia, metí las monedas en la ranura, y escuché el clink cada vez que una moneda era contada automáticamente.

Mientras esperaba a que el teléfono sonara del otro lado de la línea, le di gracias a Dios silenciosamente porque tenía efectivo y por haberme convencido de que trajera las monedas.

Necesitaba hablar con mis padres. Quizás estaba regresando emocionalmente a la dependencia que tenía de ellos como cuando era niña. No traté de comprenderlo, solamente necesitaba hablar con las dos personas que habían sido mi ancla emocional antes que Don llegara a mi vida. Todo era puramente instintivo.

En el momento que contestó papá, se me escaparon las palabras: «¡Don ha sufrido un accidente! ¡Un accidente terrible!».

«Un momento, tengo que poner a tu mamá en el teléfono».

Hubo un clic cuando mamá recogió la otra extensión.

La voz calmada de papá era exactamente lo que yo necesitaba. Después de que les conté lo poco que sabía, él dijo: «No vamos a poder salir esta noche, pero vamos a empacar las cosas y saldremos temprano por la mañana».

Con gran temor llamé a Billie, la mamá de Don. Ella es fuerte en muchas maneras, pero frágil en otras y puede ser extremadamente emocional.

«En primer lugar, todo va a estar bien», le dije, cuidadosamente para no traicionar cualquiera emoción. «Don estuvo involucrado en un grave accidente».

«¿Qué tan grave?».

«Muy grave». Le dije lo poco que sabía.

Billie reaccionó exactamente como me lo esperaba: ella gritó.

Ralph, el papá de Don, tomó el teléfono. Él estaba más calmado, como supuse que lo estaría. Le dije todo lo que sabía. Mientras hablaba, me pregunté a mí misma cuántas veces había tenido que repetir la escasa información que sabía.

«Estaremos allí tan pronto podamos hacer arreglos», dijo él. «Vamos a tener que conseguir a alguien que cuide los animales, pero estaremos allí tan pronto podamos».

Hablé con mis padres otra vez unos minutos después y ellos decidieron esperar hasta el viernes para que la mamá de Don pudiera venir con ellos. El papá de Don no iba a poder venir hasta el domingo. Les di las gracias por haber echado todo lo demás para un lado. Es un viaje por carretera muy largo desde Bossier City, como cinco horas, así que ellos llegarían a Houston el viernes por la tarde.

Con las llamadas que hice, me sentí más relajada, especialmente porque pude hablar con papá.

*Puedo salir adelante. Lo voy a conseguir.*

---

Mientras estaba hablando con mis padres, los otros teléfonos públicos empezaron a sonar y aquellos que estaban llamando pidieron hablar conmigo. Las noticias acerca del accidente se estaban propagando y la gente llamaba para obtener información. Los dos diáconos de inmediato empezaron a contestar las llamadas y a divulgar información actualizada. Agradecí eso mucho.

Pronto estuvimos recibiendo llamadas no solo de Alvin, sino también de nuestra comunidad en Bossier City. Si la llamada era de alguien que los diáconos pensaban que yo iba a querer tomar, como un amigo de la familia o un pariente, me daban el teléfono. De otra manera, ellos tomaban el papel de corresponsales de prensa, compartiendo lo que sabían y pidiendo oración.

Entre llamadas, traté de pensar a quién más debería contactar. Respiré profundamente unas cuantas veces y determiné cuáles eran los nombres de la gente que debería llamar. Ninguno de nuestros amigos de toda la vida vivían en nuestra área telefónica, así que una vez más estaba agradecida por mi pequeña bolsa de monedas.

Empecé llamando a los amigos de Don. David Gentiles y Cliff McArdle fueron los primeros porque eran los mejores amigos de Don.

Me sonreí al pensar en David, Don y Cliff juntos. Varias veces los llamaba en broma, la Santa Trinidad. Ellos eran una piña y se habían conocido desde sus primeros años de ministerio en Bossier City. Los tres se convirtieron en ministros bautistas en la región noreste de Louisiana.

David siguió a Don como ministro de jóvenes en Barksdale Baptist Church, mientras que Don continúo en la posición como voluntario. Habían trabajado a la par, planeando y organizando eventos para los jóvenes. Aunque Don tiene dos hermanos, David era su amigo más íntimo y su confidente. Ellos hablaban de todo. Cliff había servido en una iglesia como a una hora de distancia, pero todavía se reunían lo más a menudo posible. Ellos eran grandes fanáticos de LSU [equipo de fútbol americano] (excepto cuando jugaban contra Alabama, donde vivía Cliff) y disfrutaban ver los partidos por televisión o encontrar entradas ocasionalmente para ir en persona. Tenían un vínculo especial como hombres y como ministros.

Durante los dos últimos años, los tres se trasladaron a Texas. Cliff y Don estaban en la gran área de Houston; David estaba viviendo en San Antonio.

Cuando llamé a Cliff, su esposa Suzanne contestó. Su esposo no estaba en casa, pero ella me escuchó y expresó su preocupación. Antes de que termináramos la conversación, Suzanne dijo que ella iba a ponerse en contacto con Cliff de inmediato y también prometió: «Le haré llegar las noticias a otros».

También llamé a Darrell Guyton y a Bill Jones. Ellos eran dos de nuestros amigos íntimos de Bossier City. Don los conocía a ellos y a sus esposas, Karen y Terri, desde la escuela secundaria. Habíamos disfrutado juntos muchas actividades como parejas casadas.

Darrell fue el compañero de habitación de Don en la universidad. (De hecho, a uno de nuestros hijos gemelos lo llamamos como él: Joseph Darrell. Mientras Darrell estaba en la escuela, su padre murió en un accidente automovilístico. Más recientemente, su hermana sobrevivió a un grave accidente automovilístico. Si alguien iba a entender cómo me sentía, sería Darrell.

Excepto mis padres y David Gentiles, di a todos los detalles más concisos en mis llamadas telefónicas. De todas maneras, era todo lo que yo sabía. La mayoría de las veces lo mantuve simple: «Don sufrió un grave accidente de automóvil. Está en el quirófano ahora mismo». Luego di un resumen rápido de las lesiones de las cuales yo tenían conocimiento y concluía con: «Pido que por favor oren por nosotros. Les daré más detalles tan pronto consiga saber más noticias».

Para el tiempo en que llamé a David y hablé con Suzanne, había hecho una lista mental de otras personas a las cuales tenía que llamar. Esa acción me mantuvo enfocada en las llamadas y empujó mi mente lejos de Don y de su cirugía. Llamé a gente de la escuela y de la iglesia. También traté de pensar en amigos en Alvin para pedir que oraran para que Don saliera bien de su cirugía, lo cual yo esperaba totalmente que sucediera.

En mi mente me imaginé el día siguiente, cuando una enfermera o un doctor entrasen a su cuarto y dijeran: «Él tendrá que quedarse aquí una semana o dos, pero va muy bien». Yo sonreiría y le daría gracias a Dios por las buenas noticias.

Eso es lo que sonaba en el interior de mi mente.

Mi razonamiento estaba lejos, muy lejos de la realidad.

# 6.
# El primer día

Después de quizás una hora, la puerta se abrió y al alzar la cabeza vi a Cliff McArdle caminando hacia mí. La preocupación en su rostro fue tan importante como cualquiera palabra que pudiese decir.

Me tomó en sus brazos: «Lo siento. Lo siento».

Como conozco a Cliff por mucho más tiempo de lo que conocía a cualquier otra persona en el cuarto, que su abrazo rápido y sus pocas palabras me trajeron un consuelo inmenso. En esos momentos me di cuenta de cuán profunda era su relación con Don. Aunque yo todavía estaba caminando en la oscuridad, sabía que Dios me había enviado a alguien que estuviese conmigo, al menos por un tiempo corto.

Los introduje a todos y seguí contestando y haciendo llamadas. Como aprendí, la necesidad de llamar a otros llega a ser poderosa para aquellos que estamos en las salas de espera. Puede que sea una manera de mitigar nuestra ansiedad porque significa que estamos haciendo algo sensible y tangible. También hace que dejemos de pensar tanto en nuestros seres queridos.

Momentáneamente. Luego la realidad se hace patente de nuevo.

Con el tiempo, la frecuencia de llamadas telefónicas disminuyó. Me senté en una de las sillas cercanas a la pared por si acaso sonaba el teléfono. Mi cabeza estaba sobre mis manos mientras trataba de relajarme. Sentí que alguien estaba sentado al lado mío. Cuando alcé la cabeza, vi a Stan Mauldin, el esposo de mi amiga Suzan.

Stan y yo hablamos por varios minutos, pero después yo no podía recordar nada excepto que el ofreció llevarme a casa. «Necesito quedarme aquí», dije. «No hay nada que pueda hacer por Don, pero necesito estar aquí de todas maneras».

Él fue lo suficientemente sensible y no tuve que explicar. *Tenía* que quedarme en el hospital. Quizás tenía que estar allí mayormente por mí misma, como si yo pudiese hacer que las cosas salieran mejor con mi presencia. Quería saber inmediatamente sobre cualquier cambio en la condición de Don, y si me fuera, me estaría preocupando por él todo el tiempo.

«Voy a pasar la noche aquí», dije. «Estoy segura de que podré encontrar un lugar en donde dormir». Le aseguré a Stan que yo estaba bien y que no había nada nuevo que informar. «Voy a llamarte a ti y a Suzan tan pronto ellos me den alguna noticia».

Stan es un hombre grande. Una vez jugó en un campeonato mundial de fútbol para el equipo de la universidad de Texas y era el entrenador principal de la escuela secundaria de Alvin. Aunque su tamaño físico es impresionante, lo que más atrae a la mayoría de la gente es su corazón suave y tierno. Si Stan se da cuenta de que alguien necesita algo, él es la primera persona que se presenta para ayudar, pase lo que pase.

Me abrazó suavemente, expresó su amor por Don y por mí, y se fue.

---

Cliff habló con los otros que todavía estaban allí. Estoy agradecida de que él tomara el mando de la conversación para que yo no tuviese que seguir hablando.

Después de un tiempo, Cliff dijo: «Se está haciendo tarde. Tú necesitas comer». Sospecho que uno de los diáconos le había dicho que casi ni toqué mi ensalada previamente.

«No tengo hambre».

«Me voy a quedar aquí mismo», dijo Cliff. «Por favor ve a buscarte un poco de comida en la cafetería, o al menos de las máquinas expendedoras». Esas palabras y el ademán eran tan característicos de Cliff. «Si hay alguna noticia, iré a buscarte de inmediato».

Negué con la cabeza. «No tengo hambre».

«Eso será cierto», dijo él, «Pero de todas maneras tienes que conseguirte algo».

Cuando se me quedó mirando fijamente, supe que iba a ser inútil discutir. Asentí con la cabeza y traté de sonreír.

Me levanté y uno de los otros me llevó hacia el área donde estaban las máquinas expendedoras. Escogí algo, tal vez Cheese Nips, pero honestamente no tenía apetito. Sentí que tenía que regresar a la sala de espera, aunque no había nada que yo pudiese hacer.

El residente me había prometido que tan solo Don saliera de la cirugía, alguien me daría un informe de su condición. Tenía la esperanza de que hubiera noticias para el tiempo en que yo regresara a la sala de espera.

Ninguna noticia. Ninguna enfermera ni el residente habían venido.

No tenía ninguna manera de saber que la cirugía iba a tardar once horas. Había estado en el hospital un poco menos de tres horas y nadie estaba dando ninguna noticia. Se sintió como una espera de una noche sin final.

Seguí pidiéndole a la gente de la iglesia que no se quedara. «Quién sabe cuán larga va a ser». Después de decir eso varias veces, la mayoría de ellos decidieron marcharse, individualmente o en grupos pequeños.

«Nos vamos a ir para la casa», cada uno dijo eso en diferentes maneras. «Llámanos si necesitas algo».

Prometí que lo haría.

«No me voy a marchar», dijo Cliff con naturalidad. Esa fue su manera de decir: «No vale la pena discutir porque ya he tomado la decisión».

---

Poco después de la medianoche, Cliff dijo suavemente: «Necesitas dormir».

Miré a mi alrededor. El cuarto habría sido útil para una espera corta, pero no estaba equipado para dormir. «No creo que pueda».

«Ya encontrarás la manera», dijo él.

Yo estaba cansada, pero no estaba lista para dormir; sin embargo, decidí que tenía que intentarlo. Cliff iba a rondar alrededor mío hasta que lo hiciera.

Miré alrededor del cuarto, el cual probablemente era un atrio. Hileras de sillas de metal con cojines duros y reposabrazos de metal, todas unidas; no se veían atractivas para alguien que quería dormir. No había forma de ponerme cómoda, pero hice lo posible poniendo mis piernas bajo un reposabrazos. Probablemente más por agotamiento que por cualquier otra cosa, sí dormí un poco.

Como lo prometió, Cliff se quedó la noche entera.

Cada vez que alguien entraba al cuarto, yo me despertaba. Cliff todavía estaba alerta. Una pareja entró porque su hijo había volcado su camioneta pickup y estaba seriamente lesionado. Aunque no hacían ruido, aún los podía escuchar hablando entre ellos mismos y con Cliff en cuanto a la gravedad del accidente. Pronto aprendí y aprecié que la camaradería se desarrolla con personas que han sido lanzadas juntas después de los accidentes de vida o muerte de sus seres queridos.

Cuando la pareja estaba hablando, abandoné cualquier intento que tenía de dormir y me uní a Cliff en su conversación con ellos. La pareja me dijo lo que sabían acerca de su hijo y yo compartí con ellos la razón por la cual yo estaba allí.

Pronto una enfermera entró a la sala de espera y caminó hacia la pareja. «Su hijo salió de la cirugía», dijo ella y los llevó a verlo. Los vi otra vez varias veces porque su hijo fue asignado a la cama o al «compartimento» que estaba al lado de Don en la UCI [Unidad de cuidados intensivos].

Todavía no había escuchado nada acerca de Don. Traté de no sentirme preocupada, pero era difícil no pensar y la ansiedad se deslizó dentro de mí.

No estoy segura del tiempo, pero podía ver los primeros rayos de la luz del sol cuando un doctor vino a la sala de espera y se dirigió al puesto de información que servía como el puesto de enfermeras. Su espalda estaba hacia mí, pero la enfermera señaló hacia mí, el doctor se volteó y asintió con la cabeza.

*Al fin*, pensé, *voy a tener noticias*.

Él estaba usando una bata esterilizada verde y me acuerdo que era un hombre de baja estatura y que tenía un bigote. Se sentó y puso su mano sobre mi rodilla derecha. «Soy el doctor Tom Greider, un cirujano ortopédico. Siento mucho tener que conocerla bajo estas circunstancias». Él explicó que habían trabajado con Don toda la noche, y esa era la razón por la cual yo no había escuchado nada.

*¿Toda la noche?*

No podía empezar a comprender qué clase de cirugía le hicieron a mi esposo, pero la amabilidad en la voz del doctor me tocó el corazón y finalmente echó a un lado mi confusión.

«La mejor noticia es que no vemos evidencia de un trauma cerebral o de lesiones internas».

Me sonreí con gratitud por ese pequeño dato de buenas noticias. Luego, cuando vi a Don y las fotografías del auto, casi ni podía creer que no hubiera trauma cerebral después de lo que había pasado.

El doctor Greider siguió explicándome que él empezó con la rodilla de la pierna derecha de Don. El antebrazo izquierdo tenía que ser estabilizado. No estaba segura de lo que significaba eso, porque esos huesos estaban rotos en tantos pedazos. «Pusimos su pierna izquierda en tracción». Hizo una pausa y se me quedó mirando. «Perdió diez centímetros de fémur».

«Yo vi la radiografía», le dije.

«Entonces, usted sabe», dijo él. «Le pusimos una canasta en su rodilla derecha».

Asentí con la cabeza. Aunque entendía lo que era una canasta, él la describió como una red de tela metálica. «Es como una canasta porque mantiene esos pedazos juntos».

Su explicación continuó por varios minutos y para ese entonces entendí por qué la cirugía de Don duró tantas horas. Cada vez que el doctor Greider sentía que yo no entendía algo, parecía no tener problemas en aclararlo antes de continuar con la próxima información.

«En un rato más, lo van a llevar a la UCI». Él me dijo que era una nueva unidad y que Don iba a ser uno de los primeros pacientes que iban a poner en ese compartimiento. Entonces dijo que las lesiones ortopédicas eran «bastante serias» y que debería esperar una larga recuperación para Don.

El doctor Greider me dio un cierto sentido de comodidad. Primero que todo, para que él se sentara al lado mío y dijera: «Siento mucho que sucediera esto», me tocó el corazón.

Otros cirujanos que he conocido fueron bruscos y estaban apurados cuando explicaban la condición, si podía detenerlos lo suficiente como para que me dieran información. El doctor Greider tenía una personalidad cálida y comprensiva. Me cayó bien desde el minuto en que lo conocí; y en los días venideros, me di cuenta de que mis primeras impresiones fueron correctas.

Sus últimas palabras antes de irse me llenaron de confianza y aliento. «Vamos a cuidar de él», dijo y sonrió. «Y él va a estar bien».

Le di las gracias.

«Su esposo todavía está en recuperación. Como en una hora usted puede ir a verlo en la UCI». Luego se puso de pie, me miró a los ojos y dijo: «Usted necesita descansar. ¿Por qué no se acuesta a dormir?».

Cuando se alejó, me dije a mí misma: «Sí, pues. ¿Cómo y dónde puedo hacer eso?».

Después de que el doctor Greider se fue, Cliff y yo nos miramos y nos sonreímos. Los dos sentimos una sensación de alivio. Caminamos hacia el puesto de enfermeras. «Entiendo que mi esposo ahora está en recuperación», le dije a una de las enfermeras que estaba de turno. «¿Dónde puedo esperarle?».

«Él va a ir a la UCI en unos cuantos minutos. Ya le hemos asignado una habitación para cuando salga de la UCI», respondió la enfermera. «Si usted quiere subir a su cuarto y esperarle, estaría bien». Entonces me sonrió y dijo: «Usted se ve cansada. Se puede acostar en su cama hasta que la llamemos».

«Gracias», le respondí. Eran como las 8:30 horas de la mañana después del accidente, y el agotamiento se me había introducido paulatinamente a través de todo mi cuerpo. Ahora que ya sabía más, me podía relajar.

Cliff también le dio las gracias y dijo: «Vamos a subir ahora». Me tomó del brazo y me llevó hacia los ascensores. Entramos al cuarto que le asignaron a Don. «Tú necesitas acostarte por un rato».

Con todo y que me sentía agotada, protesté.

«Dijeron que te iban a llamar cuando fuese tiempo para ver a Don», me recordó Cliff. «Voy a ir al puesto de enfermeras para cerciorarme de que ellas saben en dónde estás».

Él estaba listo para irse y le di las gracias. Solo su presencia había hecho que la noche se me hiciera más fácil.

Cliff se marchó poco después de eso porque planeaba ir al trabajo. Pero rehusó irse del hospital hasta que estuviese seguro de que yo estaba acostada en la cama.

Debo haberme quedado dormida casi inmediatamente. No había dormido bien desde el martes por la noche y ahora era jueves por la mañana. Mi próximo momento de conciencia fue cuando una enfermera estaba sacudiéndome suavemente. Ella me sacó de una caverna de sueño profundo que tanto necesitaba. Miré mi reloj y me di cuenta de que pude conseguir de una hora a hora y media de sueño. Eso no fue suficiente, pero me sentí mejor.

La enfermera me informó que podía ver a Don.

Antes de que pudiese ir a la UCI, John Higgins, de nuestra iglesia, vino al cuarto en donde yo estaba descansando. John tenía algunas conexiones con el Departamento de Seguridad Pública de Texas; había investigado sobre el accidente y pudo darme detalles.

«Sí fue un camión tráiler de dieciocho ruedas», dijo él, «y un interno de la prisión estatal lo estaba conduciendo». La prisión Ellis Unit estaba a un poco menos de ocho kilómetros desde el otro lado del puente, a donde iba conduciendo Don. El interno se había ofrecido voluntario a conducir el camión ya que el conductor habitual no se presentó, lo cual era posiblemente la razón por que sucedió el accidente. Conducir un camión enorme como ese no es tan fácil como parece, especialmente sobre un puente estrecho totalmente empapado por la lluvia.

Don estaba usando su cinturón de seguridad; de otra manera, sus lesiones hubiesen sido mucho más graves. John me dijo que otros dos autos estuvieron involucrados en el accidente, pero nadie más salió herido.

John se ofreció a ir conmigo a la UCI. No tenía idea de cómo llegar allí, así que me fue fácil aceptar su oferta. Él tenía de por sí una actitud de tomar el mando y estaba familiarizado con el hospital Hermann. Al caminar por el pasillo juntos, me fijé en los puntos de referencia para así poder regresar por mí misma.

John y yo llegamos al compartimiento de Don en la UCI como a las diez de la mañana. El personal no tuvo que decirme que la unidad era nueva. No solo los colores estaban frescos y las alfombras recientemente instaladas, sino que olor a pintura subsistía en los pasillos.

Al igual que otros hospitales, la UCI permitía que los visitantes vieran a los pacientes por solo cinco o diez minutos a la vez. Normalmente el personal permite uno o dos visitantes cada hora como lo hacen en el hospital Hermann desde la media mañana hasta la media tarde.

Los dos pudimos entrar a la unidad. Don estaba conectado a varias máquinas y porta sueros. El sonido *bip-bip-bip* fue una de las primeras cosas que me llamó la atención. Una vez sonó la alarma y una enfermera corrió al compartimiento para aumentar el flujo del oxígeno. En ese tiempo yo no estaba consciente, y fueron cuidadosos en no decirme que él estaba en un aparato de respiración asistida. Para mí, el cuarto era una nebulosa de diales, aparatos y sonidos extraños.

Una clase de monitor, una oximetría de pulso, estaba atada al dedo índice derecho de mi esposo para revisar el flujo de oxígeno. Unas poleas colgaban al borde de su cama, las cuales estaban enganchadas a su pierna izquierda, mientras que la pierna derecha estaba inmóvil con vendajes grandes.

Entonces vi las marcas terribles en donde los doctores habían quitado los cristales de su cara. Lo que realmente me llamó la atención fue el moretón que venía desde su hombro izquierdo y sobre su pecho, donde el cinturón de seguridad lo había sostenido en su lugar. El sitio en el que estaba la herida, apenas se estaba poniendo azul, pero no había duda de qué fue lo que hizo la marca.

*Cuán violento debió haber sido el impacto como para haber dejado un moretón tan distintivo*, pensé, y cerré mis ojos en contra de esa imagen.

Don gemía ocasionalmente y yo me encogía por dentro. No había sonido que me perturbara más que los gemidos de Don a través de la máscara de oxígeno.

Igual que en el cuarto antes de la cirugía en la sala de emergencias, estar en este cuarto con Don me trajo gran consuelo. Era como que si el estar allí le diera fuerzas; al menos así es como me sentí. Fue emocionalmente difícil verlo acostado allí con todas esas sondas, sin poder moverse. Todavía no había asimilado la gravedad de sus heridas. En ese mismo instante, estaba agradecida de que estuviera vivo y respirando.

El compartimiento mismo estaba definido por cortinas que colgaban por ambos lados. La cama de Don estaba contra la pared, y tenía un equipo típico de un hospital. Otras máquinas estaban alrededor de la cama, con sondas y alambres desde estas a varias partes del cuerpo de Don. El cuarto lado del compartimiento tenía otra cortina que se abría hacia el área principal de la UCI, en donde estaba ubicado el puesto de las enfermeras.

Me le quedé mirando, tratando de absorber todo. Su brazo izquierdo estaba envuelto de tal manera que se veía enorme. Su pierna izquierda estaba en tracción, con alambres que la mantenían levantada. Estaba elevada con lo que parecía un pedazo de lienzo debajo de la pierna, atada a una estructura de metal. La estructura estaba adjunta a una polea tendida que sostenía una pesa que estaba guindando desde el pie de la cama. La pierna de Don estaba envuelta en capa tras capa de vendajes de compresión para estabilizarlo en lugar del fémur que ya no tenía.

Vi lo que quería ver, una simple pierna fracturada, aunque el residente me había enseñado las radiografías y yo ya había hablado con el doctor Greider aquella mañana.

Como había hecho la noche anterior, me incliné y besé la frente de Don y lo llamé por su nombre. Sus párpados revolotearon unas cuantas veces, lo cual hizo que yo supusiera que me había escuchado pero no podía responderme. Parecía respirar normalmente, y eso fue un alivio.

Le hablé tan calmada y casual como pude. Aunque no reaccionaba, quería cerciorarme de que él supiera que lo amaba y que mucha, mucha gente estaba orando por él. Me habían dicho antes que aunque los pacientes no parecían responder, a menudo oían lo que otros decían. Yo quería que escuchara el amor en mi voz.

Justo entonces, una enfermera entró al cuarto y revisó sus signos vitales. Ella dijo suavemente: «Él esta estable». Lo tenemos en una tracción para mantener la pierna en una posición.

Ella no me dijo por qué eso era tan importante, y yo no tenía ninguna idea de lo grave que era su situación. El doctor Greider había mencionado la falta de fémur, pero la información de que él podía seguir de esa manera indefinidamente aún no había penetrado en mi mente.

Probablemente estuvimos allí como por diez minutos, pero el tiempo no parecía tener relevancia. John y yo seguimos hablándole a Don con voces suaves, asegurándole que todo iba a salir bien. Puse mi mano alrededor de la suya para dejarle saber que yo estaba allí. Le dije repetidamente que lo amaba, que los niños lo amaban, y que la gente estaba orando por él.

No lloré porque no quería afligirlo, aunque no hizo nada para demostrar que él sabía que yo estaba allí. Traté de enviarle fortaleza a través de mis palabras y mis caricias. Don siempre había sido la persona fuerte; ahora me tocaba a mí.

Una enfermera abrió la cortina frontal y dijo: «Es tiempo de irse».

Besé a Don otra vez y salí de su cuarto. Estaba sufriendo por él y traté de no pensar en todo lo que iba a tener que pasar para poder recuperarse. Mirando atrás, estoy feliz de que yo no supiera cuán mal estaba él.

John me dejó afuera de la UCI y regresé a la habitación del hospital yo sola. Hasta donde recuerdo, me acosté y me quedé dormida.

Un llamado en la puerta me hizo sobresaltar, y un hombre entró preguntando por un paciente. La misma enfermera que me había despertado anteriormente, vino detrás de él para decirle que el paciente que él quería ver iba a ser trasladado al cuarto muy pronto. Empecé a recoger mis cosas para irme.

Debí haberme visto confundida porque la enfermera me dijo: «El señor Piper ha sido asignado a un cuarto diferente. Usted puede esperar allí». No me dejó claro cuánto tiempo iba a tener que esperar, pero terminé quedándome en ese cuarto desde el jueves por la mañana hasta el martes siguiente. Aprecié su bondad y expresé mi gratitud al caminar a la vuelta de la esquina hacia el nuevo cuarto.

En ese tiempo no me di cuenta, pero después nos iban a cobrar tanto por la UCI como por el cuarto normal. El hospital pone a los pacientes gravemente heridos en la UCI y reserva un cuarto privado al mismo tiempo. De esa manera, cuando el paciente está listo para salir de la UCI, los doctores que lo han estado atendiendo tienen un lugar para enviarlo, y no tiene que quedarse más tiempo de lo necesario en esa unidad intensiva. Aunque cuesta extra, pensé que era una buena idea. Además, el tema de los gastos médicos y quién iba a pagarlos no estaban en mis pensamientos para nada. Supe acerca de los cargos dobles solo después cuando recibí mi primera factura.

---

Don sobrevivió todo el día del jueves y toda la noche. El recordar ese hecho, me dio aliento adicional. Nadie lo dijo, pero supuse que cada hora que sobrevivía significaba que se estaba mejorando.

Como yo había visto las radiografías después de que él fue ingresado, sabía que era una situación seria, pero todavía no tenía idea de que sus heridas constituían una amenaza para su vida. Incluso el doctor Greider no dijo eso. Quizás estaba tratando de ser amable y de no causarme preocupaciones adicionales. O quizás él estaba tan determinado a mantener a Don vivo, que no iba a permitir que resultados negativos invadieran sus pensamientos.

En mi ingenuidad todavía supuse que los doctores pondrían un yeso en su pierna y harían algunas otras cosas, y entonces él se recuperaría y vendría a casa. Estaba dispuesta a admitir que tal vez serían tres semanas o incluso un mes, pero no podía concebir un tiempo más largo que ese. ¿Cómo iba a poder saber que Don tendría que tener más de veinte cirugías en el periodo de un año?

Otras cirugías vinieron después y Don fue sometido a un total de treinta y cuatro operaciones como parte de su recuperación. Nunca hubiese podido llegar a imaginar ese número, no solamente eso, sino que tampoco estoy segura de que hubiese podido resistir emocionalmente si lo hubiese sabido.

# 7.
# Los niños ven a su padre

Mis padres vinieron a Alvin conduciendo y se quedaron en nuestra casa. De esa manera, nuestros tres niños se podían quedar en casa con ellos durante la noche. Mamá y papá también pasaron el tiempo que pudieron conmigo en el hospital. Significó mucho para mí tenerlos a mi lado. Pero más importante, yo sabía que los niños estaban a salvo.

Después de cinco días, los niños aún no habían visto a Don, y sentí que ellos necesitaban ir al hospital y verlo. También sentí que si iban, Don se iba a alegrar. Hablé con el personal y nuestros doctores estuvieron de acuerdo. El lunes después de la escuela, mamá y papá trajeron a los niños al hospital.

Antes de que entraran a visitar a Don, un sicólogo infantil que era parte del personal, me preguntó si él podía hablar con los niños y prepararlos para lo que iban a enfrentar.

«Sí, por favor hágalo», le dije. «Pienso que nos va a ayudar a todos a pasar por esto de una mejor manera».

El sicólogo nos llevó a nuestros hijos y a mí a un cuarto, mientras que mis padres se quedaron esperándonos en el pasillo afuera de la UCI. Una vez que nos sentamos, él sacó un maniquí. «Antes de que vean a su papá, quiero enseñarles qué es lo que le está pasando». Entonces él explicó todo de una manera simple y fácil de entender, y se aseguró de que los niños entendieran la seriedad de la situación de su papá. Me sentí aliviada porque yo no hubiese podido explicar la mayoría de las cosas que él dijo. De hecho, yo misma aprendí unas cuantas cosas.

Le di las gracias al sicólogo antes de llevar a los niños a la UCI. Quería que solamente estuviésemos reunidos los cinco: Don, Chris, Joe, Nicole y yo. Don estaba lo suficientemente consciente y alerta como para saber que estábamos allí.

Don todavía estaba conectado a tantas máquinas y aparatos, que era imposible que alguno de nosotros pudiese abrazarlo. Nicole era lo suficientemente alta como para verlo en la cama elevada, pero los varoncitos apenas pudieron verle la cara.

«Te quiero mucho, papi», dijo Nicole y le tocó el brazo.

Él asintió con la cabeza y murmuró: «Yo también te quiero mucho». Las palabras no fueron distintivas, pero sí lo suficientemente claras como para entenderlas.

Los varoncitos le dijeron lo mismo y Don respondió las dos veces. Sus palabras no fueron muchas, pero de todas maneras dio una respuesta. Y cada respuesta nos fortaleció.

Los niños abordaron la situación muy bien y yo estaba agradecida por la preparación que nos dio el sicólogo. Nos quedamos los diez minutos permitidos. Durante ese tiempo, los niños hablaron con su papá alegremente, como solo los niños lo pueden hacer. Estaba orgullosa de ellos por haber compartido los pequeños eventos de su vida y por comportarse como si, al contrario, la situación fuese totalmente normal. No sé cuánto él entendió y eso probablemente no era importante.

Ellos estaban allí. Eso era importante. Sé que la presencia de ellos consoló y animó a Don.

Después de que la enfermera nos informó que nuestro tiempo se había terminado, cada uno de nosotros le expresamos nuestro amor, y los niños salieron de la UCI para esperar en el pasillo con mis padres. Después de que los niños salieron, regresé para ver a Don, para desearle unas buenas noches y para decirle: «Te veré por la mañana».

Estaba despierto y más alerta esta vez. Los ojos se le llenaron de lágrimas. «Tenemos unos niños maravillosos, ¿verdad?». Fue la cosa más positiva que Don me había dicho desde que pasó el accidente.

Empecé a llorar. «Sí, es verdad». Al decir eso, pensé en algo que Don me había dicho muchas veces: «*Tenemos mejores niños de lo que nos merecemos*».

Pude ver que la visita lo dejó cansado, así que le dije que descansara y que yo lo vería en la mañana. Me limpié las lágrimas de los ojos antes de salir de la UCI. No quería que los niños me vieran llorando y pensaran que algo andaba mal.

Nos abrazamos y luego miré mientras los niños caminaban por el pasillo con sus abuelos. Supuse que ellos habían entendido y que tenían la seguridad de que Don iba a mejorar.

Solo años después fue que mi papá me dijo la verdad. «Chris y Nicole pensaron que su papá iba a morir». Debí haberme quedado boquiabierta porque él me dijo: «Ellos me lo dijeron».

«Me alegra no haber sabido cómo ellos se sentían», dije yo. «Me hubiese preocupado tanto por ellos como por Don».

---

No había salido del hospital desde la tarde del accidente, casi una semana antes. Fue un tiempo de oscuridad y estaba por ponerse más oscuro. Para ese tiempo los doctores sabían, al igual que todos nosotros, que no iba a ser una recuperación rápida.

En vez de semanas, el personal del hospital estaba usando la palabra *meses*.

# 8.
# «¡LOS NIÑOS TE NECESITAN!».

El accidente de Don ocurrió un miércoles y mis padres vinieron a Houston el viernes. Trajeron a la mamá de Don con ellos.

Papá era el asistente del director en una escuela secundaria y él tenía que hacer preparaciones antes de salir de Bossier City, por eso fue que les tomó un día entero para llegar. Se quedaron en nuestra casa y cuidaron a nuestros tres hijos.

La presencia de ellos fue consoladora y era probablemente la primera vez que sentía que podía ser yo misma alrededor de alguien después del accidente. Cuando vinieron al hospital, no tenía que entretenerlos o tratar de hacerlos sentir que yo estaba bien.

La semana siguiente, no me acuerdo qué día, mi mamá me llamó al hospital y me dejó claro que yo necesitaba ir a casa porque los niños me necesitaban. «Tú perteneces aquí con ellos. Pueden cuidar de Don en el hospital. Te llamarán si te necesitan allá».

«Necesito estar aquí».

«Tú *necesitas* estar con tus hijos».

«No puedo hablar de esto contigo ahora mismo. Veré lo qué puedo hacer».

Después de colgar el teléfono, el mundo se me vino encima. Conocía el corazón de mi madre. Ella no estaba intencionadamente poniéndome una carga adicional. Durante toda su vida adulta, sus hijos y ahora sus nietos han sido su interés primordial. Desde su punto de vista, yo necesitaba salir del hospital para descansar y mis niños necesitaban a su mamá.

Varias veces había pensado lo mismo. ¿Cómo puedo estar con Don y estar en casa, la cual se encontraba a una hora de distancia? Yo era la hija mayor de la familia y como muchos primogénitos, me convertí en la persona responsable de cuidar a los más jovencitos.

Esto no es para echarle la culpa a nadie, solo para decir que estaba indecisa en cuanto a lo que *debería* hacer. Sentí que todos necesitaban un pedazo de mí y que ya no quedaba nada para mí misma. Todo el mundo parecía saber lo que yo necesitaba hacer. ¿Así que, por qué yo no?

Siempre había tratado de complacer a mis padres y quería hacer lo que mamá estaba insistiéndome que hiciera, pero no podía, en absoluto, irme del hospital. Yo no sabía si Don me necesitaba, y su incapacidad para responder no hacía que esto fuese fácil. Por más que yo amaba a mis tres hijos (y estoy segura de que ellos entendían), mi lugar era permanecer junto a mi esposo.

Aun así me pregunté: *¿Tendrá mamá la razón*? No podía estar en ambos lugares y no podía cuidar de ellos adecuadamente sin descuidar a Don.

«No sé qué hacer», gemí. «Señor, por favor, por favor ayúdame». Entendí lo que la gente quería decir cuando se refería a un caso perdido. Eso me describía a mí. Estaba herida porque mamá no parecía entender mi necesidad de estar con Don, y estaba enojada por la incapacidad de Don para responder. No sentía agradecimiento por lo que yo estaba tratando de hacer.

*¿Le importa a él si estoy aquí? ¿Se sentiría mejor si me quedara lejos*?

Estaba confundida y no sabía qué hacer. ¿Cómo podía honrar la exigencia de mi madre a que regresase a casa y todavía estar con Don?

En medio de esto, cuando estaba tratando de decidir lo que debería hacer, Kaye, mi única hermana, llegó de Austin. Ella y yo nacimos el Día de acción de gracias con dos años de diferencia. Cuando éramos jóvenes, compartíamos un cuarto, juguetes y nuestras fiestas de cumpleaños. A través de los años, nuestros distintos intereses nos llevaron por rumbos separados. Nos veíamos durante las vacaciones cuando todos nos reuníamos en la casa de mis padres, pero eso era todo. No diría que éramos muy unidas, pero todavía teníamos ese vínculo de hermanas.

La primera cosa importante y consoladora que se destacó durante ese periodo fue que mis padres vinieron de Houston. Kaye fue la segunda.

«Mamá está insistiendo en que regrese a casa», lloré ante mi hermana, «pero no me puedo ir, no importa si Don responde o no. No sé qué hacer».

Kaye me abrazó, me consoló, y me escuchó derramar mis sentimientos conflictivos. Cuando paré de hablar, ella hizo algo muy sorprendente. Tomó el teléfono y llamó a mis padres, los cuales estaban en mi casa. Yo estaba en un cuarto diferente, así que ella me tuvo que decir después lo que ella dijo.

«Eva no va a regresar a casa», le dijo Kaye a mamá. «Ella sabe que los niños la necesitan, pero este es su lugar. Ella pertenece aquí, al hospital, con Don. Ella tiene todo lo que puede abordar ahora mismo».

Se rehusó a decirme lo que mamá dijo, solo que estuvo de acuerdo.

«Todo está bien», me dijo Kaye. «Ella entiende que necesitas estar aquí».

Sentí un alivio tan grande. Había estado luchando para mantenerme en mis cinco cabales, pero la exigencia de mi madre proverbialmente me hizo caer de picada. Si Kaye no hubiese estado allí y actuado en mi defensa, no sé qué hubiese hecho.

No era cuestión de gritar o chillar. La oscuridad me estaba dando por todos lados. Peor, parecía como si la gente me estuviera tirando por detrás y por delante, y no me pudiera mover.

A pesar de mi decisión, todo el mundo me estaba diciendo lo que necesitaba hacer. Esa es una exageración, pero me sentí de esa manera. Nadie me preguntó qué era lo que yo quería hacer. Aunque lo hicieran, no tenía idea de cómo les hubiese contestado, excepto decirles: «Aquí es a donde pertenezco, con mi esposo». Era el sitio indicado para mí.

# 9.
# Nuestro primer desacuerdo

«Pienso que tu mamá y yo deberíamos llevarnos a los gemelos a casa con nosotros», me dijo mi papá. Los matricularemos en una escuela cercana para que así no tengas que preocuparte en cuanto a si están siendo cuidados.

Papá era sabio y yo lo sabía, pero todavía era difícil dejar que mis hijos se fueran con ellos a vivir tan lejos. Sí necesitaba poder concentrarme en Don, así que parecía ser lo más sensato que deberíamos hacer.

También era emocionalmente desafiante, lo cual es otra cosa que aprendí a aceptar. Algunas veces, lo correcto es lo más doloroso. Los niños iban a ser amados y cuidados, y porque iban a estar con sus abuelos, iban a preocuparse menos por su papá.

Mi mente estaba de acuerdo; mi corazón me dolía.

«No va a ser por mucho tiempo. Solo hasta que Don se recupere lo suficiente como para salir del hospital», me dijo papá añadiendo: «De esa manera te puedes concentrar de lleno en cuidar de Don».

«Déjame hablar con Don primero», le dije.

Era un tiempo difícil para Don y para mí, con una comunicación muy limitada. Don todavía estaba en la UCI y apenas estaba consciente la mayoría del tiempo. Al principio no sabía si era que hablar le quitaba mucha energía o si no quería hablar con nadie, inclusive conmigo.

«Hola. ¿Cómo estás hoy?», yo le preguntaba. «¿Cómo te sientes?».

No importa lo que yo le dijera a él, recibía poca respuesta. Normalmente mantenía sus ojos cerrados. Asentía con la cabeza o quizás sacudía su cabeza. Él dijo muy pocas palabras durante ese periodo.

Finalmente, decidí que tenía que decirle acerca de la oferta que papá me había hecho de cuidar a los gemelos. Respiré profundo antes de decir: «Mi papá piensa que sería mejor si se llevaran a los niños a Louisiana con ellos hasta que podamos sacarte del hospital».

«No pienso que sea una buena idea».

«Lo sé, pero sería mejor para los niños, porque de esa manera no tengo que seguir buscando gente para que me los lleven a la escuela y para que me los recojan».

No sé qué era lo que sucedía dentro de Don. Él estaba lleno de medicamentos y no era en absoluto la persona que había sido antes, así que el hecho de que dijera poco no me molestaba mucho.

No en ese momento.

Habrá dicho otra oración o dos; no recuerdo. Me acuerdo que no importaba lo que yo dijera, recibía una respuesta negativa, ya sea un gruñido o viraba su cabeza hacia el otro lado.

Traté de razonar con él y explicarle cuán imposible era para mí regresar a enseñar en la escuela, pasar tanto tiempo con él y tener la energía y el tiempo para cuidar a nuestros hijos. Mientras hablaba, me di cuenta de que dejar que mis padres se llevaran a los niños era la única solución sensata, pero quería que Don estuviese de acuerdo. Sabía que me sentiría en paz si los dos estábamos de acuerdo en permitir que los varoncitos se fueran.

No dijo que sí. Finalmente dijo: «Hmm».

No creo que tuviera la energía para argumentar o discutir el asunto como lo habría hecho en los tiempos normales.

Traté de seguir razonando con él, pero en cierto nivel entendí cómo se sentía. Aunque él no podía hacer nada para cuidar de nuestros hijos, los quería allí. Don me dijo después que una de las únicas cosas de las cuales podía depender en ese tiempo era del amor y la presencia de nuestros hijos y de mí.

Quizás enviarlos lejos lo hizo sentir como que era otra cosa más de la cual él no tenía control. Sin embargo, yo sabía que dejar que los gemelos se fueran con mis padres, era la mejor solución para todos nosotros. Don es una persona muy fuerte y yo normalmente estaba de acuerdo con él. Aunque fue difícil, finalmente tomé la decisión de mandar a los varoncitos a casa con mi mamá y mi papá. Se me partió el corazón al ver el dolor en sus ojos cuando le dije que se iban. Sin embargo, yo sabía que había tomado la decisión correcta.

«Estoy enviando a Joe y a Chris a casa con mis padres», le dije.

Don no dijo nada.

Estaba aprendiendo a caminar por el camino de la oscuridad un paso a la vez. No se puso más fácil, pero yo me estaba poniendo más fuerte.

Por unos cuantos minutos me abrumaron por sentimientos de culpabilidad, pero tenía tantas cosas en mi mente y en mi corazón, que gasté poco tiempo reconsiderando lo que había hecho. Tomé una decisión que en ese entonces pensé (y todavía pienso así hoy) que era la correcta. Tenía que tomar alguna clase de acción y proveer para los varoncitos.

Aunque no pude mantener a mi familia unida, era la mejor solución provisional y lo que yo necesitaba hacer. Yo amo a mis hijos; sin embargo, mi primera responsabilidad era Don y mi deseo era concentrarme en su recuperación. Todo lo demás era secundario.

«Está bien que te lleves a los varoncitos», le dije a papá. Les di las gracias a mis padres porque no iba a ser fácil tener en su casa a dos niños que cursaban el segundo grado. Mis hermanos y yo ya habíamos salido de casa hace mucho tiempo atrás. Como mi papá dijo: «Ya no somos jovencitos», pero ellos vieron nuestra necesidad y decidieron ayudarnos. No lo hubiese logrado sin ellos.

Todavía lloré cuando se marcharon.

---

Nicole se encontraba en una situación diferente. Stan y Suzan Mauldin se ofrecieron a cuidarla. «Ella puede vivir con nosotros por ahora», dijo Suzan. Stan y Suzan eran padres de dos hijos: Laura, una hija bien cercana a la edad de Nicole; y un hijo menor que se llamaba Bradley.

«Ella está en nuestra casa y la está pasando muy bien con Laura», dijo Stan. «Ella conoce nuestra rutina, así que no tenemos que hacer muchos ajustes».

«No va a ser ningún problema», me aseguró Suzan. «No necesitas preocuparte por Nicole. Haz lo que absolutamente tienes que hacer en el hospital y no te preocupes».

Me sentí agradecida. Nicole había empezado el primer año de la escuela secundaria y nada más le faltaban cuatro meses para terminar el año escolar. Para ella hubiese sido mucho tener que trasladarse a otra escuela provisionalmente.

Otro factor entró en juego. Nicole es un poco testaruda, una característica que probablemente aprendió de su madre. Antes de que ella supiera que los Mauldins habían ofrecido llevársela para que viviera con ellos, me dijo: «No me voy a ir. Me voy a quedar en la casa. Sola».

Ella quería estar cerca de su papá y se sentía lo suficientemente mayor. No solo era nuestra primogénita, sino que había estado muy unida a su papá, así que no podía privarla de la posibilidad de quedarse cerca. Pero no importa lo mayor que ella suponía que era, quedarse sola en casa no era una opción. Accedí a dejar que se quedara con los Mauldins.

El accidente automovilístico de Don tuvo efectos de gran alcance sobre todos nosotros en ese entonces y se extienden aún hasta el día de hoy. Pasaron años antes de que Nicole me dijera que se sentía tan sola estando fuera de casa. Sus hermanos tenían a sus abuelos y yo tenía a Don. Ella estaba con una familia, pero no era la suya. Me dolió escuchar esas palabras, pero todavía pienso que era la mejor solución para ese tiempo.

---

El cuidado para los tres niños estaba resuelto, así que podía concentrar toda mi atención en Don, quien todavía estaba en la UCI. Él todavía tenía un largo tiempo y muchos, muchos meses de dolor que soportar. La oscuridad siguió aumentando.

# 10.
# Tratando con un abogado

Caminé por la oscuridad constantemente y me tropecé con cosas en las cuales nunca antes había pensado. Una de los asuntos más grandes era la gente insistiéndome para que contratara a un abogado. Ni siquiera sabía cómo contactar a un buen abogado.

Oré por dirección y antes de que estuviese lista para actuar, Dios me contestó.

John Higgins, el hombre que fue conmigo a la UCI la primera vez, recomendó a un abogado del área de Beaumont que trataba con casos de accidentes graves como el de Don. «Él es un experto», dijo nuestro amigo, «y es un hombre íntegro».

Tomé la recomendación de John. El 20 de enero llamé al bufete de abogados y después de explicarles nuestra situación, uno de los abogados accedió a tomar nuestro caso. Él nos ayudó con la demanda inicial y otros asuntos legales.

Una de las primeras cosas que nuestro nuevo abogado dijo, fue: «Usted necesita tomar fotografías para que podamos tener una crónica del progreso de Don». Él nos indicó que tal vez tuviéramos que comprobar cuán graves fueron las lesiones de Don, y las fotografías continuas seguirían su progreso.

Esa fue una excelente idea e hicimos exactamente lo que nos dijo.

Contratamos a un abogado por dos razones: primera, Don fue golpeado por un camión estatal de la prisión, que estaba siendo conducido por un prisionero. Dejar a un prisionero conducir no era ilegal, pero fue una mala decisión permitir que un conductor no probado y sin experiencia, se pusiera detrás del volante de un camión tráiler de dieciocho ruedas.

Varios de nuestros amigos estaban preocupados porque tal vez iba a haber un encubrimiento o el estado de Texas tratara de negar que un prisionero hubiera conducido el camión, o intentara alterar las circunstancias alrededor del accidente. Así que contratar a un abogado me parecía sabio. Para nuestro alivio, el estado nunca negó su culpabilidad en el accidente.

Segundo, estaba segura de que los gastos médicos continuos de Don iban a ser astronómicos y no teníamos los recursos para pagar esas cuentas.

Darrell Guyton, nuestro amigo de Bossier City, cuya hermana había estado en un grave accidente automovilístico, me habló acerca de la importancia de obtener ayuda financiera para el cuidado médico de Don tanto para el presente como para el futuro. Ese fue otro factor que consideré al tomar la decisión de contratar a un abogado.

Yo sola nunca hubiese podido haberme enfrentado con todos los formularios legales o ponerme de pie y defender nuestro caso inteligentemente. Tener un abogado que nos representara me quitó un peso grande de encima. Sentí paz al saber que alguien más estaba pensando en el futuro y estaba interesado en nuestros derechos legales.

El 19 de enero, la mañana después de la cirugía de Don, el hospital permitió que me quedara en un hermoso y espacioso cuarto privado que habían reservado para Don. Me quedé allí hasta el 24 de enero, ese día una enfermera tocó a la puerta y me dijo que tenía que salir de allí. «Lo siento, pero necesitamos el cuarto para otro paciente». Ella explicó que como no sabían cuándo Don iba a salir de la UCI, el cuarto había sido asignado a otro paciente.

Si yo no hubiese tenido un abogado, no estoy segura de lo que hubiese hecho. Inmediatamente llamé a nuestro abogado y dije: «Quieren que me vaya del hospital. No quiero hacer eso. Conducir hasta la casa significa hacer un viaje de por lo menos 45 minutos». No podía imaginarme estar tan lejos de Don o tener que conducir esa distancia todos los días.

Aunque mi voz estaba calmada, yo quería gritar. «¿Qué más puede salir mal?». Nuestro abogado puso manos a la obra. En menos de treinta minutos me dijo que había concertado un lugar para quedarme y que iba a ser pagado por la oficina de abogados.

Estaba aliviada. Él había reservado un cuarto en el hotel Downtown Marriott hasta que trasladaran a Don de la UCI. Había una cosa buena para mí en cuanto al nuevo arreglo: tenía una cama en donde dormir, una cama verdadera.

Don se quedó en la UCI por casi dos semanas.

---

Era un paseo corto, como cuatro calles de la ciudad al hospital cada mañana y de regreso en la tarde. Nunca me sentí incómoda caminando, porque tanto el hotel como el hospital estaban ubicados frente a Fannin, una de las calles principales de Houston. La realidad es que disfruté el paseo porque me daba una oportunidad de salir para tomar aire fresco y despejar mi mente.

«Seguramente ya hemos pasado por lo peor», me dije a mí misma varias veces.

---

El día después de que me trasladé al hotel, me enfrenté a la peor parte de la recuperación de Don.

Tuvo complicaciones después de lo que debió haber sido una cirugía sencilla el día anterior. Cuando salió de la cirugía, su abdomen se hinchó, lo cual constriñó su capacidad pulmonar. A la mañana siguiente, una semana después del accidente, era obvio que las cosas iban en dirección contraria. El color de Don no estaba bien y apenas estaba respirando. Los doctores me advirtieron que a menos que su respiración mejorara, tal vez no iba a sobrevivir.

Me sentí frágil, débil y confundida. Honestamente pensaba que él iba a estar bien y que iba a recuperarse dentro de un periodo de tiempo, probablemente dos o tres meses. Tuve que luchar para mantener la promesa de Dios enfrente de mí. Parecía como si todo se estuviera desintegrando y que yo estaba siendo arrastrada hacia adentro de mi propia depresión. Nunca había estado tan aterrada y no podía encontrar ningún sentido de esperanza.

La oscuridad me abrumó.

Habitualmente me levantaba cada mañana y una de mis primeras tareas era llamar al puesto de enfermeras de la UCI. «¿Cómo pasó la noche mi esposo? ¿Cuál fue su presión sanguínea? ¿Su frecuencia respiratoria? ¿Cuál fue su nivel de oxígeno?».

Las enfermeras fueron amables y comprensivas en todo momento.

Excepto una vez.

El noveno día en el cual Don estuvo en la UCI, llamé desde la habitación del hotel. Eran como las siete y media de la mañana, mi tiempo normal para llamar y preguntar cómo había pasado la noche. Cuando alguien contestó, me identifiqué y empecé por mi lista de preguntas. Debo haber preguntado todas sin conseguir una respuesta, así que hice una pausa y esperé.

«Ay, princesa, tú no necesitas saber esas cosas», me dijo la enfermera. Tú solamente eres la esposa».

No soy una persona conflictiva y normalmente ignoraría esa clase de comentarios estúpidos e insignificantes. Esta vez yo estaba furiosa. Había hecho preguntas razonables. En las mañanas anteriores no había tenido problemas.

Algo explotó dentro de mí, pero mantuve mi voz calmada y dije: «Permíteme hablar con tu supervisora».

«Un momento, por favor».

Por el tono de su respuesta, parecía obvio que ella no tenía idea de que su comentario me había hecho enojar. Empecé a tamborilear con mis uñas por unos cuantos segundos, tratando de calmarme.

La nueva voz se identificó como la enfermera supervisora. Le expliqué quién era y qué fue lo que la otra enfermera me dijo. La mujer escuchó mi explicación completa y dijo: «Siento mucho que eso haya sucedido».

No dije nada, pero esperé.

«Por favor espere un momento e iré a buscar su historial», dijo ella. Dentro de unos cuantos segundos regresó a la línea y contestó mis preguntas.

Nunca más tuve ningún problema al llamar.

# 11.
# «Ha tirado la toalla».

Después de la cirugía, Don entró en un estado de depresión y no quería respirar profundamente. Los doctores me dijeron que tenía neumonía doble. Cada día se ponía más y más débil.

Aun ahora, me es difícil escribir acerca de eso. Don simplemente había tirado la toalla y no quería vivir. No me había dado cuenta del efecto de un dolor intenso e imparable, sin mencionar las cirugías y los medicamentos, y cómo lo afectaron. Aunque yo hubiese pensado acerca de los efectos acumulativos, no hubiese hecho ninguna diferencia.

Yo no quería que mi esposo muriera.

*Dios, él no quiere vivir. Por favor, por favor, haz que él quiera sobrevivir.*

Le grité a Don. No es algo que hubiera hecho a menudo, pero grité. Le rogué y lloré. Pero no importa lo que dijera, mis palabras parecían no hacer ninguna diferencia. Don no me hablaba. Permaneció indiferente, excepto para mover su cabeza hacia el otro lado, lejos de mí. La mayoría de las veces se quedaba mirando al cielo raso de la UCI.

«¡Te tienes que curar!», le imploré. Razoné con él. Traté de hablarle suavemente. Cité versículos de la Biblia y le recordé que la gente estaba orando por él.

No importó. Nada cambió.

Mientras él estaba acostado allí, pensé: *así que quieres darte por vencido ahora. Pasaste por un terrible, terrible accidente, pero sobreviviste. ¡Ahora quieres tirar la toalla! ¿Qué es lo que te pasa?*

En un punto yo estaba agotada y desesperada. «¿No estás feliz de estar conmigo y nuestros tres hijos, verdad? ¡Solo quieres que suframos! ¿Cómo puedes ser tan frío e insensible en cuanto a mí y especialmente en cuanto a los niños? ¿Qué es lo que te pasa?».

Me detuve, avergonzada por lo que acababa de gritar. Tuve un gran sentimiento de culpabilidad porque yo era su esposa. Lo amaba y le di tres hijos. Debí haber podido llegar hacia él. Si alguien podía comunicarse con él, ¿por qué no yo, su esposa?

Varias veces, durante esos días, me imaginé cómo sería la vida sin Don. Él solamente tenía treinta y ocho años y siempre había sido la cabeza de nuestra familia. Nunca jamás le había tenido miedo a nada o había estado renuente a abordar una nueva aventura.

Él había sido el que quería hacer puenting, el salto con cuerda elástica o el paracaidismo. Él no sabía nadar, pero se iba al lago con los jóvenes y trataba de hacer esquí acuático. Él era el hombre que podía enfrentarse a cualquier desafío. Este era el hombre que no conocía el miedo y no había nada que él no pudiera superar o que no pudiera hacer si lo intentaba.

Me le quedé mirando y mi cuerpo tembló. No estaba ayudándose a sí mismo, y yo no sabía qué más hacer. Este no era el Don con quien había estado casada por quince años. Quería sacudirlo y gritar, cualquiera cosa para hacer que él quisiese vivir.

Nada de lo que dije lo hizo cambiar. Yo no entendía que estaba deprimido y nadie me explicó los efectos de sus medicamentos. Solo veía los resultados y no entendía la causa.

*Es que simplemente eres testarudo.*

Y Don podía ser testarudo. Me dije a mí misma que él estaba enojado por el hecho de que estaba gravemente herido y no quería respirar profundamente. Me decía cualquiera cosa para explicar la razón por la cual él no quería ni intentarlo, y ese desinterés me mantuvo disgustada.

«Don se ha dado por vencido», le dije a los que estaban a mi alrededor. «Él no quiere vivir».

Esa parte era verdad y hasta los doctores me dijeron que si él no luchaba, no iba a sobrevivir.

*Dios, ¿cómo logro llegar a él? No sé qué hacer ni cómo salir adelante con esto.*

Él estaba agotado por el dolor, y la lucha por sobrevivir había destruido todas sus reservas. Luego me dijo que él le había rogado a Dios que se lo llevara para que así no tuviera que tener tanto dolor. No me podía decir esas cosas a mí ni a nadie en ese tiempo. Si él hubiese dicho algo tan simple como: «yo quiero morir para poder ir al cielo», probablemente me hubiese agitado aún más.

Dejé de gritarle y empecé a orar por un largo tiempo. Don había sobrevivido un accidente. ¿Era eso todo lo que Dios quiso decir cuando me habló? ¿Que iba a sobrevivir un accidente automovilístico horrendo e iba a morir en menos de dos semanas después? Si Don iba a estar bien, algo tenía que cambiar... *Don tenía que cambiar.*

*¿Qué debo hacer? ¿Qué debo hacer?*

---

Para empeorar las cosas, el doctor Bruce Houchins se encontró conmigo una tarde después de que salí del compartimento de la UCI. Mientras que el doctor Greider me había dado un sentido de paz y consuelo, el doctor Houchins tuvo un efecto contrario. Él tenía unos modales bruscos que hacían que yo quisiera desaparecerme antes de que me viera. Ese día me agarró tan pronto que salí del compartimento de Don.

El doctor Houchins era el supervisor del equipo de emergencias y visitaba a Don varias veces al día. A pesar de que no tenía una manera entrañable de tratar a los pacientes, parecía estar determinado a no perder a Don. Lo vi en sus mejores y en sus peores momentos.

A menudo hablaba con Don por varios minutos con tonos claros y exigentes. Sus modales eran ofensivos a veces, pero yo apreciaba que no tratara de darme falsas expectativas.

Ese mismo día oí por casualidad a dos doctores hablando afuera del compartimento de Don. No escuché todo lo que dijeron, pero lo suficiente como para entender que estaban hablando de poner a Don en un ventilador. Estaba claro que se encontraba en gran peligro. Las enfermeras entraban cada cuatro horas para darle tratamientos de respiración y trataron de hacer lo mejor para ayudarle. Para intentar fortalecer los pulmones de Don, una enfermera le puso una boquilla de plástico dentro de su boca y le pidió que exhalara; la fuerza empujaría la bola dentro de un envase transparente. Las enfermeras me dijeron que ni ese aparato ayudaría a menos que Don respirara.

«¡Respira! ¡Respira!», decían las enfermeras.

«Me duele».

Esa fue la única respuesta que escuché salir de él.

Esa tarde, el doctor Houchins se encontró conmigo afuera en el pasillo. Don había estado delirante unas cuantas veces y yo sabía que la situación era grave.

«Él se rehúsa a respirar. Si no lo hace, va a morir». Dio un giro y se marchó.

Las lágrimas se deslizaron por mi rostro. No sabía qué hacer o qué decir. Oré ferviente y silenciosamente, pero en ese entonces no estaba segura de si Dios estaba escuchando.

Algunos de mis más vívidos recuerdos de los próximos días son viando a Don, rogándole y pidiéndole que tratara de respirar. Lo tenían conectado a una máquina y él supuestamente tenía que soplar en ella para despejar sus pulmones. No podía hacerlo y había poca respiración. También estaba pasando por un dolor insoportable.

Ahora miro hacia atrás y me doy cuenta de que Don estaba deprimido y agotado. A él no le importaba ni quería respirar más profundamente.

«¡Respira, Don!». Debí haber dicho esas dos palabras repetidamente. Varias veces al día el personal de enfermería le rogaba que lo intentara.

Como yo no sabía lo que estaba pasando dentro de él, me disgusté. «¡No lo estás intentando!», le dije.

Las lágrimas corrieron por mis mejillas.

*A él no le importa. Él no quiere sobrevivir.*

«Si el no empieza a respirar», el doctor Houchins me dijo la próxima vez que lo vi, «lo vamos a tener que poner en un ventilador». Yo sabía que si lo ponían en un ventilador, significaba que era muy probable que Don no sobreviviera.

Yo no estaba en el compartimento cuando el doctor Houchins le gritó a Don, pero Don me contó acerca de esto meses después. El doctor siguió exigiéndole: «¡Respira! ¡Respira! ¡Tienes que respirar!».

«No puedo».

«¡Entonces estás muerto! ¡Vas a morir si no respiras!».

Don murmuró que le dolía demasiado.

«¡Bueno, pues! ¡No respires! ¡Date por vencido! Estás muerto. Vas a morir si no respiras». Se inclinó hacia abajo, casi hasta la cara de Don. «¿Puedes meterte eso en la cabeza?».

---

Yo necesitaba ayuda.

Mientras estaba orando para que Don respirara, pensé en David Gentiles. Si había alguien que podía convencer a mi esposo, David era esa persona. Él era un pastor en el área de San Antonio, el cual está como a unos trescientos kilómetros de distancia.

Regresé a mi cuarto y llamé a David. Había aceptado la realidad de que yo sola no iba a poder ayudar a Don. Para mi alivio, David contestó casi inmediatamente. Me esforcé para no empezar a llorar. Le expliqué que Don no quería vivir. «No sé qué hacer. No va a sobrevivir a menos que algo suceda». Entonces se me empezaron a salir las lágrimas y no pude decir nada más.

David escuchó todo y me hizo unas cuantas preguntas antes de decir: «Voy a salir ahora mismo. Debo estar allá como en tres horas».

Después que colgué el teléfono, nada había cambiado, pero me sentí mejor. David era el mejor amigo de Don y la única persona en el mundo que podía ponerse enfrente de la cara de Don y que le hiciera caso. Fiel a su palabra, David llegó como tres horas después. Cuando alcé la cabeza desde mi silla en la sala de espera de la UCI, lo vi caminar rápidamente hacia mí. David tenía cabello rizado de color marrón y siempre tenía un bigote. No era un hombre alto. De hecho, era más bajo que yo, como de un metro con sesenta centímetros. Pero sus ojos llamaban la atención de la gente. Podían atraer a la gente. Cuando David miraba a las otras personas, podían ver que él realmente se interesaba profundamente por ellos. Los de él eran la clase de ojos que yo podía ver en Jesús, ojos que pueden mirar dentro de mi alma y sentir mis alegrías, mis tristezas y mi dolor.

Hablamos en el pasillo por unos cuantos minutos. David me abrazó, y el amor que él siente por nosotros dos me fortaleció nuevamente. Aunque era muy tarde en la noche, como David era un ministro, el personal dijo que podía ver a Don por diez minutos.

Después de que David entró en el compartimento, me senté en la sala de espera y oré para que esos diez minutos fuesen suficientes para hacer un cambio en Don.

Cuando David salió de la unidad de cuidados intensivos, me dijo que Don había dicho: «No tengo lo necesario, no puedo hacer esto. Me he quedado sin combustible».

«Tienes que hacerlo. Lo has logrado hasta aquí», David le argumentó.

«No sé si quiero sobrevivir».

«Tienes que sobrevivir. Si no es por ti, entonces por tu familia».

«No puedo sobrevivir».

«Te vamos a ayudar a través de la oración», le dijo David. «Vamos a orar para que quieras sobrevivir. ¡No te vamos a dejar ir!». Entonces oró fervientemente por su amigo.

Puedo decir esto: David solo se quedó en el cuarto de mi esposo por los diez minutos permitidos, pero fue suficiente.

Cuando nuestro amigo salió del compartimento, Don era un hombre diferente. Tenía una nueva resolución. Se le veía una determinación, algo que no había estado allí desde que pasó el accidente.

Esa noche tuve más paz de la que había experimentado en algún momento desde que llegué por primera vez a Hermann.

*Don quiere vivir. Ya hemos pasado lo peor.*

Para el día siguiente, la neumonía se había mejorado. Como Don siempre dice: «Nuestros amigos lo corrieron con la oración». Más importante, realmente quería sobrevivir. Empezó a intentar respirar en serio.

Como Don mismo me dijo, él no quería vivir más, pero algo lo cambió después de la visita de David. Está convencido de que Dios le dio la voluntad para vivir.

Respiró por sí solo. No era profundo, pero era más fuerte y profundo de lo que había sido anteriormente.

La incapacidad de Don para respirar, la cual yo no entendía, fue probablemente el momento más triste en su periodo de recuperación. Nadie sugirió que él estuviera deprimido y no me di cuenta de que estaba pasando tanto dolor que no podía hacer mucho por sí mismo.

# 12.
# EL FIJADOR

Habíamos superado lo peor. Al menos eso es lo que yo pensé. Don todavía estaba en la UCI, pero estaba haciendo el intento de vivir. Cuando se estaba muriendo de neumonía, realmente fue la peor circunstancia que enfrenté durante ese tiempo.

¿O habré estado equivocada?

En el día doce después del accidente, un nuevo problema serio llegó a ser evidente. Nadie había dicho nada más acerca del fémur que le faltaba. Ahora sé que hasta que ellos supieran que Don iba a vivir, no les era significativo considerar las opciones.

El doctor Greider se sentó conmigo y me habló del progreso de Don. «Y ahora, Eva, usted tiene que tomar una decisión seria. Lo siento, pero tiene que tomarla rápidamente. Los pulmones de Don han mejorado, pero no podemos darle los extensos tratamientos de respiración que necesita en su condición actual».

No me acuerdo de la mayoría de la conversación, pero me habló acerca de la cirugía de once horas que le habían hecho a Don la noche que llegó al Centro de trauma del Hospital Hermann. Esa noche ellos completaron lo que necesitaba hacerse para permitirle sobrevivir hasta el tratamiento futuro.

«Tenemos que elevarlo para hacer la clase de tratamientos para la respiración que necesita, y no podemos hacerlo con esa pierna izquierda tal y como está. Así que tenemos dos opciones. Podemos amputarle la pierna o podemos intentarlo con el sistema Ilizarov». El doctor Greider me explicó lo que él también llamó un *fijador*. Yo había visto a personas con halos de metal sobre sus cabezas para lesiones del cuello y de la espalda, así que tenía una idea de cómo se vería.

Aprendí después que los doctores normalmente insisten en que los candidatos se sometan a meses de asesoramiento psicológico antes de permitir que el armazón de Ilizarov sea utilizado. En el caso de Don, no había tiempo para un asesoramiento psicológico. El armazón de Ilizarov no podía reemplazar el hueso que le faltaba, pero si tenía éxito, con fuerte énfasis en el *si*, el aparato estiraría los huesos tirando por ambos extremos. Con el método de Ilizarov, un hueso nuevo es creado después de que el hueso viejo es fracturado intencionalmente por encima y por debajo de las fracturas originales. Los extremos de las fracturas originales son empujados acercándolos cada vez más, formando un hueso nuevo. En el caso de Don, si tenía éxito, las partes rotas con el tiempo se unirían y formarían un fémur nuevo.

«No le podemos dar ninguna garantía de que va a funcionar», dijo el doctor Greider. «Aparte de eso, es extremadamente doloroso. Los sufrimientos emocionales y psicológicos son abrumadores. Además, nunca antes había sido intentado en un fémur».

Me miró fijamente, me imagino que para poder medir mi reacción. Asentí con la cabeza para indicar que sí entendía.

«Él va a tener que vivir con esa estructura pesada en su pierna por meses para recuperarse y durante ese tiempo no va a tener ni un día sin dolor. Muchísimo dolor».

«¿Meses?».

«Probablemente años». Y dijo de nuevo: «Es extremadamente doloroso».

Traté de escuchar sus palabras atentamente y asentí con la cabeza unas cuantas veces. Su siguiente declaración me impactó aún más.

«Aun después de pasar por todo eso, su esposo todavía podría perder la pierna».

Mientras trataba de tomar una decisión, él me explicó que si le amputaban la pierna, le pondrían una prótesis y Don aprendería a caminar con ella.

No me presionó para que tomara una decisión inmediatamente, aunque dijo que necesitábamos tomar acción lo más rápido posible. Con su pierna en tracción, los pulmones de Don no podían despejarse completamente con los tratamientos para la respiración que necesitaba. Continuaría con riesgo de neumonía, lo cual podría ser mortal. Hubiese deseado que fuese una decisión que Don pudiese tomar, pero sabía que yo tenía que tomarla.

*Aquí está de nuevo... otra decisión y otro empujón para sacarme de mi estilo de vida cómodo, en donde mi esposo tomaba las decisiones importantes.*

No importa la decisión que tomara, el resultado iba a ser doloroso para Don. A él le fascinaba caminar y disfrutaba jugar al tenis, montar en bicicleta y esquiar en la nieve. Una próstesis no me parecía bien. Solo podía pensar en las consecuencias de haber perdido su pierna izquierda. Era difícil para mí tomar esa decisión por él. Ninguna de las dos me parecía una buena opción.

Tenía que sopesar en mi mente lo que pensaba que a Don le iba a gustar más al final. Traté de pensar en su reacción y sentía que si hubiere alguna posibilidad de salvar su pierna, eso es lo que nosotros deberíamos hacer. El Ilizarov ofrecía esa oportunidad.

Por un minuto o dos, me senté calladamente y oré en silencio pidiéndole a Dios que me guiara. Quería lo mejor para mi esposo. Me hubiese gustado haber pasado unos cuantos días buscando la voluntad de Dios, pero no teníamos unos cuantos días. A lo máximo, yo tenía unos minutos.

No escuché ninguna dirección audible de Dios, pero en mi corazón sabía lo que tenía que decir: «¡Utilice el dispositivo!».

«Es extremadamente doloroso y toma meses para recuperarse», los doctores repetían. Él quería que yo tomara la decisión y era claro que no quería influir en mi decisión. Él añadió: «Pero si no usamos el armazón de Ilizarov, no tendremos otra opción sino la de amputar».

«Voy a firmar el formulario del consentimiento».

Al decir esas palabras, supe que había tomado la decisión correcta. No importaría cuánto Don sufriera, e iba a ser mucho más de lo que me hubiese podido imaginar, todavía creía que había hecho lo correcto. Firmé el formulario.

El doctor Greider me dijo que ya que el procedimiento nunca antes había sido usado en un fémur, el hospital iba a tener que hacer un pedido de las piezas para el armazón porque no estaban disponibles en Hermann.

Él explicó su plan para instalar el aparato tan pronto llegase, lo cual probablemente sería el próximo día.

Don fue sometido a una cirugía que duró doce horas para adjuntar el fijador a su pierna izquierda. Me senté en una sala de espera diferente. Unos cuantos amigos vinieron temprano por la mañana, pero después de dos horas, yo estaba sola.

Esa fue la primera vez que enfrenté una cirugía sin que nadie más estuviese presente. Otro factor inusual fue que era la única persona en esa sala de espera en particular. Al principio sentí un sentimiento de soledad, pero luego algo sucedió. Al estar sentada allí, mirando al centro de la ciudad de Houston por las ventanas, sentí el consuelo de Dios.

Durante las dos semanas anteriores, no hubo mucho tiempo para sentarme tranquilamente. La gente siempre parecía estar alrededor o el personal médico estaba presionándome a tomar decisiones. Algo constantemente necesitaba mi atención.

El doctor Greider me había advertido que la cirugía iba a durar varias horas, así que yo tenía mucho tiempo para sentarme y relajarme. Fue un descanso bendecido. Sola en ese cuarto, pude sentarme tranquilamente y dejar que la paz de Dios bañara todo mi ser.

No sabía en ese entonces que iba a pasar un largo tiempo antes de que tuviese la oportunidad de hacer eso otra vez. Mientras Don estaba en cirugía, teniendo su pierna estabilizada con clavos telescópicos y alambres, Dios estaba estabilizando mi alma con palabras de paz y consuelo. Pensé en Jeremías 29.11: «Porque yo sé los pensamientos que tengo acerca de vosotros, dice Jehová, pensamientos de paz y no de mal, para daros el fin que esperáis».

Esas palabras me recordaron una vez más que yo había escuchado la promesa de Dios y todo iba a estar bien.

Horas después, cuando el doctor Greider vino a decirme que Don había salido de la cirugía, mi espíritu de paz estaba fortalecido. Estaba lista para tomar el siguiente paso.

Después le pusieron un segundo fijador en su brazo izquierdo. Le pasaron seis clavos telescópicos desde la parte superior del brazo hasta el hueso. El doctor Greider le puso unas barras largas de acero inoxidable por encima y por debajo del brazo de Don para estabilizarlo. Los huesos del antebrazo habían sido destrozados.

Los clavos eran del tamaño de un lápiz. Como lo entendí, el procedimiento permitió que el doctor Greider tomara fragmentos de hueso de la parte derecha de la pelvis derecho de Don y los pusiera en su antebrazo izquierdo. «Esto es como si estuviésemos tomando muestras de núcleos», dijo él, «como hacen cuando perforan pozos petroleros».

Un cirujano plástico quitó unos veintiún centímetros cuadrados de piel de la parte superior del muslo derecho para ponerla sobre la herida enorme que tenía en su brazo izquierdo. Entonces le implantaron una tira de teflón entre los huesos nuevos que le acababan de poner en su antebrazo para prevenir que crecieran y se unieran el uno al otro. Después nos dimos cuenta de que la técnica de teflón no funcionó muy bien en el brazo derecho. A pesar de las precauciones que tomaron, los huesos crecieron, pero se unieron el uno al otro.

Desde la cirugía inicial, Don no ha tenido pronación ni supinación en su brazo izquierdo. Esa es la manera sofisticada de decir que él no puede enderezar el brazo desde el codo y no puede mover la palma de la mano hacia arriba ni hacia abajo.

«Siempre estoy listo para saludar a alguien», Don dijo una vez, porque esa es la forma en que está su mano.

El fijador del brazo pesaba aproximadamente nueve kilos, como unos cuatro kilos y medio menos del que estaba en su pierna izquierda.

---

El 1 de febrero, después de la cirugía de la pierna izquierda de Don, el personal del hospital lo trasladó a un cuarto en Hermann, con ventanas grandes. Cuando trajeron a Don al cuarto, tuve que luchar para no llorar. Extrañamente, no eran lágrimas de tristeza o ni siquiera de terror. En su pierna izquierda estaba un halo de hierro pesado y masivo que se extendía desde su cadera hasta por debajo de su rodilla. No pensé en ello como algo horroroso. Lo vi como un aparato que le daría la oportunidad a Don de salvar su pierna. Nunca he sido aprensiva por nada excepto por el vómito, así que no me molestó ver el aparato.

En ese tiempo, claro está, no tenía idea del dolor y el sufrimiento que Don iba a tener que soportar mientras que el aparato estaba trabajando en su pierna. No sabía que esos alambres iban a ser estirados a través de los músculos de su pierna mientras el hueso iba creciendo lentamente y dejarían cicatrices permanentes a lo largo de su muslo.

Lo vi como un milagro médico, algo que nos estaba regresando a la normalidad.

Le di las gracias a Dios por ayudar a Don a salir bien de la cirugía y luego me relajé. Estoy feliz de que no supiera en ese entonces, cuán largo y cuán doloroso iba a ser regresar a la normalidad. Mi primera impresión iba a cambiar y evolucionar al pasar el tiempo. En cualquier caso, siempre podía ver al sistema Ilizarov como un aparato para salvar la pierna. Por eso estaba agradecida, pero iba a aprender a detestarlo por el dolor que le causó a Don. A veces me era difícil separar mis dos emociones.

Cuando Don se despertó después de la cirugía, estaba horrorizado por lo que vio, y el dolor era aún más intenso de lo que era antes.

«¿Qué es esto? ¿Esos alambres van a través de toda mi pierna?», él gritó.

Le expliqué acerca de haber hablado con el doctor Greider. Yo estaba factual y calmada. «Es un aparato que hace que el hueso crezca. Lo llaman un fijador».

Originalmente fue creado para ayudar a aquellos que tenían una condición innata en la cual una pierna era más corta que la otra. Pero los investigadores científicos aprendieron que el cuerpo podía formar huesos nuevos entre espacios en respuesta a la fuerza mecánica del armazón de Ilizarov. A pesar del dolor insoportable, el armazón estiraba el hueso.

En la fractura de la pierna izquierda de Don, el personal del quirófano insertó lo que parecían alambres de piano, justo a través del hueso. Ellos sujetaron el aparato Ilizarov del fémur a la cadera con clavos, cada uno con la circunferencia de un lápiz. El doctor Greider perforó huecos para cuatro clavos que iban desde la ingle de Don hasta el lado izquierdo de su cadera.

Treinta y dos alambres iban completamente a través de los huesos de la pierna de Don y salían por el otro lado. Esos alambres estaban adjuntados a cuatro halos de metal separados por clavos que corrían horizontalmente en su pierna. Parecía un aparato de torturas futurista.

Cada cuatro horas, una enfermera entraba al cuarto y viraba los tornillos ligeramente para estirar los huesos. Los treinta y dos agujeritos tenían que ser limpiados una vez al día. Después de un tiempo aprendí a limpiar los agujeritos y a virar los tornillos por mí misma. Fue angustioso ver el dolor que le causaba a Don, pero me sentí parte de su recuperación. Me dolía cada vez que veía gestos de dolor en su rostro.

---

Yo no tenía idea de que el armazón de Ilizarov era un aparato tan monstruoso. Me imagino que supuse que los tornillos estaban debajo de la piel y no que estaban atravesando los huesos. Visualicé un aparato externo que iba a actuar como un exoesqueleto mientras que el hueso volvía a crecer. Hasta que lo vi, no me había dado cuenta de que esos clavos atravesaban su pierna completamente y estaban incrustados en su hueso. Desde mi experiencia personal con cirugías para las rodillas y cuán dolorosas son, fue una cosa horrible para ver.

Sabía que íbamos a estar viendo esa estructura atroz de acero inoxidable por meses.

Traté de no quedármele mirando al fijador mientras le añadía una explicación a Don. «El doctor Greider dice que es la única oportunidad de salvar tu pierna. Es la nueva técnica. No estoy segura, pero creo que eres el primer paciente en este país en tener tal aparato, al menos eres el primero del Centro de trauma del Hospital Hermann».

No respondió, así que miré fijamente sus ojos verdes y dije: «Creo que vale la pena tomar el riesgo».

No dijo nada, pero pude ver que no estaba feliz con mi decisión y yo había tenido el presentimiento de que no lo estaría. Si los papeles se hubiesen invertido, me hubiese sentido igual.

Él parpadeó y miró hacia el otro lado.

Hasta el día de hoy estoy convencida de que tomé la decisión correcta. A mi esposo no le gustó. Hubo varias veces durante el periodo después de que le pusieron el armazón en las que él estaba enojado conmigo. Algunos de sus sentimientos de enojo fueron a causa del dolor insoportable. Él tuvo que usar el fijador por casi un año entero.

Lo más difícil de todo fue el hecho de que nadie nos podía asegurar que este dispositivo iba a funcionar. Estoy segura de que Don se sintió como un conejillo de indias de un experimento científico loco. Tomé el papel de alentadora constante, el cual no siempre fue fácil. La tarea requería energía adicional de mi parte y mis reservas ya estaban bajas.

«¿Por qué dejaste que me hicieran esto?», me preguntó más de una vez. «Si hubieses dejado que me cortaran la pierna, ya hubiese salido de aquí».

No traté de justificar mi decisión, excepto para recordarle que: «Tuve que tomar la decisión por mí misma. Tú no podías escoger». A menudo dije esas palabras con lágrimas en los ojos porque quería que entendiera que había tratado de hacer lo mejor para él.

«Hubiese tenido una próstesis y hubiese estado bien. ¿Por qué me hiciste esto?».

Aunque yo estaba consciente de que se quejaba en contra de mí a causa del dolor, todavía me dolía. Este no era el hombre con quien había estado casada por quince años.

A pesar de que yo entendía su dolor, se me salían las lágrimas. Yo solo tenía una respuesta y la dije de varias maneras: «Pensé que estaba haciendo lo mejor para ti».

---

El nuevo cuarto en Hermann era más grande y podía quedarme con Don todo el día y toda la noche. El personal le dio un cuarto de esquina hermoso en el edificio de la torre con ventanas grandes y con vista hacia la universidad de Rice. En el cuarto espacioso, sentí que tenía una base y un lugar en donde quedarme. No quería irme. Escribir acerca de eso hace que suene ilógico (y lo es), pero mientras permaneciera adentro del cuarto, podía monitorear la condición de Don, aunque no podía hacer nada para hacer que se mejorara. Y sin embargo, no importa cómo me sentía, no consideré irme del hospital.

No sé cuántas veces los visitantes me urgían a que tomase un descanso o que saliera a caminar en el aire fresco. «Vete a la cafetería y consíguete algo de comer». «¿Por qué no te vas para la casa en la noche y regresas por la mañana?». «Tómate un tiempo de descanso y vete a la peluquería para que te arreglen el cabello».

Tenían buenas intenciones y agradecí la preocupación y la bondad, pero era muy difícil irme, ni siquiera por veinte minutos para comer.

Me tomó un largo tiempo admitirlo, pero algo muy dentro de mi sentía que si dejaba la habitación, Don no sobreviviría.

Mientras estuvimos en ese cuarto, tuvimos el mismo enfermero cada día. Su nombre era Ibraham. Él era de la India y hablaba con un leve acento. Era de mediana estatura, con cabello oscuro cortado al ras. Él era un hombre maravilloso y no cabía duda de que estaba muy interesado por sus pacientes, no solo por sus necesidades físicas, sino también las emocionales.

Además de su compasión obvia, yo apreciaba que no me hablaba con paternalismo ni sentía que yo no necesitaba información. Cada vez que hacía una pregunta, Ibraham explicaba cuidadosamente qué es lo que estaba haciendo por Don, al igual que la razón por la cual hacía lo que hacía. Siempre era muy cuidadoso con las piernas y los brazos de Don. A menudo, pedía perdón cuando Don hacía un gesto a causa del dolor.

Ibraham también era presuroso para alentar si notaba el más leve progreso, especialmente en cuanto a la respiración de Don. El cuarto era alegre y la presencia de Ibraham era una influencia calmante.

Me hubiera gustado que hubiese permanecido de esa manera.

# 13.
# LA AYUDA QUE NO SABÍA QUE NECESITABA

Mientras aún estaba en la UCI, a Don le dio neumonía y el personal tuvo que darle tratamientos para la respiración de la mejor forma que pudieron. Con el aparato de Ilizarov ya en su sitio, la terapeuta de respiración podía empezar tratamientos más rigurosos.

La primera vez que presencié la terapia respiratoria, me quedé estupefacta.

Una enfermera entró al cuarto y lo elevó hasta que quedara sentado. Usando su mano, lo golpeó en la espalda y en el pecho. *Golpeó* puede ser una forma apacible de decirlo, Don dijo que le golpearon en el pecho. Aunque era algo que tenían que hacer, como testigo, parecía ser terriblemente doloroso. Las enfermeras estaban haciendo lo correcto para él, porque los golpes aflojaban la mucosidad. La terapeuta de respiración explicó que los golpes se tenían que administrar de una cierta manera para ser más efectivos. Se sonrió y dijo: «Suena peor de lo que realmente es». Hasta el día de hoy, estoy segura de que ella conseguiría un argumento fuerte por parte de Don respecto a lo contrario.

Los golpes ayudaron, pero el personal médico también trajo lo que yo llamo un «aparato humeante». El nombre oficial es *nebulizador.* Lo conectaron a la válvula de oxígeno, lo llenaron con albuterol y luego hicieron que Don inhalara el vapor. Le ayudó a respirar y previno que el fluido se acumulara en sus pulmones.

Después de que trasladaron a Don a la habitación normal, un grupo de la iglesia vino a verme y a visitar a Don. Había dos parejas un poco mayores que Don y yo, junto con otra mujer. Una de las parejas nos había llevado a comer a un restaurante exclusivo unos meses atrás.

En ese tiempo, me había sentado en la parte trasera de su vehículo todo terreno, pensando: *no me puedo creer que esto está sucediendo*. Este era el tipo de restaurante que Don y yo solo soñábamos ir. Había sido una tarde maravillosa con buena compañía en un lugar increíble. Realmente nunca habíamos hablado con la pareja, excepto cuando nos cruzábamos en la iglesia.

Después de solamente minutos de conversación, uno de ellos me dijo: «Te vamos a llevar a cenar».

«Lo decimos en serio», la otra persona dijo con una sonrisa. «Te vienes ahora o te vamos a agarrar y sacarte por la fuerza».

Antes de que pudiese protestar y declinar con aprecio, una mujer dijo: «Trajimos a alguien (la cual ya no puedo recordar el nombre) y ella se va a sentar al lado de Don. Si te necesitan, ella te llamará...».

«No tengo hambre...».

«Vamos a comer en Rice Village», dijo ella, como si yo no la hubiese interrumpido. Ubicada cerca de la Universidad de Rice desde los años de 1930, Rice Village es un centro comercial paradisíaco en Houston y tiene docenas de restaurantes en su área de dieciséis calles de extensión. De todas maneras no quería irme.

Hasta yo misma estaba consciente de que fue una respuesta emocional y no lógica. Muchas mujeres en situaciones de cuidado prolongado se convierten en prisioneras en sus hogares o en el hospital. Yo era una de ellas. No somos supersticiosas, pero es como que si el temor de lo que podría suceder mientras estamos ausentes, nos mantenga en cadenas emocionales.

«Eso es muy amable y atento por parte de ustedes pero, ¿cómo podría disfrutar salir, mientras que Don está aquí?».

«Él va a estar bien sin ti por cuarenta y cinco minutos».

Tiendo a ser complaciente y no confronto fácilmente a las personas. Tuve el presentimiento de que si protestaba, mis amigas iban a unirse amorosamente contra mí y descartar cada argumento.

Fue más fácil decir que sí. «Gracias».

Me aseguraron que la mujer que se estaba quedando se encargaría de todo y llamaría al restaurante si había alguna novedad.

Las dos mujeres y yo caminamos hacia el frente del hospital, mientras que los hombres se fueron a buscar el auto. Era un día agradable en Houston aunque estábamos a principios de febrero. El sol brillaba y el tiempo estaba lo suficientemente fresco como para usar una chaqueta ligera. Me subí en la parte trasera del mismo todo terreno. Aunque el viaje en el auto no duró más de quince minutos, yo estaba pensando constantemente en cómo estaba Don.

Me acuerdo de dos cosas significantes sobre ese paseo. Primera, que fue en una cafetería en Rice Village. Había varias opciones en cuanto a la comida y tomar más decisiones no era algo que yo quería hacer, pero tambaleé por la línea con mis amigas. Apenas me senté con todas esas personas amables alrededor mío, me relajé. Quizás por una hora y media pude apartar de mi mente todos los pensamientos sobre responsabilidad u obligación.

Segunda, fue la mejor comida que había probado en años. O quizás no fue tan buena, pero yo estaba tan hambrienta. Había comido muy poco desde que ocurrió el accidente. Aun cuando iba a la cafetería del hospital, me engullía las comidas y casi ni probaba lo que estaba en mi plato.

Desde ese entonces aprendí que otros cuidadores responden de la misma manera y evitan las comidas o comen poco. Algunos se van al otro lado, probablemente por el estrés y la ansiedad, y engullen cantidades inmensas. De cualquiera manera, casi ni prueban lo que consumen.

Me hice una promesa esa tarde. Iba a seguir el ejemplo que me dieron esas queridas amigas de la iglesia. Después de que esto terminara, si oyera que alguien estaba en una situación de cuidado prolongado, me acordaría que el cuidador necesita un alivio, aunque sea por treinta minutos. La mejor forma de proveer ese descanso sería hacer lo que mis amigas hicieron. Ir a donde está la persona y decir: «Te voy a llevar a...», e insistir en que la persona salga, y sin aceptar ningún argumento, asegurándome de que una persona confiable se quede con el paciente para que el cuidador o la cuidadora no se tenga que preocupar.

La gente de la iglesia fue maravillosa. Ellos sabían lo que yo necesitaba, aunque no quería salir del aislamiento que me había autoimpuesto.

Nuevamente, eso es típico de aquellos que estamos en situaciones de cuidados prolongados. Nos sumergimos tanto en el cuidado de nuestros seres queridos, que tenemos la tendencia a olvidarnos de nosotros mismos.

# 14.
# Una verdad chocante

Don había salido de la UCI y estaba en un cuarto grande en la esquina, pero todavía tenía problemas con la respiración. Un día, Dick y Anita Onarecker entraron y se quedaron con nosotros por unos minutos; entonces Dick me preguntó si podía hablar conmigo en el pasillo. Primero expresó el gozo que sentía de ver que Don estaba vivo y que estaba progresando, entonces me tomó la mano. Debí haberme quedado estupefacta porque Dick me preguntó si había escuchado los detalles sobre el accidente.

Todo lo que yo sabía era que un camión del Departamento de Correcciones le había pegado a Don. Dick me dijo que él y Anita habían llegado al lugar del accidente. Después de haber esperado por un largo rato, él caminó hacia el oficial de servicios para preguntarle si podía orar por alguien.

Me quedé boquiabierta cuando escuché sus siguientes palabras.

«Todos en el accidente están bien», dijo el policía, «excepto que el hombre en el auto rojo está muerto».

Esta era la primera vez que yo escuchaba que Don había sido una víctima mortal. Sabía que había sido gravemente herido, pero no que en realidad había muerto.

Dick me dijo que se metió al auto para orar por Don. Él oró, luego cantó y luego oró otra vez.

«Cuando canté: ¡Oh, qué amigo nos es Cristo! Don empezó a cantar conmigo».

Cuando Don le acompañó en el himno, Dick salió apresuradamente del auto siniestrado y gritó: «¡Está vivo!».

Lo que me llamó la atención en ese momento, no fue el hecho de que Don había muerto ni que Dick había empezado a cantar con él. Fue el himno mismo. Desde pequeña, había escuchado la historia de que ese había sido el himno favorito de mi abuela Pentecost. Ella pidió que se cantara ese himno después de una tragedia en su propio pueblo, porque realmente creía que deberíamos traer todas las cosas a Dios en oración.

Cuando oí que esa fue la canción que estaba en la boca de Don después de que Dick oró por él, supe nuevamente que Dios me estaba dejando saber que su mano estaba sobre mi esposo. Y que Dios estaba en control.

Durante los varios días que siguieron, la canción me venía a la mente repetidamente. Era como si Dios me hubiera enviado un mensaje especial para reafirmar su presencia.

# 15.
# Otro problema

Don se quedó en el hospital Hermann en la hermosa habitación de la esquina con ventanas grandes, por un poco más de una semana. Teníamos una vista muy linda de la ciudad de Houston. Parecía ser una habitación muy especial, especialmente después de la UCI y las salas de espera. Tenía esperanzas de que la nueva ubicación y el hecho de poder ver hacia afuera a través de las ventanas, le levantara el ánimo a Don después de haber estado en la UCI, sin ventanas, por dos semanas.

Continuamente busqué formas de traer un poco de alegría a su vida, algo para hacerlo sonreír. Algunas noches pude ver los fuegos artificiales por las ventanas grandes encima del Astrodome [estadio deportivo]. Por unos cuantos minutos fui transportada de la pesadez del hospital al jolgorio de la explosión de colores sobre Houston.

Pero no duró.

El 9 de febrero, un asistente del departamento del personal entró al cuarto y dijo: «Vamos a trasladar al señor Piper al hospital St. Luke mañana». El hospital episcopal de St. Luke está en el mismo Centro Médico de Texas pero no es parte del Centro de trauma del hospital Hermann.

«¿Por qué?», le pregunté. «¿Por qué tenemos que trasladarnos?».

«Su seguro no va a seguir si el señor Piper se queda aquí. El hospital Hermann no es parte de su plan de seguros».

«Pero la ambulancia lo trajo...».

«Lo trajeron aquí por el trauma y porque era una emergencia médica. Ahora que está estable, lo tenemos que trasladar donde tu compañía de seguros va a cubrir los gastos».

Obviamente, ese asistente de personal me hizo enojar, pero él solo era el mensajero. Le pregunté de una manera tan calmada como pude: «¿A dónde voy o a quién tengo que ver para detener este traslado?».

«A la oficina administrativa. Está en el primer piso».

No titubeé para ver a la administradora. Tomar ese paso fue un gran trecho fuera de mi nivel de comodidad, pero esto se trataba de Don y su mejoría. Estaba determinada a salirme tan lejos de mi comodidad como fuese necesario.

La administradora del hospital fue amable y estuvo de acuerdo conmigo en que sería mejor para Don si se quedaba. «Pero está fuera de nuestras manos», dijo ella.

«¿No hay nada que usted puede hacer?».

«Hice todo lo que podía hacer para prevenir este traslado, pero no lo puedo detener».

«De seguro tiene que haber alguna manera...».

«No hay nada», dijo ella, «A menos que puedas aparecer con los fondos para mantenerlo aquí».

«Eso no es posible», le dije.

Traté unas cuantas veces más, pero ella fue firme, amable pero inquebrantable.

Le di las gracias y me fui con una gran tristeza. Cuando regresé al cuarto, me vino a la mente algo que Chris había dicho cuando estaba cursando el primer grado. Nosotros cinco estábamos en el auto. Sucedió en un tiempo en que una marca especial de zapatillas había llegado al mercado. Él tenía muchas ganas de conseguir un par, pero costaban como unos cien dólares.

«No te las vamos a comprar. Cuestan demasiado».

Se quedó sentado calladamente en el asiento trasero por un minuto o dos y luego le dijo a su hermano gemelo: «Mi mamá es una maestra y mi papá trabaja para Dios. Nunca vamos a tener dinero».

Me sonreí mientras seguía caminando hacia el ascensor. Ese recuerdo sí me aligeró el ánimo.

Entendí la situación con el hospital. Nuestras finanzas estaban apretadas y creí que la administradora sí había tratado de mantener a Don en el hospital Hermann. Cuando regresé al cuarto, llamé a nuestro abogado y le expliqué lo que sucedió.

Él me volvió a llamar como unos veinte minutos después. «Lo siento, lo intenté, pero la administradora está en lo correcto. No pude hacerla cambiar de opinión».

Supongo que parte de la razón por la cual yo estaba enojada era respecto a mi nivel de comodidad otra vez, mi propia comodidad. En el hospital Hermann, podía encontrar el garaje del estacionamiento, conocía en dónde estaban ubicadas las máquinas expendedoras y no tenía problemas en encontrar la cafetería. Más importante, estaba familiarizada con la mayoría del personal en todos los turnos y me sentía muy cómoda con ellos, especialmente con Ibraham, quien estaba muy involucrado en la mejoría de Don. Sentí que ellos le estaban dando a Don el mejor cuidado humano posible.

Con todos los altibajos con los problemas de Don, cada cambio pequeño parecía ser enorme. Yo quería mantener todo calmado. «No necesito interrupciones adicionales», me dije.

Quizás suene tonto, pero yo nací en el hospital Hermann y nunca había ido al hospital St. Luke, así que sentí que tenía una conexión en donde estaba. El problema verdadero, el cual solo acepté en retrospectiva, es que yo no quería tener que abordar nada nuevo.

A pesar de eso, pude decir: «Está bien, no hay nada que pueda hacer para cambiar las cosas. No me gusta, pero eso es lo que tenemos que hacer».

Yo estaba enojada y estaba consciente de cómo me sentía. Mi tarea inmediata era aceptar la realidad, relajarme y prepararme para el cambio.

Regresé a ver a la administradora del hospital, esperando secretamente que algo hubiera cambiado. (Nada había cambiado.) Pregunté: «¿Cómo vamos a hacer esto?».

«Lo vamos a trasladar por ambulancia. Usted puede conducir su auto y seguirlos. Para cuando su esposo llegue al hospital St. Luke, ya habrá estado ingresado, así que usted puede ir directamente a su habitación». Ella también me dio el número de la habitación.

Habitación número 2115. No sabía en ese entonces, pero íbamos a estar en ese cuarto por varias semanas.

El 9 de febrero de 1989, menos de un mes después del accidente, nos cambiamos al hospital episcopal St. Luke, el cual está ubicado como a cinco calles del hospital Hermann.

Exactamente como la administradora había prometido, Don fue trasladado por ambulancia y lo seguí en mi auto. Fue una experiencia dolorosa para mi esposo, como yo sabía que lo sería. Solamente trasladarlo de la cama con los fijadores en su brazo y en su pierna fue una experiencia muy difícil para Don y los auxiliares, porque tenían que encontrar la forma de hacerlo. Y cada movimiento enviaba un dolor agudo a través de su cuerpo. Yo estaba de pie, tratando de no llorar mientras veía su rostro palidecer con cada movimiento.

Cada vez que la ambulancia reducía la velocidad, él lo podía sentir, junto con cada pequeño bache en la calle. Todos los movimientos con ese aparato en su pierna y en su brazo, aun los ligeros, irradiaban dolor a través de su cuerpo.

No tuve problemas en encontrar el garaje del estacionamiento, el cual estaba bien señalado. Apenas entré al hospital, tomé el ascensor hacia el cuarto de Don en el piso veintidós. Entré al cuarto y la conmoción me pegó.

Quise llorar.

El cuarto era como la mitad del tamaño del que teníamos en Hermann. Eso fue desilusionante, pero lejos del peor aspecto. El papel pintado era verde con rayas de color crema y se estaba despegando en la esquina. Ese hecho solamente, le daba un aspecto viejo y descuidado. Había una ventana, pero cuando me acerqué a ella, lo único que pude ver fue otro edificio. Los únicos otros muebles consistían en un sillón viejo reclinable de imitación piel color ladrillo y un sofá que estaba conectado a la pared. La espalda se doblaba para formar una cama. Una televisión pequeña estaba colgando en la pared. Al otro lado de las ventanas estaba un área de lavatorio con un espejo grande de pared y un lavabo.

Con el aparato masivo en la pierna de Don y su brazo en el fijador, él necesitaba un trapecio ortopédico conectado a la cama para poder sentarse. Esto requería un bastidor adicional de metal que aumentaba el perímetro de la cama. Para acomodar su cama, tenía que ser empujada casi completamente hasta el área del lavatorio, dejando muy poco espacio para moverse en ese lado del cuarto. Sentí como que si estuviera apretada dentro de una cueva.

*Esto es deprimente.*

No soy una persona difícil de complacer. Quizás parte de mi reacción fue el resultado de la diferencia drástica entre los dos cuartos, pero fue más que eso. Este iba a ser el hogar de Don por semanas, posiblemente meses. Sería muy poco probable que yo quisiera que alguien se recuperara en esta clase de cuarto.

Don estaba acostado en la cama, sin estar consciente del cuarto, y su dolor era insoportable. Él no tenía que decir ni una palabra y no lo hizo. Gimió unas cuantas veces, pero eso fue todo. Al estar acostado allí, su cabeza se movía un poco de atrás hacia adelante, lo cual hacía cuando estaba pasando dolor. No le habían conectado la bomba para el dolor.

Mientras yo lo miraba fijamente, mis ojos se llenaron de lágrimas, y pensé: *pasamos por todo ese traslado hasta este lugar y ahora él ha retrocedido.* No sabía eso con certeza, porque yo estaba juzgando solo por la obvia cantidad de dolor que él había estado sintiendo durante la hora previa.

Decidí poner una cara feliz para Don y para todas las otras personas.

Al poco tiempo, y como su esposa observadora, estoy segura de que no fue lo suficientemente rápido, una enfermera le trajo una bomba de dolor para que Don pudiese recibir el medicamento para el dolor instantáneamente, cuando lo necesitara. Yo suspiré con gratitud, sabiendo que eso era lo que él necesitaba.

Ellos trasladaron a Don un domingo, así que yo tomé un descanso personal el lunes. Yo simplemente no podía dejar su lado hasta asegurarme de que estaba respondiendo a los medicamentos.

Un vez que Don fue acomodado ese domingo, usé el teléfono que estaba en su cuarto y empecé a llamar a nuestros amigos y socios colaboradores para que todos supieran cuál era nuestro nuevo hogar.

Después de un par de horas, pensé en mí y traté de determinar cómo iba a pasar la noche. En el hospital Hermann, el cuarto tenía una silla grande que se convertía en una cama, y era algo cómoda. Este cuarto tenía un sofá duro y el respaldo se doblaba hacia abajo para formar una cama, con una costura por todo el medio. Yo gemí por dentro al mirarla. Después de regresar al trabajo, allí dormiría los viernes y los sábados por la noche todo el tiempo que Don permaneciera en el hospital St. Luke.

Al pasar el tiempo, traje mi propia almohada y mi cobija, junto con algunos artículos personales de casa. Era consolador tener algunas de mis propias pertenencias cerca. Junto con las tarjetas de buenos deseos alineadas en la repisa de la ventana, puse las fotos de nuestros hijos.

Alguien trajo una grabadora para que Don y yo pudiésemos disfrutar escuchando nuestra música favorita. El hospital St. Luke no era un hotel Ritz Carlton, pero fue un hogar para mí y para Don durante las próximas semanas.

---

Unas cuantas horas después de que Don fue trasladado, la administradora del hospital Hermann Memorial me llamó: «Le tengo buenas noticias», me dijo. «La Compensación para Trabajadores va a pagar el costo del cuarto. Podemos trasladar a su esposo al hospital Hermann si usted quiere».

Pensé en la situación por unos segundos. No me gustaba el cuarto en que estaba Don y había sido mucho mejor en el otro hospital. Pero significaría que tendríamos que trasladarlo otra vez por ambulancia.

«Se lo agradezco, pero no vale la pena para Don». Le dije cuánto dolor le causó el viaje. «No le puedo hacer eso a él otra vez».

# 16.
# Encontrando mi sitio

Durante esos días, se alzaron muchas oraciones por Don, por mí y por nuestra familia. Casi cada vez que hablaba con alguien por teléfono o amigos venían a visitar, yo oía: «Estoy orando por ti». Sinceramente creí que lo decían en serio.

Esas palabras trajeron gran consuelo a mi corazón y todas las aprecié. Otros iban más allá y preguntaban: «¿Qué necesitas que ponga en oración?», o «Hoy oré para que Don tenga menos dolor... para que Don quiera comer... para que puedas descansar bien por la noche».

Esas personas me enseñaron la importancia de las oraciones específicas. Sus peticiones eran más personales y más íntimas. A mí me enseñó una atención adicional hacia nuestro bienestar.

También tomé nota de los guerreros consistentes de la oración, esos individuos especiales que continuaron orando durante la recuperación de Don. No importaba si sus oraciones no eran contestadas inmediatamente; seguían orando hasta que recibieran respuestas, aunque algunas veces la respuesta era no.

Aprendí muchas lecciones sobre la oración durante esos días. Las oraciones de nuestros amigos trajeron rayos de luz pura por mi sendero oscuro.

En mis momentos más negros (y hubo muchos) recordé la promesa de Dios de que todo iba a estar bien. Algunos días no podía ver cómo eso iba a ser posible. Pude mantenerme de buen ánimo solo porque me aferré a las promesas de Dios y me sentí fortalecida por las oraciones de otras personas. Nuestros amigos y miembros de la familia me apoyaron y siempre voy a apreciar eso. Pero en los peores momentos, mi clamor a Dios fue lo que me ayudó a seguir adelante.

Nunca cuestioné las decisiones que tomé acerca de quedarme todo ese tiempo en el hospital y sobre el aparato Ilizarov que llegó después. Aunque yo había tomado esas decisiones serias, no significa que fueron fáciles. Para mí, esos días realmente fueron una caminata a través de la oscuridad. Muchas veces, durante la recuperación de Don, quizás la mayor parte del tiempo, me sentí insuficiente.

Probablemente la mayoría de las esposas se hubiesen sentido como me sentí yo. Nosotras somos las que arreglamos las cosas y hacemos que las situaciones sean mejores y más suaves. No había nada que yo pudiera hacer, excepto estar allí. Yo no podía arreglar nada.

Algunas veces pensé: *No puedo seguir así.* Pronto estuve luchando contra mi propia clase de depresión. Nada iba a detenerme de permanecer al lado de Don y, sin embargo, al mismo tiempo, me sentía como una prisionera dentro de mi mundo limitado.

No es lógico, pero en un nivel emocional, creí que le había fallado a Don y a todos los demás. Seguía pensando en cosas que *debía* haber sido capaz de hacer. Era incapaz de ayudar a Don para que se mejorara, especialmente cuando estaba sintiendo mucho dolor. Me sentí insuficiente por no poder cuidar de nuestros tres hijos. Me frustraba no poder regresar al salón de clases y enseñar a mis estudiantes. Aunque solo estuve fuera de las clases por tres semanas, parecía como si hubiese estado fuera por mucho más tiempo que eso. Estaba convencida de que cada día de clases en que no estaba presente, yo les fallaba a mis estudiantes.

«Oh, Señor amado, no sé si puedo seguir haciendo esto». ¿No era mi responsabilidad levantarle el ánimo a Don? Como su esposa, ¿no se suponía que yo fuera la que lo hiciera recuperarse? Llamo a eso el Síndrome de Susi rayito de sol (SSRS) y desde ese entonces me he dado cuenta de que muchas mujeres experimentan esa clase de sentimientos.

No importa cuán triste o inadecuada me sentía, tan pronto abría la puerta del cuarto de mi esposo, mi sonrisa brillante tenía que estar en su lugar. «Hola mi amor. ¿Cómo te sientes hoy?». Durante muchas de mis visitas, él estaba tan deprimido que ni siquiera se inmutaba en reconocer mi presencia. Aunque yo no reconocía la depresión, el SSRS tenía que entrar en acción. Me forzaba a mí misma para entablar una pequeña conversación, intentando mantener todo agradable y acogedor.

Cada día se me hacía más y más difícil ponerme la máscara de Susi rayito de sol. Daba todo lo que tenía cada vez que entraba al cuarto y no conseguía nada a cambio.

Ni una palabra amigable.

Ni un saludo, ni siquiera una sonrisa ocasional.

Eso siguió así día tras día, tras día. Puse tanta energía en tratar de ser un rayito de sol, que estaba exhausta.

«Por favor, Señor, por favor, ayúdame. No puedo darme por vencida».

No solo estaba tratando de animarme a mí misma; también tenía que ser actriz y ser Susi para los que nos venían a visitar. Ese trabajo adicional de entretener a los visitantes, me quitaba mucha energía, y luego se la sacaba a Don cuando empezó a recuperarse. ¿No tenía yo la obligación de sonreír constantemente y animarlos a ellos para que no se preocuparan por Don? Nadie nunca me dijo que eso era lo que yo debería hacer, pero yo creía que debía estar animada a cada momento para otros.

*¿Pero quién está allí para animarme a mí?*

Así es como me sentí en mis peores momentos; y sin embargo, había algunos que estaban interesados en mi bienestar. No fue tanto la realidad de estar sola, sino los sentimientos de sentirse abandonada en la oscuridad y no saber qué dirección tomar.

Susan y Suzan, así como también mis padres, hicieron todo lo que pudieron por mí. Mis compañeros de trabajo tomaron varias de mis responsabilidades en la escuela. Los miembros de la iglesia ofrecieron su ayuda. Pero cuando me estaba sintiendo aplastada por las cargas que estaba acarreando, no podía pensar en ellos. Y sin embargo, en retrospectiva, no sé cómo hubiese sobrevivido todos esos meses sin esas personas amorosas y comprensivas.

No podía hacer nada para que Don se recuperara y no podía animarme a mí misma. Así que hubo muchos, muchos días oscuros, mucho después de la cirugía que duró once horas... y del problema de respiración... y de la instalación del fijador en su pierna. En mis días malos, parecía como si yo no pudiera ponerme el cinturón y estuviera hundiéndome lentamente en un abismo sin fondo.

# 17. Regresando a enseñar

No regresé a enseñar hasta que trasladaron a Don al hospital St. Luke, lo que significa que falté casi tres semanas de escuela. Regresé a trabajar por varias razones, pero la más práctica fue que nuestra familia entera estaba dependiendo del seguro que estaba pagando mi distrito escolar. No había acumulado muchos días personales, así que no tenía ninguna otra opción si es que quería mantener mi trabajo y nuestro seguro.

Además, realmente necesitaba estar con gente fuera del hospital. Hubiese sido más fácil estar en ese cuarto todo el tiempo y convertirme en una ermitaña.

Hice lo mejor que pude en la escuela y creo que pude hacer un trabajo adecuado. Al mismo tiempo, enseñar me desgarró porque pensaba en Don mientras estaba en la escuela. También pensaba en mis alumnos mientras yo estaba en el hospital.

La iglesia siguió pagándole a Don su salario, pero ninguno de nosotros sabía hasta cuándo esto iba a continuar. Una amiga de la iglesia, bien intencionada, me confío que hubo alguna discusión en cuanto a si iban a seguir pagándole. Nunca traté de verificar eso y el pastor Barry nunca nos dijo nada a Don ni a mí.

Cierto o no, obviamente nos preocupaba. Otros habrán oído el rumor porque un miembro de la iglesia vino y me dijo: «No tienes que preocuparte. Vamos a seguir pagándole el salario a Don hasta que salga de esto y regrese a trabajar».

---

Ginny Foster, la esposa del pastor, hizo muchas cosas por mí. Uno de sus gestos amables que permanece siendo el más memorable fue que me llevó refrigerios. Mi refrigerio favorito es Cheese Nips con jugo de naranja. No sé cómo fue que Ginny averiguó esto. Quizás le preguntó a Nicole, pero ella me llevaba refrigerios con regularidad, especialmente durante los primeros días cuando yo no quería salir del hospital. Es gracioso cómo una cosa tan pequeña puede dejar una impresión tan grande.

Durante los días en que Don estaba en la UCI y hasta los primeros días en que él estaba en el cuarto privado, yo no salí del hospital, y fue cuando ella me ayudó más. Ella fue a nuestra casa y me trajo ropa limpia y me lavó la ropa sucia.

Ginny nunca fue una presencia prepotente y estuvo allí cada vez que la necesitaba. Ella fue el enlace entre lo que estaba sucediendo fuera del hospital y lo que estaba sucediendo con Don. Siempre le estaré agradecida por su personalidad sensible y cariñosa.

Otra cosa: no tengo prueba de esto, pero estoy razonablemente segura de que ella coordinó con la gente para que fueran, me secuestraran y me llevaran a cenar una noche. Eso hubiese sido muy típico de sus muestras de consideración.

---

Me concentré solamente en la sobrevivencia de Don, especialmente los primeros días, y no pensé sobre los gastos ni en el seguro. Una vez que él había pasado la cuestión de sobrevivencia, las cuentas del hospital me empezaron a molestar y empecé a preocuparme por las finanzas. No tenía idea de qué porción de la cuenta del hospital iba a pagar el seguro. Fui lo suficientemente inteligente como para saber que la suma iba a ser astronómica.

Aunque he tratado de vivir el método de un-día-a-la-vez y lo hice aceptablemente bien, de vez en cuando mi mente se enfocaba en las cuentas y me acordaba de historias trágicas que había oído. Conocía a personas que habían agotado su seguro y habían pagado cuentas médicas por años. Esperaba que nosotros no fuésemos una de esas.

Cuando pensaba acerca de la posibilidad de que la iglesia descontinuara el salario de Don, entraba en la modalidad de esposa-protectora, como lo harían la mayoría de las mujeres. «¿Cómo podían tratarlo así? ¿Dónde está su compasión? Cuando sucedió el accidente, Don estaba en camino a la iglesia y nunca hubo evidencia de que fue su culpa».

Don no escuchó mis desvaríos. Esas eran mayormente cosas que yo guardaba por dentro o decía cuando estaba fuera de su cuarto.

También estaba enojada por el rumor. Don servía al Señor Jesucristo apasionadamente. Él ponía más horas y esfuerzo de lo que la iglesia podría pagarle. ¿Dirían que él se ha convertido en una carga? Ahora me doy cuenta de que en mi estado emocional frágil, cualquier rumor o voz negativa era suficiente como para lanzar mis emociones en la proverbial montaña rusa. Sí tuve serios momentos de enojo, especialmente cuando sentí que alguien estaba maltratando a mi esposo.

Claro está que todo salió bien y no hubo problema en cuanto a que la iglesia continuara pagándole el salario a Don. Pero por un largo tiempo, no sabíamos si lo iban a hacer. También llevaba un poco de resentimiento de que alguien, cualquiera, pensara en tratar a un ministro así.

Eso me trae a otra poderosa lección que aprendí durante esos días. La gente dice cosas porque ellos suponen que la persona quiere o necesita saberlo. No es mi intención cuestionar sus motivos, solo su sabiduría. Al repetir rumores o hacer comentarios negativos, ellos involuntariamente causan fricción, malos entendidos y enojo. Por un largo tiempo sentí que alguien no quería tratar a Don bien, aunque eso probablemente no era verdad.

Mi manera usual de enfrentar ese tipo de situaciones es llorar cuando estoy sola. Yo no ataco verbalmente ni le grito a la gente, y no trato de hacerles daño yendo al contraataque con palabras iracundas o cáusticas, porque soy más una persona interna. Algunas veces simplemente me quedo callada y no puedo hablar. Si lo intento, se me salen más lágrimas, así que es más fácil quedarme callada. A tiempo aprendí a esperar hasta calmarme antes de acercarme a alguien y describirle mis sentimientos. Hablar del problema abiertamente era beneficioso para todos, especialmente para mí.

# 18.
# «Gracias por dejar que te ministre».

Quiero señalar que individuos de la iglesia o de la escuela hicieron muchas cosas amables y amorosas. Sin embargo, muchos de ellos también dijeron: «Por favor, llámanos si necesitas cualquier cosa».

Estoy segura de que decían esas palabras con sinceridad, pero eso no me ayudaba. Esa oferta no ayuda a otros que caminan por la oscuridad. Si aquellos de nosotros que estamos en la oscuridad no sabemos a dónde ir o qué voz debemos escuchar, no vamos a llamar a nadie más. Simplemente tropezamos hacia adelante.

Aquellas personas que hicieron más por mí, fueron las que simplemente hicieron cosas sin preguntar. Como Ginny, las personas más sensibles no esperaron a que yo dijera algo. Tan pronto discernían una necesidad, ellas tomaron rienda e hicieron lo que pudieron.

Quisiera dejar grabado una cosa importante porque, aun ahora, permanece poderosa. Es sobre Stan.

Suzan se mantuvo bien informada en cuanto al progreso de Don. Como miembro del consejo juvenil y como mi querida amiga, ella venía al hospital con frecuencia. Por medio de Suzan, Stan se enteró de que Don casi no comía y que estaba perdiendo peso, como lo llamaba el doctor: «A una velocidad vertiginosa». Don había perdido como unos veintitrés kilos de peso por lo menos, de ser un hombre sano y robusto, de unos seis pies de altura que pesaba 100 kilos, bajó a setenta kilos. El personal médico no parecía poder estabilizarlo.

Una vez, solo minutos antes de que un celador le trajera la bandeja de la cena de Don, Stan apareció, y luego supuse que él lo planeó de esa manera. Él es un hombre grande y de solo mirarlo pensarías que ejemplifica el tipo de hombre macho auténtico. Él estaba vestido con su camisa polo normal de la escuela secundaria de Alvin con pantalones kaki. Aunque no es enorme, Stan todavía sobresale en una multitud por su cuerpo atlético. Mientras que normalmente es apacible, él puede ser bien firme cuando está realmente interesado en algo. Después de todo, era un entrenador de fútbol.

Para ese entonces, Don podía comer por sí solo pero simplemente no quería comer. Esa tarde, el plato principal era pollo. Se quedó mirando la comida fijamente, probó unos cuantos bocados y volteó la cabeza hacia el otro lado.

«Necesitas comerlo», le dije.

«No tengo hambre».

«¡Necesitas comer!», le ordenó Stan, como si le estuviese hablando a uno de sus jugadores de fútbol.

Don negó con la cabeza.

«Tú *vas* a comer», dijo Stan. Estaba determinado y no iba a dejar que Don discutiera con él. «Abre la boca y te voy a meter la comida con una pala».

Para mi sorpresa, Don obedeció y aceptó un pedazo pequeño de pollo, lo masticó y tragó.

«Muy bien. Ahora el otro bocado».

Stan insistió en darle todo lo que estaba en la bandeja. Después de que terminó, me miró con lágrimas en los ojos y dijo: «Gracias por dejar que yo le ministrara a Don».

Fue entonces cuando las lágrimas brotaron de mis propios ojos.

Para mí y para Don, esa experiencia probablemente fue uno de los gestos más amorosos que cualquier persona hizo por Don durante toda su estadía en el hospital. No sé por qué este recuerdo se destaca. Quizás fue porque Stan puso acción al amor que siente por nosotros.

Las palabras del himno: «Y sabrán que somos cristianos por nuestro amor», me viene a la mente. Muchos pensarán que simplemente darle pollo a Don, no fue una gran cosa. Sin embargo, nunca olvidaré la mirada que tenía Stan cuando terminó de darle de comer a Don. Hubieras pensado que su equipo acababa de ganar el campeonato de fútbol a nivel estatal. Él estaba orgulloso y honrado de poder servir aún en lo que estoy segura de que él pensó que no fue nada difícil.

Cuando Stan tomó las riendas y forzó a Don para que comiera, fue otra lección que aprendí mientras estaba caminando en la oscuridad. Tenemos la tendencia a pensar que somos una carga si pedimos o permitimos que alguien nos ayude. Tememos que somos una imposición; aquellos que realmente quieren ayudar, lo ven como un privilegio. Tuve que enfrentar esa lección repetidamente antes de entender y permitir con alegría que otros vinieran a ayudarme y, aún más, aceptarlo como una expresión de su afecto.

Don tenía más problemas que yo para aceptar ayuda. Él era el ministro profesional, el que siempre consolaba y alentaba a otros, y lo hacía muy bien; sin embargo, no era bueno en cuanto a recibir. Se puso mejor, pero para él es una lucha continua permitir que otros le ayuden.

Mientras Don permaneció como paciente en el hospital, él y yo éramos los que estábamos aprendiendo.

Aquí está otra lección que aprendí: toma tan poco para afirmar la ayuda de otros y dejar que nos ministren. Permitir que los amigos hagan algo simple, como hacer llamadas o comprarnos un refrigerio, requería muy poco de nosotros, pero sus expresiones faciales nos decían cuán agradecidos estaban por haber podido ayudar.

Muchas veces pensé: *esa es la forma en que la Biblia quiere que nos comportemos*. Pablo se refirió a la iglesia en varias ocasiones como un cuerpo humano. Él dijo que cada miembro es importante y si uno de nosotros está sufriendo, todo el cuerpo sufre.

Por más de un año, vi un movimiento constante del cuerpo espiritual de Jesucristo tratando de quitarnos el dolor.

# 19.
# Mi terapia privada

Don se había enojado porque permití que los doctores usaran el aparato Ilizarov en su pierna. Si hubiese sabido que él iba a tener que soportar un dolor atroz todos los días, posiblemente hubiese consentido a la amputación. Pero ya estaba hecho. Nunca creí que hubiera tomado la decisión incorrecta en cuanto al fijador. Solo detestaba ver la tortura por la cual Don estaba pasando. Oré para que Dios le aliviara el dolor.

Es demasiado fácil decir que Don se acostumbró al aparato. No había forma de que él se acostumbrara porque el dolor siempre estaba presente. Incesante. Agonizante. Treinta y dos alambres, cada uno tan ancho como un alambre de piano, atravesaban su pierna izquierda. Cuatro veces al día, una enfermera apretaba los tornillos un milímetro. Era una vuelta extremadamente pequeña, pero lo suficiente para inicialmente aumentar el dolor cada vez. Luego el dolor remitía, pero nunca se fue completamente. Ese procedimiento y la agonía que causó, lo dejaban exhausto.

Después de que los fijadores estaban en su pierna y en su brazo, los visitantes entraron al cuarto. A razón del aparato enorme que pesaba doce kilos, ellos se quedaron boquiabiertos. No sé lo que esperaban ver o lo que habían oído, pero pocos de ellos pudieron enfocarse en alguna otra cosa, excepto en la monstruosa estructura que estaba alrededor de la pierna de Don.

Normalmente preguntaban lo obvio: «¿Eso duele?».

En su favor, Don fue cortés. «Un poco», era su respuesta frecuente. Él sí sentía un poco de dolor y muchísimo más. No estaba mintiendo intencionalmente y era su manera de cuidar a sus visitantes. ¿De qué hubiese servido describir la tortura implacable?

Para mi sorpresa, las peores reacciones a su aparato vinieron de los hombres que se veían grandes y fuertes. Cuando preguntaban cómo es que funcionaba el aparato Ilizarov, yo les explicaba acerca de los clavos que atravesaban el hueso de la pierna. Entonces ellos se le quedaban mirando a Don y a la estructura por varios segundos. Finalmente decían: «Tengo que salir del cuarto un minuto». El aparato era demasiado horripilante para que algunos de los visitantes masculinos pudiesen verlo mientras trataban de hablarle a mi esposo.

No sé si los hombres se estaban preguntando: *¿Cómo me sentiría con esa cosa en mi pierna?* O si sentían profunda empatía por Don. Presentí que algunos de ellos se enfocaron en el aparato y se olvidaron del hombre. Eso es fácil de hacer cuando se está de pie en un cuarto de hospital lleno de máquinas y aparatos desconocidos.

Esa es otra cosa que aprendí al observar a los visitantes. Ellos hicieron que yo determinara que cada vez que visitara un cuarto de hospital o un lecho de un enfermo, iba a mantenerme enfocada en la persona que estaba enferma.

Don estaba con un dolor extremo y él no trataba de esconder su agonía, pero tampoco quería hablar sobre ello. La manera más fácil de hacer eso fue minimizar su condición al responder las preguntas de los visitantes.

---

Al pensar acerca de cómo abordé todo, concluí que Dios les da anteojeras a personas como yo, cuando atravesamos por tales pruebas. Algunas situaciones son tan dolorosas que no podemos permitirnos concentrarnos en ellas nuevamente. Nosotros evitamos estas experiencias dolorosas al estar ignorantes o no estar conscientes de acontecimientos que están sucediendo a nuestro alrededor. Son importantes y sabemos que sucedieron, pero pensar en eso significaría experimentarlas otra vez.

Algunos eventos fueron tan importantes cuando estaban sucediendo, que yo estaba segura de que nunca los olvidaría. Y sin embargo, no he retenido todos los detalles, aunque en ese tiempo estaba segura de que cada acto específico iba a permanecer grabado en mi memoria. Después de un periodo de tiempo, algunos de esos detalles se pusieron borrosos. Eso debió haber sido una reacción de autoprotección. Como tantas cosas sucedieron, solo podía guardar cierta cantidad de información.

Siendo la esposa de Don, obviamente me acuerdo de ciertas cosas como más significativas de lo que él piensa que son. El dolor y la depresión que él sufrió probablemente borraron u obscurecieron los eventos en los cuales yo me enfoqué. Yo estaba a su lado y luché contra un dolor emocional profundo; él estaba en la cama y luchaba contra un dolor físico y mental cada minuto.

Una cosa que ayudó fue una llamada que recibí de Kenny Wood, a quien conocimos durante el verano de 1988, cuando vino como pastor del campamento de jóvenes varios meses antes del accidente. En ese tiempo, todavía me estaba adaptando a la mudanza lejos de mi hogar y a vivir en Texas. Esta fue la primera vez en el ministerio de Don en que yo no tenía a mis padres cerca para cuidar a los niños mientras Don estaba ocupado con las actividades juveniles. Para el tiempo en que Don y yo fuimos al campamento de verano, yo tenía pensamientos serios en cuanto a si quería ser esposa de un ministro.

En ese entonces, Kenny estaba en sus cuarentas, así que era un poco mayor que nosotros. Él tenía un talento increíble para hablar a los corazones, no solo en sus mensajes sino también en conversaciones individuales. Varias veces en esa semana, Kenny y yo caminamos por las instalaciones, y me sentí cómoda hablando con él. Kenny me impresionó porque tenía una manera natural y cautivadora de hablar con la gente. Él me ayudó a ver mi parte en el ministerio de Don y por qué yo era importante. Después me enteré que él ayudó a muchas otras personas a través de las fases difíciles que tuvieron en sus vidas.

Como una semana después de que el personal del hospital trasladara a Don a un cuarto, Kenny me llamó. «¿Cómo está Don?», preguntó él. Lo puse al día con información actual y luego me preguntó: «¿Pero cómo estás tú?».

«Estoy luchando con unas cuantas cosas. Tengo diferentes sentimientos». Estoy segura de que dije más que eso. Su pregunta me sorprendió porque los que visitaban y los que llamaban por teléfono casi nunca me preguntaban cómo estaba yo. Ellos estaban preocupados por Don, lo cual yo esperaba y naturalmente se enfocaban en él. Porque no me quejaba, estoy segura de que ellos suponían que yo estaba bien.

Cuando Kenny llamó, yo estaba bien en el hecho de que funcionaba. Hacía lo que tenía que hacer como esposa de Don y la mamá de mis hijos, o al menos lo intentaba. Dudo que los visitantes tuvieran algún indicio de la tormenta que tenía en mi propio corazón. No los culpo; me contuve y escondí mi angustia.

«¿Cómo *estás tú*?», me preguntó otra vez.

Presentí que esa era más que una pregunta bondadosa y que Kenny realmente quería saber.

«No muy bien».

No dijo nada, pero esperó que yo hablara y lo hice. Después de que le dije todo y expresé mi tormenta interna, hablamos por unos cuantos minutos. Entonces preguntó, «¿Llevas un diario?».

«Sé *acerca de* anotar en un diario», le dije. «Varias de mis amigas llevan un diario, pero yo nunca lo he hecho».

«Sería una buena idea que empieces», dijo él. «Mientras escribes, puedes ayudarte a descifrar lo que sientes y pensar en las cosas importantes».

Kenny continuó diciendo que muchas veces él no estaba seguro de cómo se sentía acerca de lo que estaba pasando a su alrededor o de lo que estaba agitándose dentro de sí mismo. «Sin censurarme a mí mismo y escribiendo libremente en mi diario, aprendo a identificar lo que me está molestando».

«Yo soy una persona bastante privada».

«Nadie más tiene que ver el diario y probablemente no querrás enseñárselos. Esto es algo *para ti*, solo para Eva, no para nadie más. Escribes directamente de tu corazón y solo es entre tú y el Señor, y de todas maneras Él lo sabe todo».

Por unos minutos pensé en lo que él dijo, antes de responderle: «Pienso que sí puedo hacer eso».

«¡Hazlo por favor!».

«Voy a intentarlo», le dije, «pero esto es nuevo para mí».

Hasta ese entonces, nunca había considerado llevar un diario. Sin embargo, mis emociones estaban tan agitadas que yo estaba dispuesta a hacer cualquier cosa. Decidí que probablemente sería bueno para mí mientras estaba sentada al otro lado de Don en el cuarto del hospital.

Aún no había regresado a enseñar en ese tiempo, pero todavía revisaba los papeles que las otras maestras me traían al hospital. Después de que terminaba, me sentaba por un par de horas cada noche sin nada que hacer, especialmente porque Don todavía no estaba hablando mucho.

Hice exactamente lo que Kenny me había sugerido. En la tienda de regalos compré un pequeño bloc y empecé a escribir la información médica. Empecé con hechos básicos, fechas, tipos de cirugía, gente que vino a visitar, y aquellos que enviaron flores. Descubrí que tener un registro escrito de esos hechos fue de mucha ayuda cuando surgieron nuevos problemas médicos o tuvimos que tomar nuevas decisiones. No tenía que rebuscar fechas y procedimientos en mi mente cansada. Todo estaba escrito en mi cuaderno.

Después de unos cuantos días, comencé a incluir mis percepciones y me abrí en cuanto a mis sentimientos. Llegué a la conclusión de que si podía escribirlo, podría encontrar la forma de entender mi situación y entenderme mejor.

Sentí que había descubierto mi propia terapia privada.

Escribí casi todos los días durante la recuperación de Don. Al continuar escribiendo en mi diario, aprendí a concentrarme en mí misma y traté de entender el caos. Definitivamente no lo hice para ensenárselo a nadie más y estaba determinada a que ninguna otra persona lo leyera (y no lo hicieron).

Más y más, llevar un diario se convirtió en mi terapia privada para descifrar mis sentimientos y me permitió ponerme en contacto con la manera en que yo veía las cosas. Solo escribir acerca de problemas no resueltos, fue un paso grande hacia encontrar una solución.

Descubrí que llevar un diario era un remedio para mis estados de ánimo oscuros. En mi diario pude escribir todas las cosas que estaba sintiendo: lo bueno y lo malo, los pros y los contras. Era una manera de desahogarme, de dejarme decir las cosas que nunca diría en voz alta.

Escribir me permitió liberarme de mi furia, mis frustraciones y mi temor. Con mi mente clara, pude decidir si algo era una situación que yo necesitaba enfrentar o una que tenía que dejar ir.

Me hubiese gustado poder tener ese diario todavía. Cuando la tormenta tropical Allison rugió a través de nuestra parte de la nación en 2001, perdimos mi diario junto con muchas otras cosas.

Una vez, después de que mencioné mi terapia privada, alguien me preguntó: «¿Cuando escribiste, en alguna vez ¿le preguntaste a Dios por qué?».

Algunas veces le pregunté a Dios, principalmente: «¿Por qué permitiste que le sucediera esto a Don?». Yo sabía que esa era una pregunta incontestable, pero a veces en nuestra confusión emocional clamamos pidiendo razones o explicaciones.

Aunque a veces no me gustaba, acepté mi papel de cuidar a Don; no sentí ninguna autocompasión ni le pregunté a Dios por qué me pusieron en esa situación. Sin embargo, tuve dificultad en entender por qué Él dejaría que algo tan horrible le sucediera a un hombre que estaba tan dedicado a servirle. Es esa pregunta antigua: «¿Por qué cosas malas le suceden a personas buenas?».

A veces me enojaba y le gritaba a Dios: «¡Estoy cansada! ¡Ya no puedo seguir haciendo esto! ¡Quiero mi vida de antes!».

Dios aceptó mi indignación, mi frustración y mis preguntas. En realidad fue un alivio desahogarme y me sentí más fuerte después. Me puse más sensible en cuanto a mí misma y también un poco más consciente de las palabras que no decían las otras personas.

Aun hoy, cuando nuestros hijos adultos entran al cuarto, puedo darme cuenta inmediatamente si algo les está molestando. Sin falta, pregunto: «¿Que está pasando?». Nada de lo que ellos me digan puede hacer que los ame menos. Esa es probablemente la razón por la cual ellos tienden a confiar en mí: ellos están seguros del amor que les tengo.

Antes del accidente, yo tenía miedo de decirle a Dios cómo me sentía en realidad. No quería desilusionarlo. Además, orar sobre mis sentimientos reales significaba ser completamente honesta con Dios, y yo tenía sentimientos negativos de los cuales estaba avergonzada.

Durante la recuperación de Don, me di cuenta de que no estaba escondiéndole nada a Dios. Él ya sabía cómo me sentía y por qué me sentía de esa manera. Él estaba esperando que yo le hablara acerca de mis sentimientos como de mis problemas.

Así como con mis propios hijos, no había nada que yo pudiese decirle a mi Padre Celestial que hiciera que Él me amase menos. Así que me abrí, y como dicen ellos, dejé que todo saliera. Después de las diatribas emocionales que pasé, oí al Espíritu calmante de Dios decirme: «¡Tranquila! Te amo y estoy aquí contigo».

---

De tiempo en tiempo, todavía escribo en un diario, pero no lo hago diariamente como lo hacía durante esos días traumáticos. Hoy en día, cuando estoy frustrada con algo o no estoy segura a dónde ir, escribo en mi diario para forzarme a aclarar lo que está sucediendo dentro de mi propia mente y corazón. Muchas veces después de escribir me doy cuenta de que las cosas no están tan mal como parecen o llego a entender la razón por la cual estoy enojada. Mi terapia privada todavía funciona.

Otra invaluable ayuda terapéutica que me auxilió a través de esas horas largas y silenciosas fue leer la Biblia. Quizá suene obvio porque soy cristiana y la Biblia es *nuestro* libro. Estaba familiarizada con el libro, pero no había puesto mucho esfuerzo en absorber sus mensajes.

Desde pequeña, he leído mi Biblia con regularidad. Y como muchos de los lectores de las Escrituras, yo subrayaba con un marcador fluorescente o con un bolígrafo. Durante el tiempo en que Don estuvo en el hospital, mi lectura se puso más intensa, más que solo aumentar mi entendimiento acerca de quién es Dios y encontrar guía en cuanto a cómo vivir. Al leer, busqué versículos que me trajeran consuelo y que me alentaran en mis horas oscuras.

Encontré muchos de ellos. Versículos que en un tiempo yo había leído por encima, tomaron un nuevo significado y me trajeron solaz.

Durante los meses de la recuperación de Don, también llevé un diario sobre los versículos de la Biblia, versículos especiales que encendieron las luces cuando la oscuridad invadió mi mundo. Los llamo mis versículos de linterna. Los escribí en uno de esos cuadernos pequeños con espiral. Al ir escribiendo los versículos a mano, las palabras tomaron más fuerza y mayor significado para mí.

Luego, cuando quería leer algo que me animara o cuando me sentía particularmente vulnerable, iba a mis versículos de linterna o repasaba mi diario de versículos bíblicos y los leía hasta que uno o más me trajera consuelo dulce a mi alma.

Como maestra, estoy consciente de que los estudiantes aprenden por diferentes estilos de enseñanza. Mientras más estilos de enseñanza yo podía incorporar, más oportunidades tenía de alcanzarlos a todos. Algunos eran estrictamente estudiantes que aprendían por medio de la vista, y para otros el oído era su manera primaria de asimilación. Muchos niños, quizás la mayoría, también aumentan su aprendizaje si tienen que pasar por el acto físico de escribir la información. Yo usé el mismo método conmigo misma.

Por ejemplo, escribí los versículos a continuación y los leí varias veces mientras Don se estaba recuperando:

- «Fíate de Jehová de todo tu corazón, y no te apoyes en tu propia prudencia. Reconócelo en todos tus caminos, y él enderezará tus veredas» (Proverbios 3.5–6).
- «Tú guardarás en completa paz a aquel cuyo pensamiento en ti persevera; porque en ti ha confiado» (Isaías 26.3).
- «Porque yo sé los pensamientos que tengo acerca de vosotros, dice Jehová, pensamientos de paz, y no de mal, para daros el fin que esperáis» (Jeremías 29.11).
- «Echando toda vuestra ansiedad sobre él, porque él tiene cuidado de vosotros» (1 Pedro 5.7).

En mis momentos oscuros, leí y releí varios de esos versículos, porque necesitaba la reconfirmación y el apoyo constante que Dios había prometido. Especialmente encontré consuelo pensando en los planes que Dios tiene para nosotros.

Nunca sentí que Dios había *provocado* el accidente, y Don y yo nunca le echamos la culpa a Dios por el error humano y la falla. El versículo que me ayuda a ver esto más claramente es al que tantos de nosotros recurrimos. Me lo aprendí cuando era niña porque era el versículo favorito de mi abuela Pentecost: «Y sabemos que a los que aman a Dios, todas las cosas les ayudan a bien, esto es, a los que conforme a su propósito son llamados». (Romanos 8.28). Ese versículo me dio un ancla en qué aferrarme durante la incertidumbre de esos días de oscuridad.

Cuando estaba meditando en Romanos 8.28, yo no sabía lo que Dios iba a hacer con este atolladero en que nos encontrábamos, pero sí sabía que en maneras que no podíamos comprender en ese tiempo, Dios iba a usar hasta el accidente para nuestro bien y para su gloria.

Aun ahora, después de todos estos años, estoy asombrada y bendecida por las tantas maneras en que Dios, de nuestro caos, ha traído cosas buenas e inmensurables a nuestras vidas.

---

Anteriormente escribí sobre el punto de inflexión para Don, el tiempo cuando David Gentiles oró por él. Mi punto de inflexión vino la mañana en que recibí la respuesta irrespetuosa de la enfermera de la UCI: «Ay, princesa, tú no necesitas saber esas cosas. Tú solamente eres la esposa». En ese tiempo no me había dado cuenta, pero fue cuando di un paso más allá de la comodidad de mi espacio privado, y lo hice muchas veces más durante los próximos meses.

Durante esos primeros días, tuve que empujar para conseguir lo que necesitaba. Aprendí a hacer preguntas hasta que no solo consiguiera respuestas, sino también que entendiera la situación. Si no captaba el significado o si el personal hablaba con jerga médica, aprendí a decir: «No estoy en el campo médico. ¿Puedes explicarme eso otra vez?».

Funcionó. Conseguí lo que quería.

A veces la gente habla de sentirse habilitado y quizás eso es lo que era. Pienso en ello más como ser persistente. No me enfurecí ni levanté la voz. Cuando me daba cuenta de las cosas que se necesitaban hacer o cuando yo requería información, preguntaba y me mantenía constante en ello hasta que recibiera una respuesta aceptable.

El corto enfrentamiento con la enfermera insensible me enseñó algo. Si era importante para mí y la persona con la cual yo estaba hablando no podía o no parecía estar interesada en ayudarme, siempre iba a haber un supervisor que estuviera encargado de ese individuo. El solo preguntar por el supervisor era normalmente lo que tomaba para motivar al personal médico recalcitrante para que entrase en acción.

El suceso mismo es totalmente increíble porque en el pasado, cuando surgían los problemas, yo era la sumisa y despreocupada. Don trataba con los problemas grandes. Eso cambió después del accidente. Un nuevo lado que yo tenía salió a relucir, uno del cual no estaba consciente que fuera parte de mí.

Hoy en día, mis hijos me bromean: «Si quieres que se haga algo, deja que mamá se encargue». Por ejemplo, si tenemos un problema con la compañía de teléfonos o con la cuenta eléctrica, mis hijos dicen: «Pon a mamá en el teléfono; ella lo arregla».

Mi papá solía citar el viejo refrán: «Se cazan más moscas con miel que con vinagre». Él tenía razón, y esa realidad fue llevada a efecto muchas veces durante la recuperación de Don. Cuando yo necesitaba algo, no gritaba o exigía; mantuve la voz calmada y con cortesía, pero persistí y eso dio resultado.

Al ir caminando a través de la oscuridad, esa fue una lección poderosa que me ayudó a seguir moviéndome hacia adelante. Aún no había entrado a la luz, pero estaba avanzando hacia ella. Podía mantenerme amable y agradable, y mientras fuese firme y tajante en cuanto a lo que yo quería, la gente generalmente estaba dispuesta a hacer lo que podía.

Aun hoy en día, si algo falla en otorgar satisfacción, «necesito hablar con tu supervisor» son mis palabras inmediatas y lo que también llamo la fórmula mágica para resultados satisfactorios.

# 20.
# Mi tiempo de aprendizaje

Rara vez me sentí totalmente cómoda durante los días en que Don permaneció en la UCI y las primeras semanas después. Suzan Mauldin y Susan Long fueron mis confidentes y podía sincerarme con ellas acerca de cualquier cosa, incluyendo mi ansiedad sobre las finanzas. Cuando la vida parecía que se me estaba viniendo encima, o me sentía agotada y no sabía qué hacer, podía hablar con cualquiera de ellas. No trataban de resolver mis problemas, lo cual no podían hacer, pero me escuchaban. Y yo les importaba.

Dos cosas se destacan como importantes cuando hablo acerca de mis dos amigas. Primero, ninguna hacía juicios. Ellas me escuchaban y ni una vez me sentí reprendida o que dudaran de mí.

Segundo, no me ofrecían consejo. A veces cuando trataba de hablarle a la gente, ellos trataban de arreglar los problemas por mí o de resolver mis asuntos al ofrecerme consejos o decirme qué es lo que yo tenía que hacer. Mayormente, Suzan y Susan escuchaban. No recuerdo que ninguna de las dos dijera: «Tienes que...».

Mientras caminaba por la oscuridad, tuve que aprender a cómo responder cuando otros trataban de consolarme. Aceptaba sus intensiones y gestos compasivos sin necesariamente seguir sus direcciones. Previamente, yo había sido una de esas personas que tendía la mano a otros y porque no quería ofender a nadie, a veces dejaba que ellos tomaran las decisiones por mí.

Aprendí mucho durante ese tiempo.

Antes del accidente, cuando iba a visitar a las personas en el hospital, yo sentía la necesidad de animarlas: «Todo va a estar bien... Dios está contigo... Dios no te da más de lo que puedes soportar». A menudo compartía versículos bíblicos.

Solo después del accidente fue que me di cuenta de que cuando una persona ha estado sentada en un cuarto de hospital por días y días, lo que ella realmente necesita es alguien que la escuche. Quizás eso suena obvio, pero los visitantes no me escucharon a mí tanto como yo los escuché a ellos.

«No tienes que hacer nada por mí», quería decirles. «No tienes que recordarme acerca de la presencia de Dios o encontrar maneras de levantarme el ánimo. No tienes que recordarme del amor de Dios que nunca falla. El que estés aquí conmigo es un regalo maravilloso».

---

Aquí está otra lección que aprendí: estoy segura de que no estaban conscientes de esto, pero algunas personas que vinieron a consolarme, en realidad me deprimieron porque hablaban acerca de *sus* situaciones malas o de los problemas que *ellos* enfrentaban. Entiendo que esos son asuntos importantes cuando la gente está herida y tienen la necesidad de hablar, pero escuchar sus historias traumáticas me hizo sentir como que le estaban dando menos importancia a mi situación.

Así que aquí está otro consejo para los visitantes: no te quejes, no critiques ni hagas juicios. ¿Por qué cargar al cuidador con preocupaciones o problemas que ellos no necesitan conocer? Sé sensible al hecho de que aquellos que están sentados al lado del paciente (o aun el paciente) tienen casi más de lo que pueden soportar. No los abrumes con tus problemas. Ellos tienen más que suficiente con los suyos propios.

---

Unas cuantas personas parecían saber todo lo que yo tenía que hacer para Don o para mí misma. Ellas tenían consejos por experiencia propia o por historias que habían oído. Estoy segura de que sus palabras fueron dichas con sinceridad; sin embargo, en mi mente, no sentía como que alguien realmente entendiera mi situación y la de Don. Sonreía porque no quería herir sus sentimientos.

También había gente que se comportaba como si Don no estuviera en el cuarto y me decían qué tan mal se veía o cuánto dolor debía estar sufriendo. Eso era suficientemente malo, pero era solo el preludio. Ellos seguían hablando una y otra vez sobre los detalles horripilantes del accidente y cuán trágico era todo. Eso no solo fue desalentador para mí, sino que Don no necesitaba escuchar esas cosas.

Ya sea que aparentaba estar dormido o inconsciente, la gente no debió tomar el riesgo de que tal vez pudiese escucharlos. Estoy totalmente de acuerdo con el viejo refrán: «Si no tienes nada positivo que decir, no digas nada».

Después de que este tipo de cosas sucedieron varias veces, en defensa propia, descubrí unas cuantas técnicas para usar cuando la gente trataba de darme respuestas que no eran apropiadas o que no me parecían buenas: primero, me sonreía y les daba las gracias. Nada más. Si la persona insistía, yo le decía: «Agradezco que estés preocupada, pero estoy segura de que Dios me ayudará a solucionar esto». Decir eso me liberaba de una situación incómoda; no estaba diciendo que no, pero no estaba diciendo que sí. Y al decirle que iba a orar acerca de su consejo (lo cual hacía), ellos no podían discutir en cuanto a buscar la sabiduría divina. Una vez que apelaba a Dios, y yo era sincera sobre eso, ellos no tenían ningún consejo adicional que ofrecer.

A razón de mis experiencias, he aprendido desde ese entonces a hacer lo que hubiese deseado que otros hubiesen hecho por mí. Trato de suplir un oído que escuche. Eso es lo que necesitan los individuos con problemas más que nada. Les dejo decir lo que ellos quieren (o no quieren) que yo haga. Quiero estar allí para ellos. No es el tiempo para que les imponga mi dolor o mis problemas.

He observado a mi papá dar consejos a otros y él es bueno para hacerlo correctamente. Él escucha atentamente para que aquellos que estén hablando se den cuenta de que él los está escuchando. Papá nunca cruza los brazos, pero se mantiene de pie o se sienta y deja sus brazos a los lados. Ocasionalmente, y si es apropiado, él pone su mano sobre el hombro de la otra persona. Mira a las personas directamente a los ojos y asiente con la cabeza. Él se conecta con la genta. También espera hasta que terminen de hablar antes de que él responda. A menudo su respuesta es en forma de pregunta, una que permite a la persona que esté hablando poder extenderse en el punto o el problema.

En mi vida entera, nunca he escuchado a mi papá levantar su voz o usar un tono despectivo. Él puede hacer que cualquier persona con quien esté hablando se sienta la persona más importante en ese momento. Papá le da a la gente su total y plena atención. Muy a menudo he visto y experimentado su habilidad para ayudar a la gente tomar una decisión por sí misma a razón de que él escucha atentamente y hace preguntas.

Si alguien le está dando un consejo, él usa una táctica diferente. Le da las gracias a la persona y la hace sentir apreciada por haberle ofrecido ayuda. Él no promete hacer nada.

Al observar a papá a través de los años, me di cuenta de que él entendía un principio importante. Cuando las personas ofrecen sugerencias, es importante para ellas sentirse escuchadas. Aun si la sugerencia que han ofrecido es inútil, todavía necesitan saber que han sido escuchadas y esa es una forma de afirmarlas. Papá hace eso bien.

---

La mayoría del personal del hospital fue maravilloso y quiero dejar eso claro. Pero hubo excepciones. Anteriormente mencioné al doctor Bruce Houchins. Él ya ha fallecido, pero él y el doctor «Red» Duke eran los dos doctores de trauma del hospital Hermann Memorial Medical Center. El doctor Duke es un icono en la comunidad médica de Houston, con su bigote rojo, largo y retorcido, con su acento tejano lento. El doctor Duke sirvió como jefe del departamento de trauma del hospital Hermann. Cualquiera que estuviera de servicio cuando un paciente entraba al departamento de trauma, era el doctor que iba a tomar el caso.

El doctor Houchins tomó nuestro caso. Él era uno de esos que uno diría que no tiene buen trato con sus pacientes. Era irritantemente directo, avasallador y arrogante. Mi queja mayor fue que no le gustaba contestar preguntas, ni siquiera las cortas con respuestas que me hubiesen dado una paz mental mayor. No estaba segura de si sentía que mis preguntas no ameritaban su tiempo, o que como esa enfermera irrespetuosa, él no pensaba que yo necesitaba saber porque yo *solo* era la esposa del paciente.

Su mala conducta no estaba limitada a los pacientes o a los miembros de la familia. Él podía ser igualmente grosero y condescendiente con las enfermeras.

Una vez le mencioné a una enfermera sobre la mala manera que tenía el doctor Houchins de tratar a los pacientes. Ella se detuvo por un momento y asintió con la cabeza. Entonces se sonrió y dijo: «Eso podrá ser verdad, pero si a mí o a uno de mis seres queridos nos hubiesen traído a este departamento de trauma, querría que el fuese mi doctor. Él nunca cesa de intentar salvar a sus pacientes».

Al seguir quedándome en el hospital, empecé a entender lo que ella quiso decir. Él *era* todo lo negativo que yo había dicho antes, pero también era un hombre que rehusaba parar de ayudar a sus pacientes para que se recuperaran. Creo firmemente que sin el cuidado continuo del doctor Houchins, Don no hubiese sobrevivido.

De eso, también aprendí otra lección invaluable. Dios usa a personas difíciles y situaciones difíciles para traernos donde Él quiere que estemos. Me gusta el hecho de ser la persona más fuerte en que me he convertido. No hubiese salido de esta manera si no hubiese sido por la enfermera que no quería colaborar, la hostilidad del doctor Houchins y los encuentros con otras cuantas personas que eran desagradables. Todas esas situaciones me ayudaron a hacerme más asertiva e insistir en mi participación personal en el cuidado de Don. No podía quedarme a un lado y dejar que cualquier otra persona tomara las decisiones, al menos no sin antes consultar conmigo y asegurándome de que yo entendiera que eso era lo mejor que se podía hacer.

La actitud abrupta y que aparentemente parecía indiferente de unas cuantas personas me empujaron hacia donde yo necesitaba estar para que pudiese hacer un mejor trabajo de ayudar en el cuidado de Don. En retrospectiva, aunque no me gustó lo que pasó y ellos me hicieron enfadar, en algunas maneras fueron una bendición.

Tenemos la tendencia a pensar que las bendiciones son las cosas buenas que llegan a nuestras vidas inesperadamente y esa definitivamente es una forma. Pero hay otras formas en que somos bendecidos y algunas veces tenemos que superar las adversidades antes de darnos cuenta de que esas personas y situaciones difíciles fueron usadas por Dios como sendas hacia la bendición.

Un versículo en el libro de Hebreos me recordó que: «Es verdad que ninguna disciplina al presente parece ser causa de gozo, sino de tristeza; pero después da fruto apacible de justicia a los que en ella han sido ejercitados» (12.11). La *disciplina* no es una palabra que yo hubiese usado, y sin embargo, en retrospectiva, esa es probablemente una descripción acertada de mis desafíos. Esos fueron los métodos, la disciplina que Dios usó para cambiarme y forzarme a que creciera.

Lo digo de esta manera: Dios usa las cosas que no son tan buenas para desbastar los bordes disparejos y para hacernos más sensibles o hacernos más conscientes de los asuntos más importantes. Algunas de las lecciones nos hacen ser más responsables en las cosas que tenemos que hacer.

# 21.
# El tratamiento silencioso

No tuvimos que pagar ninguna de las facturas del hospital. Fue un alivio tan grande para mí saber que todo fue completamente cubierto. Me quitó tanto peso de encima, casi ni podía creerlo.

Nuestro abogado me dijo que entre nuestro seguro y el Estado de Texas, todos los gastos fueron pagados. «También deben recibir algún tipo de compensación por parte del Estado».

No entendía cuál era el procedimiento, así que el abogado me pidió que fuera a su oficina para que él me lo pudiese explicar. La ley de Texas requiere permiso del Estado antes de que alguien pueda poner una demanda. Es más, el Estado de Texas tiene un límite en la cantidad de compensación que ellos pagarían.

«Lo que ellos ofrecen ni siquiera cubriría los costos del hospital», dijo él. Antes de que yo pudiera hacerle preguntas, él continuó diciendo: «Ahí es donde entra la Compensación para Trabajadores. Ellos van a pagar lo que no está pagado. Tu esposo estaba trabajando, él estaba en camino saliendo de una conferencia de la iglesia hacia su propia iglesia, cuando ocurrió el accidente».

Me le quedé mirando por un momento y se me salieron las lágrimas. Sentí un gran alivio de la tensión y la preocupación que tenía acerca del dinero. Yo sabía que iban a haber facturas de cientos de miles de dólares, quizás medio millón de dólares en facturas del hospital. En ese momento entendí que cuando Dios había dicho: «Todo va a estar bien», no solo era en cuanto a la sobrevivencia de Don. Él se refirió a *todo*, incluyendo las facturas del hospital.

---

El martes, después del traslado de Don al hospital St. Luke, regresé a mi salón de clases. Me parecía importante establecer una rutina. Una vez que hice eso, pude ajustarme a la manera en que las cosas sucedieron en nuestras vidas.

Cinco mañanas a la semana, me levantaba de la cama, desayunaba, me bañaba, me vestía, me iba a la escuela y llegaba como a las siete y media. Enseñaba hasta las catorce horas porque estaba libre a la última hora y la directora de la escuela no insistía en que me quedara hasta que los niños se fueran. De inmediato conducía por la autovía 288 hacia el centro médico. Típicamente me tomaba como unos treinta minutos para llegar al estacionamiento del hospital. Trataba de llegar a la habitación antes de las 15 horas. Me quedaba en el hospital hasta las 23 horas cada noche, cuando obligaban a todos los visitantes a marcharse.

Quería que mi vida se convirtiera en una rutina y que fuese predecible, y lo era de muchas maneras. Pero tratar de calificar papeles y hacer el trabajo administrativo que todos los maestros tienen que hacer, fue agitado. Algunos días me sentía abrumada. No decía mucho, pero las otras maestras debieron haber detectado la tensión de mi situación.

«No te preocupes por eso», diría uno de los miembros del equipo. «Nosotros nos encargaremos de eso».

«Yo puedo calificar esos papeles por ti», otra de ellas me ofrecía.

Estoy agradecida por ellas porque llevaron la mayor parte de la carga por mí. Yo detestaba escribir planes para las lecciones, pero ese es uno de los deberes regulares que tienen las maestras. Tanto como les fue posible, mis colegas se encargaron de las actividades más cotidianas o de las responsabilidades no docentes.

Cada mañana, tan pronto los niños llegaban a la escuela primaria de Stevenson, todo cambiaba para mí. Podía empujar a un lado mi ansiedad (la mayoría de las veces) o al menos parar de pensar en Don constantemente. Trataba de mantenerme enfocada en mis alumnos.

Según la ley de Texas, los maestros tienen un almuerzo libre de deberes. Eso significa que por treinta minutos cada día, nuestros niños iban a la cafetería y nosotros no teníamos que estar con ellos. Las escuelas contratan asistentes para supervisarlos durante el periodo del almuerzo.

La mayoría de las veces estamos en la sala de profesores y tenemos la oportunidad de pasar el tiempo con otros adultos. Era un buen cambio para mí alejarme por treinta minutos. Era a mediodía, y las otras maestras querían sinceramente mantenerse informadas de los progresos.

La escuela primaria de Stevenson es una escuela pública, pero la mayoría de las maestras eran cristianas y activas en la iglesia. Varias de las maestras iban a nuestra iglesia, así como también nuestra directora de la escuela. En ese ámbito informal, no había problema para hablar de lo que Dios estaba haciendo en nuestras vidas.

No me molestaban sus preguntas porque ellas me demostraron que estaban preocupadas y deseosas de hacer cualquiera cosa que pudiesen para ayudarme. Me tendieron la mano y yo era una hermana, así que cuidaron de mí. Igual de importante, siempre parecían estar ansiosas por escuchar acerca de cualquier progreso, no importando cuán pequeño pudiera ser.

Cada día cuando entraba para almorzar, recibía las mismas preguntas y creo que eran sinceras, aunque a veces me agotaba pasar por la misma rutina día tras día.

«¿Cómo sigue Don?».

«¿Cuáles son las últimas novedades?».

También tenían unas cuantas preguntas o comentarios sobre cómo yo lo estaba sobrellevando todo, y eso me ayudaba.

«¿Cómo estás Eva? ¿Puedes sobrellevar todo este estrés? ¿Estás durmiendo suficientes horas?».

Yo les daba respuestas sencillas e inocuas.

Algunas veces otra maestra preguntaba: «¿Cómo lo haces?».

«Con Dios», yo decía a menudo y de corazón. «No estoy haciendo esto sola. Estoy haciéndolo con la ayuda de Dios».

A menudo, mis colegas me recordaban que estaban preocupadas por mí. «Estoy orando por Don y por ti todos los días». «Oramos por ustedes todos los domingos en la iglesia». Una maestra Católico-Romana, sabiendo que soy Bautista, dijo: «Espero que no te moleste, encendí una vela para Don durante la misa».

Me sentí honrada por su declaración y le di las gracias efusivamente.

Después de mis treinta minutos de receso, regresaba a mi salón de clases y normalmente me sentía refrescada. Enseñaba hasta las 14:00 horas. Minutos después estaba en mi auto y en la autopista hacia el centro médico.

Después de que llegaba a la planta de Don, me detenía en el puesto de enfermería para preguntar cómo había estado Don ese día. A través de los días y las semanas en que Don estuvo allí como paciente, me esforcé en conocer al personal médico. Empecé a darles las gracias cuando entraban al cuarto. Quería que supieran que yo estaba agradecida por todo lo que estaban haciendo por ayudar a Don. No importaba si era una enfermera profesional o un conserje; todos tenían un papel en hacer la vida más fácil. Como tomé el tiempo para apreciar sus esfuerzos, desarrollamos unas buenas relaciones. Traté de no ser exigente o condescendiente.

Don se benefició de mis esfuerzos y yo también. Mientras que ocasionalmente escuchaba a las enfermeras quejarse acerca de ciertos pacientes o las veía mirar hacia arriba con exasperación cuando se iluminaba el timbre para llamarlas, si nosotros necesitábamos cualquiera cosa, lo hacían lo más pronto posible. Don a menudo recibía cuidado adicional por la buena comunicación que yo había establecido. El personal médico siempre se cercioraba de que yo tuviera suficientes almohadas y cobijas si es que me iba a quedar a dormir. Porque tomé el tiempo para interesarme en ellos, Don y yo fuimos tratados como parte de la familia.

En mis visitas diarias al hospital, una vez que conseguía información por parte de la enfermera, entraba al cuarto y saludaba a Don. La mayoría de las veces no me respondía. Él estaba acostado mirando hacia el cielo raso o con los ojos cerrados. Cuando yo trataba de entablar una conversación con él, rara vez respondía a mis palabras. La mayoría de las veces volteaba su cabeza hacia al otro lado.

Me aseguraba de repetirle a Don lo que había escuchado por parte de la enfermera de turno y siempre esperaba que eso lo animara un poco.

No lo animaba.

Normalmente le preguntaba: «¿Comiste hoy?». Si él contestaba, trataba de hacer que me dijera más cosas, como que si tenía apetito o no. «¿Tuviste terapia hoy? ¿El doctor Greider ha pasado por aquí? ¿Pudiste defecar?».

La última pregunta parecerá ser extraña, pero por la posición horizontal prolongada en la que estaba Don, su incapacidad de moverse y las dosis enormes de medicamentos, varios de sus sistemas anatómicos no estaban funcionando correctamente. Cada problema nuevo requería diferentes estrategias para aliviarlos. Todo parecía ser importante. O quizás solo quería que me demostrara que él apreciaba que yo estuviese allí y que estaba expresando mi preocupación por él.

Su sistema había dejado de funcionar. Él estaba en una depresión profunda y yo no sabía qué era eso ni cómo ayudarlo. Yo lloraba a menudo, pero no levantaba mi voz.

Don tenía tres reacciones básicas. Él gruñía y sonaba como que estaba diciendo que sí. O volteaba la cabeza hacia el otro lado. La tercera reacción era estar acostado sin moverse, como si yo no hubiese dicho nada o como si él no me hubiera escuchado.

Si él hubiese tratado a todo el mundo como me trataba a mí, probablemente no hubiese sido tan doloroso. Él no trataba al personal de enfermería con la misma frialdad. Cuando ellas venían a su cuarto y le hacían preguntas, él les respondía. Usaba oraciones completas. No había mucha expresión en su voz, pero había comunicación.

Tan pronto la persona se iba, él regresaba a mirar hacia el cielo raso. La televisión siempre estaba encendida y a menudo volteaba la cabeza para verla.

Él no quería hablar conmigo.

Ahora me doy cuenta de que el comportamiento de Don no era indignación contra mí. Su depresión era tan abrumadora que solo podía ser como era él mismo, conmigo. Eso podrá sonar extraño y no lo llegué a entender por un largo tiempo. Él era un ministro, una persona pública, y había sido entrenado para responderles a otros. Conmigo, Don podía ser él mismo. En mi presencia, él no tenía que esconder su depresión.

Aun si yo hubiese entendido, todavía me hubiese dolido.

Durante los primeros días, yo no decía mucho cuando Don no me respondía. Quería preguntarle: «¿Por qué no me hablas?». Pero no sabía si eso ayudaría o impediría su recuperación, así que me quedaba callada.

Por un tiempo.

En ese entonces, yo no podía descifrar lo que estaba sucediendo adentro de Don. Él definitivamente no tenía que actuar para mí. No creo que él estaba consciente de cómo se estaba comportando conmigo, y no se había dado cuenta de que su silencio me estaba separando de su vida.

Me iba al final de las horas de visita y normalmente lloraba la mayor parte del tiempo mientras estaba conduciendo por la autopista oscurecida. Me sentía totalmente sola y herida. A veces le pegaba al volante y gritaba a toda voz. Detestaba la forma en que me sentía, la ira, la frustración y el sentimiento de que Don ya no me amaba.

Aunque no le hablaba a él sobre mis sentimientos, por dentro preguntaba: *¿Por qué no me hablas?* Después de unos días del tratamiento silencioso, quedé enojada y frustrada. Finalmente le dije: «Parece que no aprecias que estás vivo. Me apartas por completo y no quieres hablarme. Estoy aquí. Te amo y estoy interesada en ti, pero no haces nada excepto darme el tratamiento silencioso».

Él volteó su cabeza hacia el otro lado.

Como la persona que lo estaba cuidando, estaba agradecida de que Dios le había salvado la vida. ¿No debería él estar agradecido? ¿Por qué no parecía estar feliz de encontrarse vivo? Él estaba pasando dolor, pero estaba respirando. ¿No valía eso algo? *¿Qué es lo que le pasa? Él se comporta como si tuviera resentimiento de que está vivo. ¿Cómo es que no podía estar agradecido?*

Había estado en un accidente horrible y declarado muerto por los paramédicos y, sin embargo, sobrevivió. Estaba de regreso con su esposa y sus hijos. Para este entonces, los doctores se sentían razonablemente seguros de que podían salvarle la pierna.

Él iba a estar bien, no tan sano como lo estaba antes, pero funcional, e iba a poder regresar a trabajar como el pastor de jóvenes. Recordé esas palabras que Dios me había susurrado cuando yo estaba en la escuela, justo después del accidente. Yo no podía entender por qué él estaba tan deprimido e indiferente.

Al pasar los días, Don se puso peor.

No sabía en ese entonces acerca del milagro que sucedió después del accidente. Si hubiese sabido antes, que él en realidad había sido declarado muerto por los paramédicos, me hubiese sentido diferente. Pero como no sabía, me sentí resentida, especialmente cuando él les hablaba a personas desconocidas o a las enfermeras, pero no a su propia esposa.

Yo no podía entender, y eso me molestaba y me afligía. Finalmente me enojé lo suficiente como para decirle. Nunca grité, pero le hablé, a veces con palabras fuertes y firmes, lo que yo podría llamar mi voz de maestra.

«Tienes que hacer esto». «¿Por qué no me estás contestando?». «¿No te importa lo que va a suceder contigo?». «¿Lo que nos va a suceder a mí y a tus hijos?».

No respondió a ninguna de mis súplicas.

Cuando los visitantes venían o cuando yo hablaba con cualquier persona por teléfono, la primera pregunta casi siempre era: «¿Cómo está Don?».

Decidí no encubrirlo. Cuando me preguntaban, les decía: «Pareciera como que si no le importara nada».

Y sin embargo, cuando los visitantes venían a su cuarto y le preguntaban a Don que cómo estaba, él les contestaba en declaraciones cortas y positivas:

«Bien».

«Me estoy mejorando».

«Es un proceso lento».

Aunque estaba contenta de que él les contestara, me hacía sentir aún peor que él me bloqueara por completo. Él era cortés con otros, aunque no era muy abierto y decía poco. Con su dolor intenso, eso era entendible. *Pero él hablaba.*

Con otros.

Si él podía hacer eso con ellos, personas que eran mucho menos importantes para él, ¿por qué no quería hablar *conmigo*? Él era absolutamente cruel conmigo por su falta de comunicación.

Una reacción natural era preguntarme qué es lo que había hecho mal. Examiné mi corazón y no podía pensar en nada. Definitivamente no habíamos discutido antes del accidente.

Mi papá era mi mejor fuente de apoyo y su presencia semanal me calmaba. También podía ser sincera con él. Él y mamá me quitaron una gran carga de encima. Cada viernes por la tarde, mamá y papá solían recoger a los gemelos de la escuela y conducían como unas seis horas para llegar a nuestra casa. En 1989 ese era un viaje largo porque tenían que viajar en carreteras de dos vías que son ahora de cuatro vías.

Joe detesta estar dentro de un auto. Él siempre ha sido así. Por tanto, le fue difícil estar viajando durante todas esas horas. Mamá y papá hacían diferentes paradas para que Joe se escapara de los confines del auto.

Les estoy agradecida a mis padres por venir cada fin de semana. Ellos dormían en nuestra casa. Los Mauldins traían a Nicole a casa los viernes por la noche para que ella se pudiera quedar con sus hermanos por todo el fin de semana.

Los sábados por la mañana, mamá y papá traían a Nicole y a los gemelos al hospital. *De seguro Don les hablaría a ellos.* Pensé.

Yo me quedaba estupefacta, pero Don trataba a los niños de la misma manera que me trataba a mí. Él se comportaba como si no le importara si venían o no. Él probablemente nunca les dijo más de diez palabras a los niños.

Se quedaban por una hora o quizás por lo máximo dos, y los gemelos estaban listos para regresar a Shreveport. No estoy segura de si estaban conscientes de la falta de comunicación por parte de su papá. Supuse que pensaban que él estaba pasando dolor y que no tenía ganas de hablar.

Cuando era obvio que Chris y Joe estaban listos para irse, papá decía: «Bueno, niños, es tiempo de regresar a la carretera. No queremos cansar a papá».

Mi papá observó cómo me trataba Don, aunque yo no decía mucho acerca de eso. A él le molestaba eso porque al igual que yo, sentía que Don debería estar agradecido y emocionado de estar vivo y no podía entender su actitud terrible y apesadumbrada.

Una vez, papá se inclinó sobre Don y le preguntó en voz baja: «¿Por qué estás comportándote así?».

«Yo no merezco esto», dijo Don lentamente. «No merezco tener este dolor».

«Es verdad. ¡Mereces estar muerto!».

Don volteó la cabeza hacia el otro lado.

Evidentemente, Don merecía estar muerto. No había ninguna razón médica por la cual él debería haber sobrevivido el accidente.

Mi papá no estaba tratando de ser cruel; él estaba en su modo de papá protector. Él vio cuán herida yo estaba. Pienso que estaba tratando de conmocionar a Don para que estuviese agradecido de estar vivo.

A menudo, mientras mis padres se quedaban en el cuarto con Don, lo niños y yo bajábamos a la primera planta para ir al restaurante McDonald's. Hallé raro que el hospital St. Luke tuviese un McDonald's, pero aprendí a estar agradecida de que estuviese allí.

En McDonald's, yo podía conversar con mis niños y ponerme al día con todo lo que estaba sucediendo en sus vidas. Era un lugar en donde podíamos estar juntos y dejar atrás las vistas y los olores del hospital. La presencia de ellos me levantaba los ánimos y me daba un sentimiento verdadero de paz interna y algunas veces alegría. Era maravilloso escuchar a los gemelos quejarse de tener que hacer sus tareas o expresar su entusiasmo porque abuelo los había llevado al lago. Nicole compartía acerca de la música nueva que el coro estaba ensayando o del chico que le gustaba en la actualidad.

Me les quedaba mirando sus caras y trataba de absorber cada rasgo. Sabía que iban a irse pronto y que no los vería por otra semana. Pero mientras estábamos sentados en McDonald's, éramos una familia normal en un restaurante de comida rápida. Antes del accidente, nunca me hubiera imaginado cuánto disfrutaría de una hamburguesa con queso y papas fritas.

---

Me estaba agotando por el horario rígido que tenía día tras día (y noche tras noche). Me quedaba en el cuarto de Don hasta las 23 horas de la noche. Sentada sola en ese cuarto y sin palabras por parte de Don, lo hacía aún más difícil. Yo tenía trabajo de la escuela, lo que ayudaba, y tomaba tiempo para comer en la cafetería, pero a excepción de esos veinte minutos, yo estaba en ese cuarto por casi seis horas cada noche. Escribir en ese diario fue una buena terapia para mí, pero aun eso no era suficiente.

Las enfermeras entraban y salían. En los primeros días tuvimos varios visitantes por las noches, pero como era de esperarse, mientras más tiempo se quedara Don en el hospital, menos sería la frecuencia en que los amigos vendrían a visitarlo.

Quizás esto suene como que me estoy quejando, lo cual ciertamente no es mi intención. Cuando los visitantes venían, pasaban la mayor parte del tiempo enfocados en Don. Yo agradecía su interés en él.

«¿Hay algo que te pueda conseguir?», me preguntaron unas cuantas personas. «¿Quieres que te traiga cualquiera cosa?». La pregunta más frecuente que me hacían era: «¿Necesitas alguna cosa?».

Reconozco que me cansé de contestar la pregunta de que si necesitaba alguna cosa. Era la pregunta natural y obvia, y nuestros amigos realmente querían saber. El hecho de que ellos preguntaran demostraba su interés. Aun así, responder a la misma pregunta varias veces al día por semanas, no fue fácil. Así que cuando preguntaban si Don y yo necesitábamos algo, my respuesta usual era: «No, estamos bien. Oren por nosotros y estaremos bien».

Quiero dejar dos cosas en claro. Primera, yo estaba más preocupada por las cosas que se necesitaban hacer para Don que lo que se necesitaba hacer para mí.

Segunda, yo no quería imponerme en nadie. Encuentro que eso es típico de la mayoría de las mujeres. Intentamos ser la súper esposa, súper mamá, súper trabajadora, y siempre alertas y listas para lidiar con cualquier cosa que nos tire la vida.

Hice mal al reaccionar de esa manera, pero no sabía de qué otra manera podía reaccionar. Tuve que aprender a permitir que amigos que estaban interesados en mi bienestar me ministraran.

Como a la cuarta o quinta semana de la recuperación de Don, recibí una reprimenda cariñosa por parte de Ginny Foster, y me la merecí. «Necesitas dejar que las personas te ayuden».

«Pero no quiero...».

Ginny me miró directamente a la cara. «Necesitas dejar que algunas personas te ayuden porque necesitas tiempo para recargar tus baterías».

«Lo sé pero...».

«No puedes cuidar a Don si no te cuidas a ti misma».

Entonces dijo algo sorprendente: «Si no dejas que ellos hagan algo por ti, les estás robando...».

«¿Les estoy robando?».

«Les estás robando la oportunidad que tienen de ayudar. Si les dejas hacer algo, cualquier cosa, no solo les estás haciendo sentir apreciados; les estás dando la oportunidad de servir».

Ella estaba en lo cierto, pero todavía resistí.

Tuve que forzarme a mí misma a abrirme a ellos, y tuve que ser exhortada varias veces antes de que el mensaje penetrara. La exhortación de Ginny probablemente hizo mucho por mí porque no había pensado en la necesidad que *ellos* tenían. Quizás eso suene raro, pero cuando lo vi como una manera en que yo podía ayudarlos, entonces podía permitir que ellos hicieran algo por mí.

No creo que sea muy diferente de la mayoría de las personas, y ellas tienden a reaccionar como lo hice yo. Así que ahora, cuando me encuentro con personas que están caminando en la oscuridad como lo hice yo, les urjo: «Deja que la gente te ayude. Quizás no te sea fácil o cómodo, y probablemente quieres resistir pedir ayuda. No resistas».

Mi coautor me dijo que: «La cosa más amorosa que puedo hacer por otros es dejar que ellos expresen su amor por mí». Eso suena sencillo y lo es, si estamos abiertos a escuchar.

Ginny hizo bien en darme un tirón de orejas. Ella también me dijo que: «No se va sentir natural para ti, pero tienes que empezar en algún lugar. Di sí a cualquiera cosa, no importa cuán pequeño o simple sea el gesto». Poco tiempo después de esa conversación, decidí darles permiso a otros para que me ayudaran y ponerlo en acción. Una pareja de ancianos vino a visitarnos. Nos hablaron a Don y a mí. Tuvimos un tiempo bueno y tranquilo juntos, y no se quedaron por mucho tiempo. Era obvio que estaban listos para irse, así que le preguntaron a Don: « ¿Necesitas alguna cosa?».

Él negó con la cabeza y dijo: «No, no necesito nada».

El esposo se volteo hacia mí. «¿Hay alguna cosa que podemos conseguirte?».

En vez de declinar, le dije: « ¿Sabe qué? Me gustaría mucho una Coca Cola de dieta de McDonald's».

«Te la traeré de inmediato», dijo él. «¿Quisieras alguna otra cosa con eso?».

«Una Coca Cola de dieta sería suficiente».

En unos pocos minutos me entregó el vaso. Esa fue la mejor Coca Cola de dieta que yo había probado en mi vida. O al menos la que más había apreciado. Y por la expresión de alegría que vi en su rostro cuando me entregó el refresco, pareció como si él me hubiese dado el néctar de los dioses. Supe que yo había hecho algo para ayudarlo a él también. Para la gente como yo, servir a otros parece ser mucho más importante que cuidarme a mí misma al dejar que otros me ayuden. Al redefinir la idea, me di cuenta de la importancia de lo que hizo ese anciano.

Esa fue una lección más que tuve que aprender mientras estaba luchando a través de la oscuridad.

Después de eso, inventaba necesidades o excusas cada vez que alguien preguntaba. «Me gustaría una revista, si no te molesta. No he leído por el puro placer de leer en días».

No solo disfruté lo que otros hicieron por mí, sino que los hizo sentir bien. Fue una alegría para mí ver las expresiones de felicidad en sus rostros cuando les decía cosas que podían hacer. Ambos salimos ganando.

En algunas maneras sí parece extraño hablar acerca de lo que aprendí cuando estaba sentada en el cuarto del hospital durante todas esas noches. Tenía cosas que aprender incluso en la oscuridad.

Estaba abierta a escuchar a Dios hablar. Yo no sabía a dónde ir.

---

Esta lección tenía una segunda parte: yo necesitaba recargar mis baterías. Tenía que aprender a tomar un tiempo para mí misma.

Quedarse día y noche en el hospital es agotador en todos los niveles. Después de un tiempo, se hace más difícil y más difícil concentrarse y pensar, lo cual interrumpe tu habilidad para tomar decisiones. El tiempo de alejamiento no tiene que ser largo; algunas veces, caminar por el pasillo es todo lo que se requiere.

Encontré mi recarga de varias maneras. Algunas veces, mientras estaba conduciendo de regreso a casa, encontraba una emisora de radio que estaba tocando algunas de mis canciones favoritas, así que bajaba los cristales y cantaba en voz alta. Mientras que estaba cantando, no estaba pensando en los problemas del hospital.

Otras veces, encontraba un área de quietud y oraba o leía mi Biblia. A veces, simplemente me sentaba y absorbía el silencio. Llegué a entender que mis tiempos para recargarme significaban que iba a estar en mejor forma para cuidar a Don. Mi mente estaba despejada y refrescada.

---

La amabilidad de otros no se detuvo en esa Coca Cola de dieta. Llegaban a nuestra casa para pasarle la aspiradora o para sacudirle el polvo a los muebles. Hombres venían a nuestra casa con sus cortacésped y cuidaban nuestro patio. Un grupo de amigos me compraron un pase para estacionarme para que yo no tuviese que seguir pagando los costos del garaje de estacionamiento.

De vez en cuando, alguien me traía una bolsa llena de chucherías para que no tuviese que subir y bajar constantemente a las máquinas expendedoras. Esa era la especialidad de Ginny, pero unas cuantas personas también lo hacían.

Como lo he indicado en otra parte, las maestras de la escuela primaria de Stevenson hicieron mucho por mí. Yo enseñaba cada día, pero varias de ellas calificaban mis papeles. Escribían planes para las lecciones. Aún más importante, ellas hicieron algo que fue memorable para mí y para nuestra familia.

Cuando escucharon acerca del accidente de Don por primera vez, mis colegas fueron a la tienda del dólar y compraron una variedad de tesoros para niños, esas clases de baratijas pequeñas que les gusta a los niños: calcomanías, pequeñas bolas de hule, juegos de cartas, crayones, libros para colorear, lazos para el cabello, pintauñas baratos, pequeños juguetes de plástico, rompecabezas miniaturas y libros. Envolvieron cada artículo y les pusieron una etiqueta con los nombres de «Nicole», «Chris» o «Joe» y llenaron una caja grande. Dejaron la caja en nuestra casa.

Mi mamá estaba allí ese día y cada mañana después de eso, los niños tuvieron un pequeño regalo cuando se levantaban a tomar el desayuno. Esos regalos sencillos ayudaron a nuestros hijos a saber que había gente que estaba pensando en ellos y les dieron una manera feliz de empezar el día.

A los niños les gustaron sus sorpresas diarias, y los gestos de esas maestras me trajeron una gran paz. Cuando hicieron esas cosas para los niños, ellas estaban haciendo cosas maravillosas para Don y para mí. Cada vez que tendía a sentirme triste y compadecerme a mí misma, pensaba en la facultad de la escuela o en la gente en la iglesia que hizo tantas cosas pequeñas para ayudarnos a través de ese periodo oscuro.

# 22.
# Nicole está creciendo

En febrero de 1989, solo semanas después del accidente de Don, Nicole estaba en su segundo semestre de la escuela secundaria. Febrero significa que va a haber un baile del Día de los Enamorados. Este iba a ser su primer baile y un jovencito de su escuela la había invitado para que fuese con él. Estábamos bien con eso y ellos, junto con algunos de sus amigos, planeaban ir como grupo.

Don apenas acababa de salir de la UCI el Día de los Enamorados y yo me quedaba en el hospital todas las noches. Nicole necesitaba atención para ayudarla a hacerlo una ocasión especial. Yo no sabía qué hacer. Quería que el baile fuese especial para ella, pero no sabía cómo hacerlo. ¿Cómo podía dejar a Don? Sin embargo, había tantas cosas que yo quería hacer para ayudar a que fuera un gran evento para nuestra hija.

Nicole es nuestra única hija y me acuerdo cuán especial fue mi primer evento en el cual me tenía que vestir de una forma especial para un acontecimiento especial. Quería que ella tuviese esos mismos recuerdos especiales.

Yo estaba dividida entre las responsabilidades de ser una esposa y las de ser una madre. En su honor, Nicole nunca me empujó o se quejó. Pero a menudo me castigaba a mí misma sabiendo que no estuve allí para mis hijos. Los niños crecen rápidamente y no quería perder la oportunidad de ser parte de los eventos importantes de sus vidas. Me dolía pensar que ella podría perder la oportunidad de crear un recuerdo hermoso.

Para mi deleite, una de las secretarias de la iglesia tomó la iniciativa de recoger a Nicole en la escuela, llevarla al centro comercial y comprarle un vestido nuevo y zapatos nuevos con joyería que combinaba. Ella también se aseguró de que en el día del baile, Nicole fuera a una peluquería para que le arreglaran el cabello.

Nuestra hija dijo que se sintió como una princesa. Después, al ver las fotos del baile, confirmó esos sentimientos.

No solo estaba contenta por Nicole y agradecida a la secretaria, sino que fue especial para mí porque me pude quedar en el hospital.

Hoy en día, si alguien le pregunta a Nicole acerca de eventos grandes de su vida en ese tiempo, ese probablemente esté allí en la lista de los diez mejores recuerdos, o al menos sé que está en la mía. Esa secretaria sensible y comprensiva debió haber entendido cuán importante era eso para nuestra hija. Ella hizo que el primer baile de Nicole fuese muy, muy especial. Hizo que una madre estuviese muy agradecida.

Llamo la atención a estas cosas porque son lo que yo califico el sistema de soporte vital que necesitábamos y que nos sostuvo a través de la peor parte de la recuperación de Don. Tantas personas nos dieron la mano y me quitaron una tremenda cantidad de presión.

Cuando hablo con las personas sobre mi propia caminata en la oscuridad, trato de hacer hincapié en un punto importante: «Tienes que ser amiga para tener una amiga». Don y yo tratamos de abrirnos a otros y compartir lo que pudimos acerca de nosotros. No lo hicimos para recibir nada a cambio. Y sin embargo, cuando teníamos necesidad, la gente se acordó y respondió. «Necesitas empezar a edificar esas relaciones hoy», le digo. «No esperes hasta que tengas una crisis en tu vida para colocar tu sistema de soporte vital en su lugar».

Como esa secretaria. Como Ginny, y Susan y Suzan.

Muchas veces los ojos se le llenaban de lágrimas a una amiga que nos traía algo. Con variaciones, esto es lo que escuché muchas veces cuando los amigos me daban un regalo o me traían un libro para leer: «No es mucho, pero me diste la oportunidad para decirte cuán importante has sido en mi vida».

Ellos no nos estaban recompensando, ellos nos pagaron de sobra con amor y amabilidad. También indico en mis conferencias que esas bendiciones tan maravillosas no salen de la nada; estas salen del contexto de la vida.

A menudo pensaba en las palabras de Jesús: «Den, y recibirán. Lo que den a otros les será devuelto por completo: apretado, sacudido para que haya lugar para más, desbordante y derramado sobre el regazo. La cantidad que den determinará la cantidad que recibirán a cambio» (Lucas 6.38, NTV). Así es como funciona para los cristianos. Nosotros damos porque vemos la necesidad y es lo correcto. Dios lleva las cuentas y Él levanta a aquellos que nos pueden ayudar cuando somos los que necesitamos.

De cierta manera, nosotros les dimos a otros permiso para que nos ayudaran al ser un ejemplo. También es como edificar una red de seguridad. Jesús nos dio la regla de oro: «Así que, todas las cosas que queráis que los hombres hagan con vosotros, así también haced vosotros con ellos» (Mateo 7.12).

Este no es solo una norma divina, también es práctico. Si damos más libremente, más generosamente nos darán los demás. Me gusta pensar que Dios lleva las cuentas y que Él es más generoso en su manera de dar, de lo que somos nosotros en la nuestra.

Nunca sabemos cuándo una tragedia va a ocurrir cuando damos de nosotros mismos. Cuando esos tiempos terribles vienen, estamos «asegurados» porque hemos pagado nuestras primas del seguro por adelantado.

A veces me preocupa que el uso de varias redes sociales cause que muchos pierdan sus conexiones personales con otros. Nada puede tomar el lugar de una conversación cara a cara o al menos de una llamada telefónica de un ser querido. Además para hacer que otros nos respondan sin pedir ayuda, tenemos que estar involucrados en sus vidas y ser sensibles a sus necesidades, ya sea un miembro de la familia, un amigo o un vecino. Nuestra familia había hecho el esfuerzo de pasar tiempo con nuestros amigos y con nuestra familia; invertimos tiempo en ellos. Para los que ya me conocían, darme la mano era una manera de ministrarme o de devolverme la «inversión» que yo había hecho en ellos.

No solamente eran amigos. Nuestra familia también se metió de lleno. Como lo mencioné anteriormente, mis padres se llevaron a los varoncitos. La mamá de Don se quedó con él durante el verano para que yo pudiese tomar su lugar y llevar a nuestros hijos al campamento de jóvenes.

Otros, absolutos desconocidos, nos ministraron en varias maneras. Ellos vieron lugares en donde podían ayudar y lo hicieron.

Recibí tantos regalos amables de tiempo y de bendiciones materiales, incluso más, la gente dio de sí misma, lo cual fue mucho mejor. Hasta el accidente, no me había dado cuenta de cuán importante era recibir.

Yo estaba agradecida en todo momento, pero no había reflexionado en esas cosas durante los primeros meses después del accidente de Don. Estaba concentrada en sobrevivir a través de cada día y mantener a nuestra familia unida.

Una vez que pude pausar y reflexionar, sin embargo, probablemente no podía sobreestimar el valor de otras personas. Muchas veces dije y realmente lo dije en serio: «No sé cómo hubiésemos sobrevivido ese primer año sin otras personas».

También me he dado cuenta de que la forma en que fui criada, me ayudó a apreciar la importancia de otros. Mi papá estuvo en las Fuerzas Aéreas por más de veinte años. Eso significó que nos trasladábamos con bastante frecuencia. A razón de esos traslados, yo estaba consciente de cuán importante era hacer amigos y conexiones, así que aprendí a acercarme a otras personas. Si yo hubiese esperado a que todo el mundo viniese a mí, hubiese permanecido siendo una niña muy solitaria.

Ser parte de una familia militar también significó que la mayoría de mis amigos eran de diversas procedencias. Por medio de la vida militar compartíamos intereses y estilos de vida comunes. Nos alentábamos y nos fortalecíamos los unos a los otros. Desarrollábamos amistades con rapidez y profundamente, y las atesorábamos mientras que estábamos juntos.

Estoy segura de que esa era la razón por la cual nos conectamos con tanta gente y la razón por la cual vi la importancia de que las personas me tendieran la mano. Para tener una amiga, yo tenía que ser una amiga.

La mejor forma para mí de decir esto como un consejo es: *preséntate allí*. Sé consciente. Mantente a la expectativa para esas pequeñas oportunidades que aparecen muy a menudo para demostrar compasión y para expresar interés. Lo que pueda parecer poco para nosotros, cuando lo hacemos podría ser una bendición inmensa para los receptores.

Me di cuenta de esto cuando le di las gracias a la gente por su ayuda. «Fue algo tan pequeño», era una respuesta común. «No hice mucho», fue otra. Desde su perspectiva eso probablemente era verdad. Pero ante nuestros ojos, los receptores, ellos dieron tanto y a veces su generosidad nos abrumaba.

No quiero que esto suene deprimente, como si la vida estuviera tratando de derribarnos constantemente. Esa no es mi intención. Pero la vida sí tiene una forma de ponerse patas para arriba para cada uno de nosotros en algún momento o en varios momentos. Entonces es cuando necesitamos ayuda, no solo de Dios, sino de la gente que Él usa.

---

Esos primeros días con Don en la UCI, obviamente hicieron la impresión más fuerte. Uno de los términos que escuché a diario fue *soporte vital*. Y en la UCI, eso es crítico.

He pensado mucho sobre esas dos palabras. Y he usado ese término no solo para la UCI o para la unidad de cuidados críticos. Todos nosotros necesitamos soporte vital. En algún punto de nuestras vidas necesitamos ese «algo extra» que no podemos proporcionar para nosotros mismos.

Mi coescritor lo dice de esta manera: «Si vives lo suficiente, vas a cuidar a alguien o alguien va a cuidar de ti». Don y yo experimentamos eso a una edad relativamente joven. Espero que nunca me olvide de las lecciones.

En el hospital, soporte vital significa que el cuerpo no puede mantenerse a sí mismo y necesita ayuda extra para estimularlo y que pueda funcionar. No nos gusta depender de máquinas o de otras personas, pero algunas veces es la única forma en que podemos sobrevivir nuestros tiempos oscuros. La conexión fuerte de mi familia, así como la de mis amigos de la iglesia, de mi escuela y de mi vecindario, me brindaron ese soporte vital. Siempre estaré agradecida.

# 23.
# Un consuelo extraño

A finales de febrero, conduje una vez más por cuarenta y cinco minutos desde Alvin hasta el hospital St. Luke. Estacioné el auto, crucé la calle, entré al hospital y caminé por el pasillo largo hacia los ascensores amarillos. Cuando las puertas se abrieron, pulsé el botón hacia el piso número veintiuno. Esa era mi rutina diaria. Llegué de la escuela y pasé la noche entera con Don, quien no me decía nada.

Tan terrible como esto pueda sonar, era como hablarle a un zombi. Sentí que no había humanidad, ninguna emoción en él. Era un cuerpo acostado allí con una jaula de metal alrededor de su lado izquierdo. No demostraba amabilidad o tan siquiera un poco de emoción.

Sucedió un evento tan poderoso que tengo que contarlo. El día en la escuela había sido difícil. El peso del viaje constante, poco tiempo para dormir, y enseñando todo el día, estaban empezando a afectarme. Yo estaba agotada en todos los niveles. Esa noche, por primera vez, decidí irme temprano del hospital.

Recogí mi bolsa de la escuela, me dirigí hacia la puerta y luego me volteé para decirle buenas noches a mi esposo y decirle que lo iba a ver el próximo día. Como siempre, no recibí respuesta.

Algo estalló dentro de mí. Había llegado al final de mi paciencia. Puedo verme claramente. Estaba vestida con un jumper rosado con una camiseta color crema por debajo y tenía mi bolsa de la escuela en mi brazo.

Caminé hacia el pie de su cama y me le quedé mirando. «Estoy cansada de esto. Parece que no te importa nada. No te importa que estás de regreso con nosotros. No te importa cuando los niños vienen a verte. ¡Estás siendo cruel!».

Me volteé y entonces vi su reflejo en el espejo. Las lágrimas le estaban corriendo por las mejillas. Don estaba llorando.

Me sentí terrible. Puse mi bolsa de la escuela en el suelo, caminé alrededor, y lo abracé como pude. «Todo va a estar bien. Vamos a sobrevivir esto». Yo lo estaba consolando como si fuese un niño herido.

En los primeros años de nuestro matrimonio, Don a menudo ponía sus brazos alrededor mío mientras yo lloraba silenciosamente acerca de algún problema que había tenido en el trabajo o por alguna inseguridad que yo estaba sintiendo. En sus brazos encontraba un sentido de protección y consuelo. Ahora los papeles se habían cambiado. Aunque su cuerpo estaba envuelto en un metal horroroso, puse mis brazos alrededor suyo mientras las lágrimas le corrían por las mejillas, su pecho jadeaba y lloraba silenciosamente. Mis lágrimas se mezclaron con las suyas.

Don no dijo nada más, pero algo me sucedió a mí. *Por primera vez* me di cuenta de cuán difícil era esto para él. Yo sabía que él estaba pasando dolor, pero no había entendido los efectos de ese dolor.

Me senté nuevamente en el sofá que estaba al lado de su cama. Él no me dijo ni una palabra más y yo no le dije nada. Quizás estaba avergonzada.

Sus lágrimas cambiaron todo. Y yo estaba consolada.

# 24.
# La historia de Don

Como muchas personas ya saben, Don tuvo una experiencia extraordinaria en el accidente. Él murió.

Es importante hacer hincapié en este punto. No fue lo que llamamos una experiencia cercana a la muerte (ECM) o un tipo de coma. Toda la evidencia médica apoya este hecho.

Mi coescritor, Cecil Murphey, quien también ayudó a Don a escribir *90 minutos en el cielo*, primero dudó de la historia y no estaba interesado en escribir el libro. «No estoy interesado en una historia de experiencias cercanas a la muerte», le dijo a Don.

«*Fallecí*. No pasé por un túnel oscuro, ni vi luz», Don le insistió. «No estaba flotando por encima de la gente ni sobre el accidente. No tuve ninguna de esas experiencias asociadas con la ECM».

Cec todavía no estaba convencido. «Déjame ponerlo en oración y después hablamos». Don y Cec se comunicaron por teléfono y por correo electrónico varias veces, empezando en 2003.

«Finalmente él me convenció al darme dos datos», dijo Cec. «Los paramédicos son profesionales y si hubiese habido pulso alguno, siquiera uno pequeño, de seguro que lo hubiesen detectado. Si Don hubiese estado vivo durante esos noventa minutos y pico, su corazón hubiese estado bombeando sangre y hubiese muerto al perder sangre a través de sus heridas enormes y masivas».

«Segundo, yo sé que podemos privar nuestros cerebros de oxígeno como por cuatro minutos, pero cuando llegamos a los seis minutos, estamos en un estado vegetal. Después de eso, no hay resucitación. Sin embargo, no hubo daño cerebral. Eso lo hace un milagro que puedo creer».

Don fue inmediatamente a las puertas del cielo y se quedó allí hasta que otro ministro, Dick Onarecker, llegó y oró para que Don regresara a la tierra.*

Luego, Cec pudo señalar la similitud de la experiencia de Don con la del apóstol Pablo. «Don nunca ha dicho que él ha tenido visiones superiores o mejor entendimiento que otros, pero su relato concuerda con el de Pablo».

Aquí está el registro bíblico:

> Ciertamente no me conviene gloriarme; pero vendré a las visiones y a las revelaciones del Señor. Conozco a un hombre en Cristo, que hace catorce años (si en el cuerpo; no lo sé; si fuera del cuerpo, no lo sé; Dios lo sabe) fue arrebatado hasta el tercer cielo. Y conozco al tal hombre (si en el cuerpo, o fuera del cuerpo, no lo sé; Dios lo sabe), que fue arrebatado al paraíso, donde oyó palabras inefables que no le es dado al hombre expresar. De tal hombre me gloriaré; pero de mí mismo en nada me gloriaré, sino en mis debilidades. Sin embargo, si quisiera gloriarme, no sería insensato, porque diría la verdad; pero lo dejo, para que nadie piense de mí más de lo que en mí ve, u oye de mí. Y para que la grandeza de las revelaciones no me exaltase desmedidamente, me fue dado un aguijón en mi carne, un mensajero de Satanás que me abofetee, para que no enaltezca sobremanera (2 Corintios 12.1–7).

Aunque no sabemos a qué Pablo se refería como «aguijón en mi carne», muchos eruditos creen que era un impedimento físico, probablemente era una enfermedad del ojo.

Después de que Don había estado viajando y compartiendo su experiencia con otros, una vez le dijo a Cec: «He conocido como a treinta personas que han tenido experiencias similares a la mía».

Quería dejar claro ese antecedente para que así otros puedan entender la depresión que tuvo Don después de su cirugía. Yo no entendí lo que

* Puedes leer el relato completo en *90 minutos en el cielo* por Don Piper y Cecil Murphey (Grand Rapids, MI: Revell), 2004.

estaba sucediendo. En algún nivel, sentí que algo le había pasado durante el accidente, pero no tenía idea de lo que era. Cuando él me dijo y a otros después, él había entrado en una depresión clínica a plena escala. «Yo no quería vivir», dijo él, «Y estaba enojado porque estaba vivo». Por semanas, él no estaba consciente de la depresión porque su sufrimiento físico le prevenía pensar acerca de la causa.

Trabajadores sociales, quienes en realidad eran terapeutas, vinieron a ayudar a Don en su depresión. Aunque ellos no nos dijeron que eran terapeutas, Don pudo darse cuenta de quienes eran en realidad y también de sus estrategias. Él les dio las respuestas que sabía que ellos querían escuchar. No creo que ellos le ayudaron, y ellos con el tiempo dejaron de visitarlo.

Don estaba enojado, muy enojado. Él no estaba enojado con Dios, aunque a menudo se preguntaba por qué Dios lo envió de regreso a la tierra y lo forzó a que pasara por un sufrimiento físico tan intenso. Él se desquitó de su enojo conmigo y con el resto de la familia.

Me tomó un tiempo, pero finalmente empecé a entender que Don estaba comportándose de esa manera hacia nosotros porque él no sentía que tenía que montar una fachada de normalidad con nosotros. Con nosotros él podía comportarse de la forma en que realmente se sentía porque él sabía que nosotros lo amábamos. Ni siquiera ese conocimiento podía aliviar el dolor que Don a veces provocaba. Estoy segura de que mi esposo nunca sintió que estaba descargando su frustración sobre nosotros, pero ese sentimiento era muy real para mí.

Yo lo amaba pero no me caía bien durante esos tiempos. Se me ocurrió que Dios nos ama en medio de toda nuestra fealdad. Decidí tratar de ver a Don a través de los ojos de Dios. Podía perdonarlo porque lo amaba aun cuando sus palabras dolían.

A veces él reaccionaba sin entusiasmo hacia el personal médico, aunque sabía que estaban haciendo lo mejor que podían. Don nunca quiso suicidarse, pero estuvo severamente deprimido, sin saber cuándo o si iba a regresar a vivir una vida normal. La recuperación no valía la pena el dolor que estaba sufriendo. A veces oraba para morir y le rogaba a Dios que lo llevara.

Una mañana temprano, antes del amanecer, él no podía dormir y estaba escuchando unos CDs. Los Imperials cantando «Praise the Lord» [Alaba al Señor], le llamaron la atención. Después de eso escuchó la canción de David Meece que dice: «Fui la razón por la cual Él dio su vida».*

Cuando Don pensó en esas palabras, hizo algo que es raro a él: lloró. Las lágrimas le corrieron por las mejillas por un largo, largo tiempo. Después vino la calma y se le fue la depresión.

---

Yo no sabía acerca del recorrido que Don hizo al cielo y su terrible desilusión de tener que regresar a la Tierra. Si yo lo hubiese sabido, quizás hubiese podido ser más compasiva.

«¿Estabas preocupada acerca de qué es lo que iba a suceder?», varias personas me han preguntado.

«No sé», yo respondía a menudo y esa era una respuesta honesta. He aprendido que cuando estoy en una situación de crisis, no tengo tiempo para pensar acerca de lo que va a suceder en el futuro. Ya sea eso un don o una maldición, me concentro en lo que está ocurriendo allí mismo, en el minuto.

A veces tuvimos esas situaciones de minuto-a-minuto. En solo algunas cuantas ocasiones excepcionales, me acuerdo haber estado pensando en lo que iba a suceder después. En vez de preguntarme: *¿Qué es lo que va a suceder después?*, mi pregunta era: *¿Qué es lo que se necesita hacer ahora? ¿Qué es lo que tengo que hacer ahora para ayudar a Don para que se mejore?*

La energía que tenía, la usé cuando estaba enfrentándose con la crisis en ese momento. Mateo 6.34 dice: «Así que, no os afanéis por el día de mañana, porque el día de mañana traerá su afán...». Este es un buen consejo.

Durante las primeras dos o tres cirugías, fue reconfortante tener a mis amigos cercanos sentados conmigo en la sala de espera quirúrgica. Especialmente agradecí que Cliff estuviese sentado conmigo en la noche en que Don fue traído al hospital. Mientras el número de cirugías seguía creciendo, me convertía en una profesional competente de la sala de espera. Yo sabía cuáles eran las sillas más cómodas, qué área era la más callada, y adónde estaban ubicados los baños y las máquinas expendedoras.

* «We Are the Reason», letra y música por David Meece, derechos reservados 1980, Meece Music (admin. por Word Music).

Hasta conocía por su primer nombre a los voluntarios que venían con carretillas llenas de bizcochos y otros pasteles. Puede sonar extraño, pero a veces yo deseaba pasar tiempo allí. Sabía que Don estaba en buenas manos en el quirófano, consiguiendo atención total de todo el mundo. Yo estaba cerca por si me necesitaran.

En el cuarto de Don, traté de calificar papeles o de hacer otro tipo de trabajo, pero siempre con el ojo atento para ver si él necesitaba algo. Realmente nunca pude concentrarme en lo que estaba haciendo ni tuve un poco de tiempo tranquilo sin interrupciones. Pero en la sala de espera, tuve la oportunidad de poner a Don en las manos capacitadas de su doctor.

Muchas veces la gente me decía: «Voy a pasar por allá para sentarme contigo». Me tomaba un tiempo para contestar, pero finalmente podía decir: «Agradecería eso mucho, pero estoy bien. Llamaré tan pronto que sepa algo». Al principio la gente protestaba, pero finalmente la mayoría entendió que yo estaba siendo honesta.

Eso suena simplista, pero me tomó una gran cantidad de energía y esfuerzo tomar tal posición. Yo no quería herir los sentimientos de la gente, pero no necesitaba ni quería que mucha gente se sentara conmigo.

Yo agradecía el tiempo y el esfuerzo que le tomaba a cada persona conducir hasta el hospital para ver cómo estábamos. Lo que pasa es que muchos visitantes no se dan cuenta de cuán difícil debe ser para la persona que está esperando. Algunos individuos necesitan gente alrededor suyo y ellos cobran fuerzas en la conversación porque les mantiene la mente enfocada. Yo no necesitaba eso todo el tiempo. Para mí significaba que yo tenía que entretenerlos. Eso puede sonar más negativo de lo que estoy intentado decir. Cuando digo entretener, quiero decir que tenía que mantener una conversación. Muchos visitantes no podían tratar con el silencio y en su incomodidad mantenían las palabras fluyendo, y a menudo saltaban de tema en tema. Quizás estaban nerviosos o ansiosos.

A veces yo quería unos minutos para relajarme y no concentrarme en otra gente. La mayoría de mis noches en el hospital, yo tenía mi trabajo de la escuela conmigo y necesitaba calificar los papeles y planear las tareas del salón de clase. Yo quería hacer mi estudio bíblico y hacer anotaciones en mi diario. Tan pronto alguien tocaba a la puerta, me sentía como una anfitriona que tenía visitas en su casa. Tenía que hacer que se sintieran cómodos. No fue hasta después, cuando estaba agotada, que me di cuenta de que gastaba mucha energía hablándoles a nuestras visitas.

Otra consideración es el paciente. Yo sé que Don estaba usando el poco de energía que tenía para recuperarse. Eso es verdad acerca de la mayoría de la gente que está en el hospital. Sus ganas de venir para hacer algo se trasformó en venir para marcharse. Esto no es para quejarme sino para urgirle a la gente a que sea más sensible. Una pregunta sencilla hubiese ayudado. «¿Prefieres estar sola? Veo que estás ocupada con trabajo de la escuela, así que no me voy a quedar. Solo quería que supieras que estoy pensando en ustedes». Probablemente hubiese puesto el trabajo a un lado de todas maneras, pero entonces esa hubiese sido mi decisión.

Aun mejor sería llamar antes de venir para preguntar: «¿Ahora es un buen tiempo para visitar?». De esa manera, nadie se siente obligado a aceptar visitantes después de que ya han hecho el esfuerzo de conducir hasta el hospital.

Otra cosa que me di cuenta fue que los visitantes sentían que habrían fallado o habrían sido ineficaces si solo se quedaban cinco o diez minutos. La mayoría de ellos parecía que creían que tenían que conversar conmigo por lo menos quince minutos (aunque no creo que miraban el reloj), y luego se disculpaban por irse demasiado pronto. En ese tiempo disfrutaba participar en la discusión, pero luego yo pagaba el precio cuando no podía conseguir suficiente descanso por tener que enfrentarme con las interrupciones típicas del hospital.

«Visitar el cuarto del hospital», le digo a la gente hoy en día, «no es lo mismo visitar la casa de alguien. Las mejores visitas hacen que su presencia sea conocida, expresan su preocupación y se van rápidamente».

Y sin embargo, ellos estaban preocupados por nosotros. Me recordaba a mí misma que ellos no hubiesen hecho el esfuerzo si no les importáramos.

# 25.
# Desde el interior de la habitación del hospital

Durante esos días en el hospital (y hasta después de que Don regresó a casa), los amigos me preguntaban: «¿Cómo lo hiciste? ¿Cómo mantuviste tu trabajo, cuidaste a tres hijos y te quedaste con Don?».

En ese tiempo, no parecía que hubiese ningún heroísmo de mi parte y no parece así ahora. Hice lo que tenía que hacer. Tenía que trabajar porque mi puesto en la escuela pagaba la prima de nuestro seguro. Tenía que cuidar a mis hijos, aunque mis padres, así como nuestros amigos, los Mauldins, hicieron tanto para aliviar esa carga.

Tengo una respuesta sencilla y es realmente la verdadera: Dios. Normalmente continúo diciendo que Dios siempre me enviaba la persona correcta en el tiempo correcto, que me decía la cosa correcta cuando necesitaba escucharla. Unas cuantas veces, me deprimí mucho, y el Señor me enviaba a alguien al cuarto del hospital que me daba un abrazo o me decía unas cuantas palabras amables. Creo que estas personas eran ángeles humanos de Dios, aunque no estaban conscientes de que estaban en una misión.

Quería que la gente me mirara directamente y me preguntara: «¿Cómo estás?». Entonces sentía que realmente sus palabras tenían significado. Eso ciertamente hacía la diferencia en el hospital. Escuché la rutina de las palabras: cómo estás, muy a menudo, pero no siempre oía el interés en la forma en que la persona las preguntaba. Cuando se dice correctamente, esa pregunta puede ser sustentadora, al menos para mí.

A menudo los visitantes me citaban las Escrituras. No estoy en contra de aprender y citar versículos bíblicos. Me he aprendido varios, pero quiero usarlos exactamente en el tiempo correcto. Nunca quisiera que las Palabras de Dios suenen frívolas o superficiales.

Junto con las palabras, se necesita el toque humano: un abrazo si eso es cómodo, un apretón de manos, o hasta una palmadita ligera en el hombro. Hay algo poderoso en el hecho de que un ser humano toque a otro y nos hace acercarnos los unos a los otros.

Eso me recuerda una vieja historia sobre un niño pequeño que le tenía miedo a la oscuridad. Su papá le trató de explicar que no había nada de qué temer. El niño todavía tenía miedo.

«Jesús siempre está contigo», le dijo el papá.

«Yo sé, papá», respondió el niño, «pero yo quiero a alguien que tenga piel encima».

Niño pequeño o mujer adulta, todos necesitamos piel junto a piel cuando estamos pasando por dificultades o por un trauma.

A veces sentía como si mi propia oscuridad nunca fuera a terminar. A menudo pensaba en la imagen de una montaña rusa. Las buenas noticias me levantaban el ánimo; entonces, solo horas después, un informe venía diciendo que algún otro síntoma se había desarrollado o que Don tenía una infección en su pierna porque alguien no había cuidado bien los clavos. Entonces me derrumbaba emocionalmente.

Un día llegaba al hospital sintiéndome ligera y contenta, alabando a Dios porque Don estaba progresando. Al próximo día, cuando llegaba al puesto de enfermería, escuchaba: «Tu esposo tuvo una pequeña complicación». Podía ser pequeña para ellas, pero hasta una pequeña complicación es grande para aquellos que nos sentamos al lado de la cama. Se me decaía el ánimo y a menudo oraba silenciosamente: *¿Por cuanto tiempo más va a seguir esto Señor?*.

Una de las peores complicaciones vino después de que lo pusieron en la estructura de Ilizarov. Cada día una enfermera entraba a su cuarto, y limpiaba y desinfectaba los agujeritos de los clavos para que su piel no se le pegara a los alambres (de todas maneras sucedió unas cuantas veces). La enfermera vertía agua oxigenada dentro de cada agujerito y solamente eso exacerbaba el dolor. Entonces ella limpiaba cada agujerito con hisopos. El doctor Greider había explicado la importancia de usar hisopos nuevos para cada agujerito para reducir la posibilidad de contaminación cruzada.

Una vez una enfermera no le limpió bien los agujeritos. Ella usó el mismo hisopo y Don contrajo una infección. Esos clavos pasaban a través del fémur y salían por el otro lado, donde estaban adjuntados al otro lado del halo. Por lo tanto, la infección podía meterse al hueso, lo cual era extremadamente peligroso. Dos cosas podrían haber pasado. Primero, en su condición debilitada, la infección podría propagarse rápidamente y él hubiese perdido su pierna, a pesar de todo por lo que había pasado. O el resultado más drástico hubiese sido que hubiésemos perdido a Don.

El doctor trasladó a Don a un cuarto aislado para prevenir que la infección se propagara. Tuvimos que usar batas y mascarillas para entrar a su cuarto. Se limitaron a los visitantes para reducir el riesgo de contaminación adicional. Estoy agradecida que la infección haya desaparecido en unos pocos días, pero ese fue un tiempo muy aterrador.

---

Otro contratiempo serio ocurrió en marzo. Don había progresado lo suficiente como para que el personal médico lo pudiese levantar de la cama y ponerlo en una silla de ruedas todos los días. Eso hizo que el aparato pudiese funcionar mejor porque Dios diseñó nuestros cuerpos para que trabajasen en una posición vertical y no horizontal.

Como la pierna estaba encerrada en ese aparato con halo, tenían que agarrar una funda de almohada y pasarla por el fijador y luego atarla a la parte de la silla de ruedas donde se extiende la pierna, para que su pierna no se cayera de la silla. Eso fue necesario porque él no podía controlar su pierna y ciertamente no tenía las fuerzas para mantenerla en esa posición.

Una vez, a una enfermera se le olvidó atarle la pierna a la silla de ruedas y la pierna se cayó. El impacto de cuando se le cayó la pierna rajó los agujeritos y se le abrieron todos. Don, no solo sintió un dolor terrible sino que hubo sangre salpicada por toda la zona.

Ese fue uno de los peores días para él y ciertamente para mí después de que escuché lo que pasó. A eso es a lo que me refiero cuando hablo del efecto de la montaña rusa. Don progresaba bien y entonces sucedía un accidente o él no reaccionaba como el doctor esperaba.

Mi reacción inicial en cuanto al accidente fue decirme a mí misma: «Hasta cuándo Señor, va seguir esto?». Giré hacia el lado negativo y tuve que luchar por tener paz interna.

Otra experiencia terrible sucedió cuando Don empezó a tener úlceras de decúbito. Él estaba completamente inmóvil, así que le empezaron a salir úlceras de decúbito por toda la espalda. Otra vez enfrentamos el riesgo de infección.

Como solo Don había tenido la estructura en el fémur, tardó un tiempo para concebir un plan. Los doctores finalmente pidieron un colchón especial, diseñado con diferentes cámaras que se alternaban dejando salir el aire y rellenándose nuevamente. De esa manera los puntos de presión eran aliviados por toda la espalda de Don y las úlceras de decúbito se empezaron a sanar, aunque aún estuvo sujeto a más irritación y dolor.

Ya que el colchón creaba sonidos como zumbidos mientras hacía su ciclo, yo tuve una interrupción más para el sueño que estaba tratando de conseguir. Por un tiempo parecía como que por cada dos pasos que dábamos hacia adelante, retrocedíamos tres pasos en marcha atrás. La oscuridad titilaba entre tonalidades del color negro.

---

El aparato de Ilizarov, junto con el fijador del brazo, fueron las partes más difíciles de la recuperación de Don. Sin embargo, a pesar de lo horribles que se veían y del dolor que le causaron, también me trajeron paz. Yo sabía que con el tiempo iba a haber un final al tratamiento. Un día, un Don que aún estaba vivo, iba a salir del hospital y estaba segura de que iba a caminar otra vez con sus propios pies. No hubiese consentido a la cirugía si me hubiese sentido diferente.

Me estaba poniendo más calmada en cuanto al asunto del fijador. Pero yo todavía tenía tres hijos y no podía sacármelos de la mente. Aunque sabía que estaban siendo cuidados y amados, yo no era la que los estaba cuidando, y un sentimiento inmerecido de fracaso me golpeaba varias veces cada día.

También pensaba en los niños de mi salón de clases. Tan pronto Don se estabilizó en el hospital, regresé a enseñar. Mi vida estaba llena: forzaba a levantarme por las mañanas, llamaba para ver cómo estaba Don y corria hacia un día entero de clases. Trabajaba duro en la escuela todo el día. A la hora de salida, recogía mis papeles y mis libros, y conducía hasta el hospital. Me quedaba al lado de la cama de Don hasta el tiempo en que se terminaban las horas de visita y luego conducía hasta mi casa. No conseguía todas las horas de sueño que necesitaba, pero estaba con mi esposo y no lo hubiese querido de ninguna otra manera. Estaba exhausta. El estrés era más y más evidente en mí.

---

Al reflexionar sobre mis sentimientos durante esos primeros meses de la recuperación de Don, me doy cuenta de que sentí mucha frustración y enojo con él, quizás como por ocho meses después del accidente.

Pasamos por el periodo inicial en donde nuestras energías, oraciones y emociones estaban concentradas en hacer que viviera. Tuve que tomar decisión tras decisión. Yo diría que estaba en un modo de sobrevivencia tanto como Don lo estaba, aunque nuestras batallas eran diferentes. Casi nunca pensaba acerca de lo que iba a suceder en un mes, o siquiera el próximo día. Por lo menos las dos primeras semanas, me concentré en lo que iba a suceder en los próximos cinco minutos.

Sentí que estaba siendo estirada constantemente en esos primeros días. Don era mi preocupación principal, claro está, pero como lo he mencionado, también pensé en nuestros tres hijos. Soy una madre y no podía dejar de preocuparme por ellos. Constantemente me sentí tirada entre permanecer en el hospital todo el tiempo y el estar en casa.

Desde luego, en medio de eso estaba mi trabajo. Me fascinaba enseñar y no quería perder mi trabajo. Y si lo perdía, nuestro seguro también terminaría. Aun así, no me concentraba tanto en enseñar, como en Don y en los niños. No descuidé a los niños de la escuela, pero ellos estaban más abajo en mi lista de prioridades.

*¿Qué es lo que tenemos que hacer para que Don quiera vivir?*

*¿Qué es lo que tenemos que hacer para que respire?*

*¿Qué es lo que tenemos que hacer para que coma más?*

Esas preguntas llenaron mi mente.

---

Hacia el final del mes de marzo, nos dijeron que podíamos llevar a Don para la casa. Eso fue emocionante y no pienso que ninguna otra noticia me levantó el ánimo más. Pero él contrajo otra infección y eso nos retrasó por tres días.

El efecto de la montaña rusa otra vez.

También enfrentamos otro desafío que no esperábamos. Estábamos viviendo en una casa alquilada en la ciudad de Friendswood. La estábamos alquilando porque no habíamos decidido en dónde comprar. Era una casa hermosa y la disfrutábamos, pero teníamos un problema: inmediatamente en la parte interior de la puerta principal estaba una pared, provocando que cada persona que entrase tuviera que girar antes de entrar al resto de la casa. Eso no funcionaría para Don porque no había espacio suficiente para girarlo en la silla de ruedas con su pierna extendida. No había forma de que su pierna pudiese doblarse con el fijador puesto. Por eso, no podíamos llevarlo a casa, así que tuvimos que hacer otros arreglos. El plano de la casa también significaba que no podíamos meter la cama de hospital en la sala y mucho menos en nuestro cuarto. Entrar por la puerta trasera tampoco funcionaría.

Estoy feliz de que me diera cuenta de todo eso antes de que hiciera el intento de traerlo a casa.

Una vez más, Ginny Foster vino a mi rescate. Ella era agente inmobiliaria y tan pronto le expliqué la situación, ella me dijo: «Estoy segura de que podemos ayudarte con eso». Y lo hizo. Inmediatamente empezó a buscar lugares para que pudiésemos alquilarlos. Ella exploró el área y me llevó a ver algunos de ellos.

Al tercer día, Ginny nos encontró una casa de alquiler que estaba más cerca a nuestra iglesia que donde vivíamos y tenía una entrada accesible. Tanto pronto la vi, supe que la casa era exactamente perfecta para nosotros.

Era una casa más antigua y grande. Estaba ubicada en una calle sin salida y tenía un patio trasero grande con cerca. Tenía cuatro dormitorios grandes, una sala y un comedor, y un cuarto de estar con paneles. Afuera del cuarto de estar estaba un patio cubierto. Pensé que a Don le gustaría poder sentarse allá fuera y disfrutar un poco de aire fresco.

Lo mejor era la entrada. Tenía una abertura recta y ancha que iba directamente pasando el comedor e inmediatamente hacia el cuarto de estar atrás de él. El otro pasillo era muy angosto para llevarlo a nuestro dormitorio, pero podíamos llevarlo al cuarto de estar. Don durmió en esa cama de hospital desde el tiempo en que vino a casa hasta febrero de 1990.

Hice un video del resto de la casa porque Don no podría ir por los cuartos él mismo. Con el video, al menos podía ver cómo se veía cada cuarto. Fue bueno tenerlo en casa.

Alquilé la casa. Los dueños de la casa que estábamos alquilando anteriormente en Friendswood, fueron lo suficientemente amables como para permitir que saliésemos del contrato después de escuchar nuestras circunstancias. Una vez más, Dios estaba juntando las cosas para nuestro bien.

Fue una tarea bastante grande trasladar todo de una casa para la otra y organizar todo. Decir que estaba hasta el cuello de trabajo, sería una descripción insuficiente. Pero Dios estaba allí para mí nuevamente. ¿Qué hubiésemos hecho sin nuestros amigos, especialmente nuestros amigos de la iglesia? No tuvimos que contratar a una empresa de mudanzas porque la congregación vino a ayudarnos de inmediato. Nuestros amigos especiales, los Longs y los Mauldins, estaban a la delantera.

Las familias de la escuela y de nuestra iglesia, voluntariamente nos ayudaron a empacar, a cargar y descargar cajas dentro de nuestra casa nueva. Algunos hasta se quedaron a ayudarnos a organizar las cosas. Pero eso era aún otra carga sobre mis hombros que ya estaban sobrecargados.

Una vez que Don estuvo en casa, las infecciones se desarrollaron y tuvimos que regresar al hospital varias veces. Algunas de las estadías en el hospital duraron dos semanas. Normalmente yo lo conducía hasta allá y las ambulancias lo traían a casa.

Fue una situación extraña. Nuestros tres niños se estaban quedando en otros lugares y yo estaba tratando de enseñar en la escuela, pasar más tiempo posible con Don, encontrar una casa, y hacer la mudanza antes de que el hospital le diera de alta. Fue un tiempo estresante durante toda esa experiencia desafiante porque había tanto que hacer y yo tenía que encargarme de todo.

Encontrar y alquilar una casa era algo que Don hubiese hecho con poco esfuerzo. Era una cosa más que yo tenía que hacer mientras estaba tambaleando a través de la oscuridad. Y estaba lejos de ser la última vez en que me sentiría insuficiente para salir adelante.

Descubrí que encontrar una casa era solo el primer paso. Un alquiler es un documento legal. Nunca había firmado uno antes. Estoy agradecida de que tenía a Ginny, quien me ayudó a través de todo el proceso. También tuve que tratar con la transferencia de los servicios públicos. Hice la promesa de que nunca jamás iba a estar en una posición tan incómoda.

Don a menudo me alentaba a involucrarme en los detalles de los asuntos de nuestro hogar, pero no había estado interesada. Tuvo que pasar una crisis para que yo prestara atención a esos asuntos importantes. Desde ese tiempo he estado involucrada en todos los procesos de tomar decisiones, desde comprar un auto hasta comprar una casa.

Suspiré profundamente cuando pensé acerca de todo y cómo todas las cosas estaban funcionando. Habíamos alquilado una casa nueva y pudimos salirnos del alquiler que teníamos antes con la casa vieja. Nos mudamos a un lugar nuevo y nuestros muebles estaban en orden. Los amigos nos trajeron comida y estaban listos para traer a Don y meterlo adentro, aunque sería una casa que él nunca había visto antes.

---

Queríamos que el regreso de Don a casa fuera tan memorable como fuese posible. Sabía que ir del hospital hacia la casa, lo iba a dejar cansado. Pero también lo iba a fortalecer. Colgamos globos amarillos enfrente de la casa. También colgamos una pancarta que hicieron los jóvenes de la iglesia que decía: «¡Bienvenido a casa!».

Mis padres vinieron a Alvin y trajeron a los niños. Saqué a Nicole de la escuela. Se sabía que los niños iban a regresar a Bossier con mis padres y que Nicole iba a regresar a vivir con los Mauldin. Yo quería tiempo para que Don se adaptara a vivir en casa y empezar el proceso de recuperación. Pero este era un día que todos habíamos estado esperando y todos queríamos, no, *necesitábamos*, estar allí.

El viaje desde el hospital hasta la casa lo cansó, lo cual yo había anticipado. No estaba muy receptivo, pero por la sonrisa que tenía en el rostro, yo sabía que estaba feliz de encontrarse allí. Estoy segura de que él estaba contento de estar fuera del hospital y lejos de ese constante salir y entrar del personal médico.

La ambulancia dio marcha atrás en el camino de entrada. El conductor y el auxiliar abrieron las puertas traseras y sacaron a Don en una camilla. Me fui en retrospectiva a ese día en el mes de enero cuando llegó al hospital Hermann en casi la misma manera. Pero esta vez, yo tenía una sonrisa grande y un corazón contento. Los auxiliares rodaron la camilla por la acera hasta adentro de la casa. Levantaron a Don y lo pusieron en la cama de hospital, examinaron sus signos vitales, nos desearon lo mejor y se fueron.

Don estaba en casa.

Antes de salir del hospital, pudimos coordinar que una enfermera lo viniera a visitar todos los días para ver cómo él estaba. La primera enfermera que vino me enseñó a trabajar con los tornillos y a limpiar los agujeritos que estaban en el fijador de Don.

Tomé las riendas e hice ese trabajo todos los días. Nunca lo consideré tedioso. Me gustaba hacerlo porque me hizo sentir útil y me daba paz saber que yo podía hacer algo específico para acelerar la recuperación de Don. No era un trabajo que cualquiera podía hacer. Tengo un estómago fuerte y puedo soportar cualquiera cosa.

Cada vez que tenía que meter un hisopo en un agujerito y apretar los tornillos, el dolor se extendía por todo el rostro de Don. Nunca lloró ni se quejó, pero él hacía gestos. Trataba de no mirarlo a la cara, pero en su lugar mantenía mi mirada enfocada en el aparato. Supusimos que en ese momento no había nada más que el progreso lento de Don hacia su mejoría.

Todavía no había salido de la oscuridad.

---

Era más fácil para mí tener a mi esposo en casa. No tener que enfrentar el conducir diariamente hasta el hospital St. Luke, fue un gran alivio. Solamente eso me dio una hora y media extra, más si había trafico (y en Houston siempre había trafico).

Ya no estaba viviendo sola; había otra persona en casa. Solo teniéndolo allí me hacía dormir mejor durante la noche. Dejaba la puerta abierta para poder oírlo si me necesitaba. Con niños pequeños, aprendí a dormir ligero por si acaso hicieran ruido. Hice lo mismo con Don y fue mejor que estar sola en la casa.

En las mañanas, caminaba de puntillas por el cuarto de estar para ver cómo estaba antes de irme a la escuela. Para ese tiempo en la mañana, él se había dormido y estaba respirando profundamente. Era el único tiempo del día en que yo veía su rostro relajado. Yo atesoraba esa apariencia todo el día.

A la hora de salida de la escuela, corría a casa para ver cómo había pasado el día. Los voluntarios entraban a estar con Don cada día después de que me iba. Disfrutaba poder ir a mi propia casa, sentarme en mi sofá, comer en mi mesa y además estar en donde yo podía proveer cuidado si lo necesitara.

Ya no estaba atada a un cuarto pequeño con pocas opciones. Podía ver los programas de televisión que yo quería, leer, o solo sentarme sin que una enfermera entrara cada cuantas horas para examinar los signos vitales de Don. También estaba la creencia de que Don se iba a recuperar más rápido en casa. Al menos yo quería que eso fuese verdad y me hacía sentir mejor creerlo.

El regreso de Don a casa no fue perfecto, pero fue un gran alivio. Estar en su propia casa, aunque era una diferente, también le levantó los ánimos. Tuvimos visitantes, especialmente durante los primeros días. Pero para el final de la semana, así como lo había sido en el hospital, las visitas fueron menos y más cortas.

En el sexto día después de que Don regresó a casa, empezó a tener fiebre y su cara estaba enrojecida. Cuando puse la parte trasera de mi mano sobre su frente, me di cuenta de lo caliente que se sentía su piel. Llamé al doctor Greider inmediatamente.

«Vamos a enviar una ambulancia», dijo él. «Tenemos que traerlo de regreso al hospital».

La ambulancia llegó como en unos diez minutos y los auxiliares corrieron hacia adentro con una camilla. Pronto tuvieron a Don dentro de la ambulancia y salió apresuradamente hacia el hospital St. Luke. Yo los seguí en mi auto.

Era casi como que estábamos pasando por todo otra vez. Él había desarrollado otra infección y ellos no querían que se propagara. Pusieron a Don en el cuarto aislado nuevamente hasta que la infección se fuera y su temperatura volviese a la normalidad. Después de dos días, él fue a un cuarto otra vez, donde se quedó por tres días.

Su segundo viaje de regreso a casa ocurrió cerca del final de abril. Para ese entonces, Don había progresado excelentemente y con ayuda, él podía meterse a su silla de ruedas y salir de ella relativamente fácil. Digo *relativamente* fácil porque en ese entonces nada era fácil. Pero teníamos una rutina y yo sabía exactamente qué hacer y cuánto él podía hacer.

Después de eso, fue una cosa más o menos permanente que él estuviese en casa. Escribo *más o menos*, porque él tuvo unos viajes cortos de regreso al hospital y nunca sabíamos cuándo algo iba a salir mal otra vez.

Oré silenciosamente rogando para que Dios no dejara que él tuviese más complicaciones.

---

Una mañana, el sonido de una cortadora de césped me levantó. « ¿Qué es lo que está sucediendo?», pregunté en voz alta mientras corría hacia la ventana. Mire hacia afuera y vi que dos chicos de la familia Mealer estaban cortando nuestro césped. No le habíamos pedido (ni a nadie) que nos cortaran el césped. De hecho, no había pensado en nada de lo que estaba afuera de la casa. Los miembros de la iglesia decidieron que querían ayudarnos, así que se presentaron con sus cortadoras de césped y se pusieron a trabajar.

Ese es solo un acto espontáneo de generosidad, pero hubo muchos. No podría empezar a ponerlos todos en una lista. La gente vio lo que necesitábamos y respondieron aun sin que nosotros tuviésemos que pedirles. No me gustaba depender de la gente, pero estaba agradecida por su ayuda. La gente de la iglesia, así como también los amigos de la escuela y de la comunidad, nos ayudaron de tantas maneras.

Por ejemplo, el timbre de la puerta sonaba y para cuando yo abriese la puerta, nadie estaba allí, pero alguien nos había dejado una cena ya con todo cocinado. Eso sucedió varias veces. En otro tiempo, cuando fui a la puerta, dos mujeres de la iglesia tenían dos ollas grandes de comida, suficiente para esa noche y para una segunda cena por las sobras.

En otros tiempos, abría la puerta y los visitantes nos decían: «Estamos aquí para llevarnos a los niños a nadar». O una niña dejaba a sus padres en el auto, corría a la puerta y decía: «¿Está Nicole aquí? Queremos llevarla de compras con nosotros».

Esta clase de eventos sucedían bastante seguido para levantar nuestros ánimos y nos hacía ver que le importábamos a la gente. Esas almas generosas y sensibles nunca, nunca van a saber cuán agradecidos estábamos por la ayuda que nos dieron, especialmente porque lo hicieron sin nosotros pedírselos.

Esa fue una lección especial para mí. Tomé la determinación de que cada vez que tuviera la oportunidad, yo iba a responder de la misma manera. Vería una necesidad y haría lo que pudiese sin preguntar o incomodar al receptor.

Y entonces, por supuesto, allí estaba la patrulla de Don.

# 26.
# La patrulla de Don

La llamábamos graciosamente la patrulla de Don, algo que Ginny Foster organizó. Cada mañana, poco después de que me iba a la escuela, voluntarios de la iglesia venían. Yo estaba fuera de la casa como por siete horas, y alguien tenía que estar allí para ayudar. Don estaba completamente indefenso, sin poder ni siquiera salirse de la cama por sí solo.

Nunca tuvimos que pedirle a nadie que viniera.

Nuestra persona voluntaria podía ser una mujer o un hombre, pero alguien venía todos los días en lo que yo iba a enseñar a la escuela. Aunque las caras variaban, sus propósito era servir a Don ese día.

El voluntario del día siempre tenía una llave que abría nuestra puerta principal, la cual supuse que la patrulla de Don se pasaba entre ellos. Él o ella entraba a la casa sin hacer ruido.

Como Don todavía sufría mucho dolor, sus hábitos para dormir variaban. Para cuando la patrulla de Don estaba en acción, él estaba durmiéndose exhausto como a las dos de la mañana. Él se despertaba como a las diez. El voluntario generalmente llegaba antes de las nueve cuando él todavía estaba dormido y él o ella se sentaba calladamente y esperaba a que Don se despertara.

Durante las primeras tres semanas, Don raramente estaba fuera de la cama. Aun cuando pudo, la mayoría de los días era tan poco como cinco minutos. La patrulla de Don estaba lista para servir de cualquiera forma en que pudiera. Traían el periódico, preparaban el desayuno, hacían almuerzo y preparaban refrigerios. Lo que sea que Don necesitaba, ellos estaban deseosos de proveer. Contestaban el timbre de la puerta para dejar entrar a la enfermera y la fisioterapeuta, y contestaban el teléfono para proteger a Don de tener que contestar llamadas para que comprara seguro o para que participara en algún concurso. Luego, ellos hasta transportaban a Don a las citas del doctor y a su terapia acuática, y de regreso a casa.

Don no tenía que hablarle a la patrulla o tratar de entretenerlos. Ellos no venían para conversar, sino solo para ayudar. Cuando no estaban activamente haciendo algo para él, se quedaban fuera de su vista.

Para cuando yo regresaba a casa, como a las 15:30 de la tarde, el voluntario del día se había marchado. Supuse que el voluntario se había ido porque él o ella sabía que yo no quería ir a la casa y tener una conversación. Eso suena como algo pequeño, pero Ginny lo había organizado bien. La gente que era parte de la patrulla de Don estaba allí para servir tan discretamente como les fuera posible. Hasta esa parte pequeña fue bien pensada.

Durante el verano, la patrulla de Don paró porque yo podía hacer todo. Cuando le escuela empezó nuevamente en agosto, ellos se metieron de regreso en acción y continuaron hasta mediados del mes de noviembre. Entonces fue cuando Don recibió su aparato ortopédico.

---

Don detestaba estar en una situación en la cual él no podía hacer nada por sí solo. No le gustaba que la gente le sirviera. Fue un gran cambio para Don, de ser un hombre totalmente independiente, a tener todo hecho para él.

Al mismo tiempo, él estaba entusiasmado con estar fuera del hospital. Y yo estaba feliz de tenerlo en casa, aunque su «cuarto» estaba en la parte anterior de la casa y yo estaba durmiendo en la habitación de atrás. Pero él estaba allí y estábamos juntos como familia otra vez.

Igual de maravilloso, al final del mes de mayo, un tiempo del año que también ayudó a levantarle los ánimos, nuestros niños regresaron de la casa de mis padres. Nicole ya había regresado a casa más temprano ese mismo mes. Todos éramos diferentes porque las circunstancias nos habían cambiado, pero estábamos juntos.

El año escolar se terminó, lo cual fue bueno para todos nosotros. Teníamos el verano para aprender a aceptar un nuevo estilo de vida juntos. Como madre, tener a toda la familia completa bajo un solo techo, era la parte más importante que me traía paz, y pienso que fue un factor significativo en la recuperación de Don. Fue un paso principal hacia adelante para todos nosotros.

---

Siendo la persona concienzuda que es, tan pronto Don llegó a casa del hospital, él quería regresar a la iglesia de inmediato. No estoy segura de por qué era tan urgente. Quizás era para asegurarse de que él todavía podía ministrar a las personas. Pero otra razón sería para poder tener una oportunidad de darles las gracias a los miembros por su apoyo. Insistimos que esperara por unas cuantas semanas y lo hizo. Pero tan pronto regresó a la iglesia, fue un evento especial que ninguno de nosotros olvidará.

Ya que no teníamos un vehículo que lo pudiese acomodar, alguien trajo la camioneta de la iglesia a nuestra casa. Los diáconos habían sacado las sillas y varios de ellos vinieron ese día para levantar a Don, con todo y silla de ruedas, para ponerlo dentro de la camioneta. Yo puse a mis tres hijos en nuestro auto y los seguimos.

Después de que llegamos a la iglesia y Don fue sacado de la camioneta con su silla de ruedas, yo lo empujé en la silla de ruedas y mis tres hijos se pusieron detrás de mí. Caminamos hacia la entrada lateral y un diácono abrió las puertas.

El servicio ya había empezado y la organista estaba tocando el preludio. No estoy segura de si ellos calcularon su llegada de esa manera, pero tan pronto entramos al auditorio, la gente que estaba enfrente se puso de pie y empezó a aplaudir. Pronto, toda la congregación se puso de pie. Ellos aplaudieron fuertemente y por lo que pareció ser un largo rato.

Los niños me dijeron luego que en ese momento fue cuando yo empecé a llorar. Ellos probablemente tienen razón, porque eso sería típico de mí, pero yo no estaba consciente de mis lágrimas. Me quedé mirando conmocionada porque no esperaba esa clase de reacción. El edificio estaba casi lleno y el aplauso estruendoso de la gente me dio un sentido abrumador de gratitud. Me sentí sobrecogida por sus expresiones de amabilidad y apoyo.

Empujé a Don hacia el banco de enfrente y nos sentamos. Los aplausos finalmente cesaron y la congregación empezó su himno de apertura. Uno de los diáconos se nos acercó y se agachó junto a Don.

«Nos gustaría que dijeras algo».

Yo podía ver por la expresión de asombro en el rostro de Don, que él no había pensado en nada que decir. Él aceptó y asintió con la cabeza.

«Tan pronto terminemos esta canción», dijo el diácono.

Cuando se terminó el himno, llevé a Don para el frente en la silla de ruedas y lo viré para que pudiese mirar a la congregación.

Observé a Chris, a Joe y a Nicole para ver cómo estaban tratando con esto. Nicole es como su madre y los ojos se le habían llenado de lágrimas. Los dos varoncitos se estaban sonriendo.

El mismo diácono le dio el micrófono a Don y empezaron a aplaudir otra vez. Me recordó la oleada que vemos a menudo en las gradas de fútbol. La oleada comenzó en nuestro lado del edificio y se extendió por todo el auditorio. Nuestros amigos aplaudieron y aplaudieron. Esta vez fue más fuerte y hasta con más entusiasmo que cuando entramos por primera vez. Varias personas tenían lágrimas en los ojos. Casi todo el mundo se estaba sonriendo.

Mientras observaba y escuchaba, pensé: *esto tiene que ser una pequeña muestra de la alegría en el cielo.* Para ese tiempo las lágrimas me estaban corriendo por las mejillas. Me sonreí y asentí con la cabeza, y estaba agradecida de que nadie me había pedido que dijera algo.

Tan pronto la gente dejó de aplaudir y se sentó, Don dijo exactamente cuatro palabras. Nunca las olvidaré y él tampoco.

«Ustedes oraron; aquí estoy».

Él le devolvió el micrófono al diácono. Yo estaba tan orgullosa de Don por esas pocas pero elocuentes palabras. Supe que él creía en ese entonces, como lo cree hoy, que él está vivo porque el pueblo de Dios oró por él, especialmente aquellos en South Park.

Le di una palmadita a Don sobre el hombro. Fue un pequeño gesto para afirmarle lo bien que había hablado. Lo llevé de regreso al banco de enfrente.

Tan pronto regresamos a la primera fila, lo miré. Él estaba exhausto, aunque probablemente él no hubiese dicho eso. Se desplomó ligeramente y le pude ver el agotamiento tanto en su cuerpo como en su rostro.

Traté de pensar en la mejor forma de salir de allí. Sin decirle nada a Don, le hice señas al diácono para que viniera. «Don necesita irse para la casa. Esto ha sido demasiado para él».

«Yo entiendo», dijo él y le hizo señales al «equipo de transporte» para ayudarnos.

«Él está agotado. Necesita irse a la casa». Dije mientras el equipo vino a ayudar. Ellos nos guiaron por un pasillo y hacia afuera por la puerta lateral hacia la camioneta.

Desde el tiempo en que devolvió el micrófono hasta que estuvimos de regreso a casa, Don no dijo ni una palabra más. Supuse que no tenía la fortaleza para permanecer allí durante el servicio entero. Si nos hubiésemos quedado, eso hubiese sido solo el principio porque hubiese tenido que sonreír, darles la mano y hablar. La mayoría de la gente naturalmente hubiese insistido en decir algo. Eso realmente lo hubiese agotado.

Yo había tenido sentimientos encontrados acerca de que Don regresara a la iglesia después de solo unas cuantas semanas en casa. Sentía que él todavía no estaba del todo bien. Aun así, fue una experiencia poderosa para él y para todos nosotros. *Pero le costó a Don.* Más tarde, se dio cuenta de que probablemente no debió haber ido y que fue muy pronto.

Una vez que los diáconos lo metieron en la casa, ellos me ayudaron a ponerlo nuevamente en la cama de hospital. Él estaba tan cansado que se durmió casi inmediatamente.

En esos días el durmió muchísimo. Se estaba recuperando de una experiencia terrible y usaba toda su energía cuando estaba despierto.

Yo entendía, pero eso no hacía que las cosas fuesen más fáciles.

---

Nicole cumplió los trece años en junio de 1989, menos de un mes después de que Don vino a casa. Ambos queríamos que su cumpleaños fuese especial y no solo porque estaba entrando a sus años de adolescencia. Su cumpleaños también sería una oportunidad para que nosotros pudiésemos demostrar que el accidente no iba a ser una perturbación permanente para nuestra familia.

Aunque nuestra casa no tenía una piscina, Nicole siempre había querido tener una fiesta con piscina para su cumpleaños. Varias de sus amigas tenían piscinas en sus patios traseros y era «lo que estaba de moda» en esos días. Pudimos alquilar una piscina pública porque uno de los entrenadores de mi escuela la operaba durante el verano. Él también se ofreció como voluntario para ser el salvavidas para que no tuviésemos un gasto adicional. Dejamos que Nicole hiciera la lista de invitados y que decidiera la comida que ella quisiera.

El evento salió maravillosamente. Cocinamos a la parrilla, las niñas nadaron y después Nicole abrió sus regalos. Todo salió como lo planeamos y le dije a Don: «Fue una noche perfecta».

Con el pasar de los años, a Nicole se le han olvidado los detalles; pero yo recordaré para siempre lo que sentí al poder planear y llevar a cabo la fiesta. Fue más que una fiesta para nuestra hija. Entonces supe, verdaderamente supe, que las cosas iban a estar bien.

Planear y tener una fiesta de cumpleaños son simples sucesos ordinarios en las vidas de muchas familias. Para nuestra familia nada había sido simple ni ordinario por muchos meses. Nunca más volveríamos a dar por hecho esa clase de cosas.

La luz estaba apareciendo.

---

Don perdió mucho peso después del accidente. Él no comió mucho en el hospital y tenía poco o nada de apetito cuando lo trajimos a casa. No importa lo que yo sugiriera para comer o lo que cocinara, nada le apetecía. Tuve que rogarle que siguiera intentando, aun cuando él decía: «No tengo hambre».

El doctor de Don hizo hincapié acerca de la necesidad de darle más calorías a Don. El cuerpo necesita calorías para sanarse y él no estaba consiguiendo lo que necesitaba. Por supuesto que para mí, como muchas esposas que están en mi posición, el hecho de que él no quisiera comer también indicaba que yo había fallado. Eso no era verdad; pero era parte de las cosas con las que yo estaba luchando.

¿Por qué no podía empujarlo a que intentara más? Yo lo persuadía y le rogaba, pero mis palabras tenían poco efecto. Pude haber sido algo artera, me gusta pensar en ello como siendo creativa, pero algunas veces hacía que los niños me ayudaran. Ellos preparaban un bocata y se lo traían. Era más difícil decirles que no a ellos, especialmente cuando se quedaban allí de pie y le preguntaban: «¿Te gusta papá?».

Cada vez que Don comía un poco más de su comida, nos daba una sensación de victoria. Me sentí como una bravucona o una fastidiosa, pero le seguí insistiendo. Al ir forzándose a comer más, su apetito mejoró. Durante el verano, él hizo avances significativos. Eso para mí fue una señal más de que él se estaba mejorando.

Anoté en mi diario: «Don estaba de mal humor hoy. Él está intrigado acerca de algunas de mis decisiones, así que eso debe significar que se está mejorando. Ya no se voltea hacia el otro lado o se queda mirando en el espacio. Él ha empezado a hablarme».

# 27.
# El aprendizaje sigue

Aunque estábamos en casa, eso no significaba que los cuidados de la salud habían terminado. La enfermera visitante vino diariamente por dos meses. Durante ese mismo periodo, una fisioterapeuta visitaba tres veces a la semana.

Don estaba en casa y eso nos acercó a la manera normal de vida de nuevo. Él estaba progresando desde el punto de vista físico. Emocionalmente, todavía tenía problemas; y yo también. Después de más de quince años de estar casados, nosotros tuvimos que cambiar nuestras papeles en la relación.

Ya no era simplemente la esposa de Don y la madre de los niños. Las circunstancias me forzaron en la posición de tomar todas las decisiones grandes. En algunas maneras, esa era una caminata más seria por la oscuridad que el accidente y las primeras semanas de su recuperación. Al menos en esos días, podía agarrar las manos de mis amigos, hablar con el personal médico, o encontrar a alguien que me ayudara a tomar decisiones.

*¿Cómo tomo las decisiones ahora?*

No había ningún experto para ensenarme cómo debía responder. Ningún manual, ni un patrón. Hasta que pasó el accidente, nunca me había encargado de pagar las cuentas, era algo que a Don le gustaba hacer y yo estaba contenta de dejar que él lo hiciera. Ahora yo tenía que pagar las cuentas y asegurarme de que teníamos el dinero para pagarlas. Con los estados de cuenta y las facturas que nos estaban llegando, tuve que aprender a mantener nuestras finanzas en orden.

Me sentí como alguien que había pasado de trabajar en la sala de correos en una empresa gigante, a ser la presidenta, sin ninguna preparación en el medio. Tuve que aprender a llenar los formularios del seguro, y me había acostumbrado a hacer eso. Yo tenía que hacerlo, me estaban llegando constantemente y Don no lo podía hacer.

Solo quedaba yo. Y me sentí insuficiente.

¿Cómo cambié las cosas para tomar las decisiones por Don? Nosotros tenemos maneras diferentes de pensar respecto a muchas cosas y eso es normal. También sabía que quizá, no le iban a gustar algunas de mis decisiones. Como él se había encargado de todo a través de los años previos de nuestro matrimonio, me había sido difícil aceptar y tomar ese papel. En vez de Don decirme: «Tienes que hacer...», yo era la que estaba diciéndole esas palabras a él. Cada vez que tomaba otra decisión, se me hacía más fácil tomar la próxima.

En muchas maneras, también tomé el papel de la mamá de Don, un papel de cuidado maternal. Después de tomar la mayoría de las decisiones por él en el hospital, a Don le era difícil pensar y decidir cualquier cosa.

Aprendí sobre la marcha, en parte por la necesidad, pero resulté ser muy buena en lo de tomar decisiones. Para mi sorpresa, descubrí que yo podía evaluar entre las diferentes partes de un asunto y salir con la mejor decisión. Un año antes, no me hubiese visto haciendo eso.

No estoy diciendo que fue fácil o que me desperté el día después del accidente con un súper poder de tomar decisiones. Fue un proceso de crecimiento. A veces tenía éxito y en otras ocasiones estoy segura de que fracasé. Tuve que aprender a vivir por las palabras que a menudo les decía a mis estudiantes: «Está bien cometer errores, con tal de que aprendan algo de estos». Cometí muchos errores, pero cada vez traté de aprender una lección para que la próxima vez pudiera tomar una mejor decisión.

El primer logro de crecimiento después del hospital tuvo que ver con la compra de otro vehículo. Perdimos el auto de Don por siniestro total en el accidente y la compañía de seguros nos envió un cheque para el reemplazo. El dinero no era suficiente para comprarnos un auto nuevo, pero fue suficiente para un pago inicial.

Don no podía escoger ni comprar un vehículo, así que esa responsabilidad quedó siendo mía. Yo no podía comprar cualquier auto, ya que iba a pasar un largo tiempo antes de que él pudiese conducir nuevamente. Mientras más pensaba y oraba en cuanto a eso, más parecía que una camioneta proveería la solución sensible e inmediata. Podríamos meterlo a él y a su silla de ruedas adentro.

*Nunca he comprado un auto antes. ¿Cómo lo hago?*

Esa idea me tuvo preocupada por un día más o menos. Yo había escuchado a mi papá y a Don hablando acerca de cómo negociaban con el vendedor el precio que ellos aceptarían pagar cuando compran un auto. Una vez más, mi lado característico de no gustarme las confrontaciones salió a relucir. *¿Cómo se supone que yo deba hacer eso? ¿Cómo puedo negociar un precio mejor?*

Aunque cuando niña, a menudo ayudaba a papá a trabajar en los autos de nuestra familia, podía cambiar un neumático por mí misma y conocía un poco el lenguaje automovilístico, no tenía idea de en qué consistía un buen auto o cuánto sería muy caro. En esos días no existía el Internet para averiguar y no estoy segura de que sabría qué buscar aun si hubiese estado disponible.

También tengo que admitir que mi ego estaba involucrado. Quería impresionar a Don trayendo a casa el mejor vehículo, uno que lo complacería porque sería exactamente el que él mismo hubiese escogido.

Ken, el esposo de nuestra agente de seguros, Ann Dillman, se ofreció para ir conmigo a ver camionetas. Él estaba bien informado, así que pudo guiarme en cuanto a precios, estilo y calidad. Él sabía cómo hacer las preguntas correctas y no me dejaría meterme en un mal contrato.

Ken no se adueñó del proceso. Me dejó hacer preguntas y él proseguía si era necesario. Pienso que él entendía cuán importante era para mí sentir que yo fui la que finalicé el contrato. Fue un gran alivio ir con Ken y saber que él estaba cuidándome.

Después de haber estado buscando por tres días, encontramos una camioneta que me gustó en la Agencia Ford. Ken me aseguró que era un buen precio. Era un Aerostar nuevo azul con plateado del 1989.

Me gustó el nivel de los asientos porque no eran ni muy bajos ni muy altos para que Don pudiese entrar y salir de la camioneta. Él podría ponerse de pie en la silla de ruedas, virarse y sentarse mientras que alguien le agarrase la pierna. Entonces él podría deslizarse lateralmente por el asiento del medio para que su pierna se mantuviese apoyada.

Después nos dimos cuenta de que podíamos doblar los asientos del medio y los de atrás, y crear una cama doble. De esa manera, Don podía mirar hacia el frente y los asientos podían estar debajo de sus piernas para apoyarlo a él.

Yo compré el Aerostar porque sentí que eso era exactamente lo que necesitábamos aunque nunca me gustó mucho.

Cumplió lo que necesitábamos, trasportar a Don hasta que le quitaran el fijador de su pierna.

Estaba orgullosa de mí misma por haber tomado esa decisión tan grande de comprar una camioneta y de firmar el contrato. No estoy segura por qué, pero no le dije a Don lo que iba a hacer. Quizá fue porque imaginaba que me iba a dar una lista larga de cosas las que debía estar pendiente.

En algún nivel quería demostrar que yo lo podía hacer, que podía ser independiente si alguna vez llegase el tiempo en que Don no estuviese aquí. Durante todas las crisis que constituyeron un riesgo para la vida, no le había permitido a mi cerebro concentrarse en la muerte de Don. Yo estaba totalmente comprometida a hacer lo que fuese necesario para que él sobreviviera. Mirando atrás, me doy cuenta de que lo que yo realmente necesitaba era enfrentar la verdad de cuán cerca había estado de perderlo. Me tomó un tiempo, pero finalmente hice exactamente eso. También enfrenté la realización de que podía ocurrir otra vez. Fue un mensaje fuerte de que un día posiblemente tendría que continuar sola.

Después de que firmé el contrato y coordiné el tiempo para recoger la camioneta, le dije a Don: «Compré un segundo vehículo, una camioneta que va funcionar bien para ti. Voy a ir a recogerla con los niños». Se la describí y le dije cómo fue que Ken me ayudó mucho en el proceso de escogerla.

No recuerdo sus palabras, pero la mirada en su rostro preguntaba: ¿Hiciste *qué*?

Me sonreí, lo abracé y salí del cuarto antes de que pudiera preguntarme.

Cuando recogimos la camioneta, el vendedor tomó una foto de los niños y yo afuera de nuestra camioneta nueva e imprimió la foto sobre un calendario como una promoción para la Agencia Ford. Tuvimos ese calendario sobre el refrigerador por un largo tiempo. Era uno de esos calendarios que tienen una sola foto y los meses estaban adjuntos para irlos quitando uno a la vez. Por el resto de ese año, cada vez que miraba esa foto, me daba un sentimiento de orgullo por lo que yo había hecho.

Recoger la camioneta fue un viaje divertido para los niños y para mí. Y resultó una experiencia de «primera vez» para mí. Finalmente entendí a qué se refiere la gente cuando habla acerca del «olor de auto nuevo». Inhalé ese aroma por días.

La agencia también me dio un paquete con varios extras. Pasamos por un lava autos especial gratis y teníamos seis boletos más. Para mí era casi como haberme ganado la lotería.

Estaba orgullosa de mí misma porque había logrado lo que consideré una tarea enorme y la había hecho sin tener que pedirle ayuda a Don. Como no había hecho cosas así antes, había empezado mi caminata a través de la oscuridad sin ninguna confianza en mi propia habilidad. Cada vez que tomaba una decisión y especialmente cuando estaba decidiendo comprar una camioneta, elevé la confianza que tenía en mí misma y mis pasos se sintieron más seguros. Tuve que desarrollar ese nivel de confianza para poder encargarme de todas las responsabilidades de la casa. Pagué las cuentas, reconcilié el saldo de la chequera, traté con las compañías de seguros, presenté papeles legales, y eso era además de ser madre, mantener el hogar, comprar la comida y cocinar.

Claro está que llegó el día en que Don estaba curado y lo suficientemente bien como para reasumir su papel. Yo había querido que hiciera eso, pero cuando llegó el tiempo de entregarle las riendas, no me fue fácil regresar a mi papel anterior de dejar que él tomara todas las decisiones grandes solo. Me di cuenta de cuán importante era que ambos tuviésemos un entendimiento claro de las finanzas de nuestro hogar.

Antes del accidente, yo le había cedido muchas responsabilidades a él porque no estaba interesada. Él había tratado de involucrarme y no tuvo mucho éxito. El accidente me empujó hacia un territorio desconocido. Durante esos días no tuve ninguna otra opción que tomar las riendas.

Era tiempo para que Don y yo creáramos una nueva colaboración de trabajo, una en la que los dos estuviésemos involucrados en tomar las decisiones. Fue más fácil tomar esa decisión que ponerla en práctica. Entendí cómo se sentía estar elevada a una posición provisional en una empresa por unos cuántos meses y tener la autoridad para tomar decisiones. Sin embargo, después de un corto período, se regresa al trabajo viejo y se pierde la autoridad. Esa parte fue difícil para mí y me resultó difícil soltar las riendas. Había estado en control y había tomado la mayoría de las decisiones por más de cuatro meses. Algunas veces Don hizo preguntas y no le había gustado lo que yo había hecho, pero esas fueron mis decisiones y él las aceptó.

Una vez, cuando él dejó claro que no le había gustado lo que yo había hecho en una situación particular, le dije: «He hecho esto sola por cuatro meses. He aprendido a tomar decisiones y pienso que estaba en lo correcto sobre esto». No me acuerdo qué dirección tomó esa conversación después de eso, pero sí sé que fue la primera vez que hice el esfuerzo de involucrarme y eso nos permitió dialogar en serio una decisión, escuchar el punto de vista de cada uno y llegar a un entendimiento. Fue para ambos una nueva manera de hacer las cosas.

Hasta el tiempo del accidente, yo no había sido una fuerza impulsora en nuestra familia. Entonces las circunstancias me forzaron a tomar ese papel. No solo eso, me di cuenta de que en realidad yo era buena en cuanto a tomar decisiones y lidiando con responsabilidades. Pero para que nosotros pudiésemos restablecer el equilibrio anterior en nuestro matrimonio, yo tendría que regresarle la autoridad a él y no estaba lista para hacer eso. Me gustaba mi nueva libertad y las lecciones no habían sido fáciles de aprender. Me di cuenta de que nunca podría regresar y ser probablemente la compañera silenciosa en cuanto a nuestras decisiones.

Los dos hicimos ajustes durante las próximas semanas. Ninguno de los dos somos exactamente los mismos que fuimos antes del accidente. A través de los años, hemos hecho más ajustes y nuestra relación se ha convertido en una cuestión de compartir.

La experiencia también me ha hecho más abierta e involucrada. Desarrollé confianza en mi habilidad, hasta en cosas con las cuales no había tratado antes. He descubierto que me gusta afrontar nuevos problemas, investigar y limitar las opciones.

Hoy en día, a menudo hago el trabajo preliminar antes de que Don y yo discutamos el asunto y lleguemos a una resolución final. Por ejemplo, cuando tomamos la decisión de mudarnos, me puse en contacto con la agente de la inmobiliaria, vi varias casas y limité las opciones. Trabajamos juntos para tomar la decisión.

Mientras estaba escribiendo este libro, me di cuenta de que probablemente yo sé más acerca de los detalles de nuestras finanzas que Don. Aunque pasarían muchos años antes de que Don trabajase como conferencista en vez de como pastor, yo estaba cuadrando las cuentas de nuestra chequera. Por haber dado los pasos y aferrarme a lo que aprendí, estábamos listos para que yo me encargara de los asuntos de negocios antes de que Don empezara a viajar. Desde la edición de *90 minutos en el cielo* en 2004, Don ha estado viajando constantemente. Él da conferencias al menos 200 veces al año. Cuando él está en casa, necesita descansar y recargarse. Hago lo más que puedo para que él no tenga que enfrentarse con problemas pequeños. Y todavía disfruto las tareas.

También quiero señalar que Don tenía más confianza en mi habilidad para hacer las cosas, que yo. Ocasionalmente, en especial después de que se mejoró, le pedía que hiciera una tarea. Él no la rehusaba, pero tampoco la hacía.

Por ejemplo, una vez la camioneta necesitaba un cambio de aceite, así que le pedí que la llevara para que se lo hiciera, porque él podía hacer eso. No recuerdo que haya dicho nada, pero definitivamente no dijo que lo haría.

Después de la tercera vez que se lo pedí y todavía no lo había hecho, sentí que estaba siendo agobiante y decidí no preguntarle otra vez. Más tarde, ese día, me metí en la camioneta y la conduje hacia el mecánico, pasé por el proceso y conduje de regreso a casa. Le dije lo que había hecho.

«Yo sabía que lo podías hacer», entonces se sonrió.

Entonces me di cuenta de que el me había forzado silenciosamente a que diera otro paso por mí misma. Le sonreí.

Él continuó alentándome, pero el accidente me había empujado hasta donde había aprendido a ser más asertiva. Tengo un sentido más fuerte de quién soy, y valoro las cosas que puedo hacer.

Por encima de todo, he aprendido a valerme por mí misma. Puedo decir que no tengo miedo o no estoy renuente a luchar por algo si creo que es importante. Como me lo recordé en el hospital, me había puesto más fuerte. Filipenses 4.13 fue uno de esos versículos que me animaron y me mantuvieron enfocada: «Todo lo puedo en Cristo que me fortalece».

Tomé ese versículo a pecho y hoy en día soy una persona más asertiva. Me valgo por mí misma mejor. No tengo miedo de persistir en algo hasta conseguir lo que necesito. Pero a menudo les digo a las esposas: «Tu esposo no tiene que recibir un encontronazo de un camión grande para que aprendas estas verdades».

# 28.
# VIAJANDO CON LOS JÓVENES

Don quería regresar al trabajo pero no podía reanudar sus responsabilidades por completo. Él todavía era el pastor de jóvenes en la iglesia bautista de South Park en Alvin. *El* gran evento del año para la gente joven era el campamento de jóvenes. Obviamente no pudo asistir en el verano de 1989.

No estoy segura de cómo fue que pasó, pero los líderes de la iglesia me escogieron para que fuese la acompañante en su lugar. Secretamente pienso que fue idea de Suzan y que Don estuvo de acuerdo. Fue una conspiración para sacarme de la casa.

Cuando originalmente hablamos acerca de ir con los jóvenes, yo no estaba entusiasmada. «La última cosa que quiero hacer este verano es tener que pasar mi tiempo con un grupo de adolescentes», dije yo. «A mí me gustan los niños de la escuela primaria».

Don no discutió conmigo, pero no prometió hacer otros planes con la iglesia.

Sin embargo, mientras más lo pensaba, más abierta me ponía en cuanto a ir. También me di cuenta de que iba a tener una oportunidad de estar con Nicole y sus amigas porque ellas irían en nuestra camioneta. Acepté pero todavía tenía un poco de vacilación.

La mamá de Don vino a Alvin para quedarse con él mientras que yo me fui con los jóvenes a la Universidad de Baylor en Waco, la cual estaba a casi 300 kilómetros de distancia. Los varoncitos se quedaron en casa y yo sabía que no iban a causar problemas (y no lo hicieron). Esta iba a ser la primera vez en que Nicole sería lo suficientemente mayor como para ir a un campamento de jóvenes. Fue un gran evento para ella.

Salimos el lunes temprano por la mañana y regresamos el viernes tarde por la noche. Conduje la camioneta llena con seis chicas.

Nos quedamos en una habitación. Me sonreí cuando vi el cuarto. Era mucho mejor que donde tuve que dormir en el hospital St. Luke. No recuerdo mucho, excepto que era un dormitorio típico con camas gemelas. Cada cuarto tenía escritorios y estantes fijos. Me quedé en el primer piso y teníamos ventanas grandes que daban hacia la calle. Mi compañera de cuarto, una acompañante de otra iglesia, era alguien que yo no había conocido antes del campamento. Inmediatamente nos sentimos a gusto la una con la otra y terminamos pasando bastante tiempo juntas.

Aunque el clima estaba inusualmente caluroso para esa época del año, tuvimos un tiempo placentero en Baylor. La idea de tener un campamento de jóvenes es para fortalecer a los adolescentes y ayudarlos a crecer en su fe cristiana. Aunque todos veníamos de iglesias bautistas en Texas, algunos de los jóvenes no eran miembros de la iglesia y otros no habían hecho compromisos con Jesucristo. El campamento también era una manera de evangelizar al invitar a los jóvenes que no estaban activos pero que querían divertirse por unos cuantos días.

Teníamos estudios bíblicos cada mañana, actividades deportivas por las tardes y un servicio de adoración cada noche. Cada evento estaba centrado en los jóvenes. Al final del primer servicio de adoración, alabé a Dios por darme la oportunidad de ir aunque había estado reacia al principio.

No me preocupé por Don ni por los varoncitos durante toda la semana. Pensé en ellos todos los días, varias veces al día, pero fue un bendecido descanso para mí estar fuera por unos cuantos días y en algo distinto de mi rutina normal.

Como la mamá de Don se estaba encargando de todo, yo estaba en paz, sabiendo que ella llamaría si me necesitaban. No teníamos teléfonos celulares en esos días, así que no había ningún contacto instantáneo. Tenían el teléfono del campamento y alguien me haría llegar el mensaje si fuese necesario (ellos nunca llamaron).

Para el tiempo en que estábamos listos para regresar a Alvin, le di gracias a Dios por darme el privilegio de estar con esos adolescentes. Me sentí animada, honrada y agradecida por la oportunidad de servir a Dios al cuidar a esos jóvenes.

Cada día fue especial, pero la parte más memorable para mí sucedió dentro de la camioneta cuando estábamos de regreso. Estábamos viajando en el vehículo y hablando sobre los eventos. Las chicas estaban animadas y emocionadas acerca de todo lo que les había pasado durante la semana.

Cuando hubo una pausa en la conversación, una chica que no era miembro de la iglesia preguntó: «¿Qué es lo que significa ser cristiano?».

Para mí y para las chicas fue exactamente la pregunta que queríamos contestar. «En vez de tratar de contestarte mientras estoy conduciendo», le dije, «¿te molestaría si conducimos hacia la orilla de la carretera y estacionamos la camioneta? De esa manera podría darte toda mi atención».

«Está bien».

Por la manera en que ella respondió, me pude dar cuenta de que para ella esa era una pregunta seria. Conduje hacia el arcén. No tuve que decirles nada a las otras niñas. Hubo silencio total por varios minutos. Nicole y aquellas que estaban sentadas cerca de mí tenían los ojos cerrados y estaban orando.

Le hablé a la jóven acerca del amor de Dios y por qué necesitamos a Jesucristo en nuestras vidas. Cuando hice una pausa, dos o tres jovencitas hicieron comentarios que ayudaron y yo agradecí eso. No solo demostraron que entendían y querían que ella experimentara una relación con el Salvador, sino que estaban conscientes de que estaban involucradas en enseñarle a su amiga el camino para seguir a Jesucristo.

Después de quizás diez minutos, ella entendió todo lo que le habíamos dicho. Entonces ella hizo la pregunta grande: «¿Cómo llego a ser cristiana?».

Le explicamos que si ella creía, realmente creía, eso era todo lo que Dios requería. Claro está, también le hablé acerca de crecer como una creyente leyendo la Biblia y juntándose con otros cristianos.

Ella absorbió todo lo que le dije y le pedí que orara para que Dios entrara en su vida. Empecé con una oración sencilla: «Señor, tenemos a una jovencita aquí que quiere entrar a tu Reino, así que ella te va a hablar ahora».

Ella inclinó la cabeza y dijo: «Jesús, perdona mis pecados. Quiero que entres en mi corazón y que me salves».

Dos de las chicas también oraron por ella. Las lágrimas brotaron. Fue un tiempo tan especial, y todas estaban contentas y emocionadas por ella.

Regresé a la carretera y la emoción continuó por todo el camino de regreso hacia Alvin.

Después me di cuenta de qué bendición me hubiese perdido si no hubiese ido al campamento. Es un pensamiento solemne el darme cuenta de que había podido tener un papel en cuanto a dónde esa jovencita iba a pasar la Eternidad. Sin el accidente de Don, yo no hubiese conducido la camioneta esa semana. Me recuerda que Dios puede tomar una situación horrible y usarla para hacer brillar su luz. Ese día, el rostro de una jovencita brilló con la luz del amor de Dios.

# 29.
# Aprendiendo a caminar

De regreso en Alvin después del campamento de jóvenes, nuestras vidas tomaron una rutina. Tanto como fuera posible, traté de mantener todo moviéndose normalmente. Tener el verano fuera del salón de clases fue placentero para mí. Tenía una tarea grande hasta que la escuela empezara nuevamente y era la de concentrarme en mi familia.

El verano de 1989 fue particularmente desafiante para nosotros, aun con la ayuda de nuestros amigos. Una de las cosas grandes fue la fisioterapia de Don. Todavía le dolía cuando la fisioterapista estaba trabajando con él y después quedaba exhausto.

La fisioterapista ayudó a Don a salirse de la cama y la rutina empezó. Tan pronto Don pudo, la terapeuta lo ayudó a ponerse de pie y a empezar a caminar. Don no rehusó, pero él no quería hacer todas las cosas que le exigían que hiciera. Él hizo todo lo que las terapeutas le pedían, pero gemía y a veces se quejaba después, y amenazaba diciendo que no iba a obedecer la próxima vez.

Fue una batalla diaria. Era difícil para mí verlo luchar a través de la terapia. Muchas veces al mirar su rostro mientras él se retorcía con dolor, yo quería decirles a las terapeutas: «¡Paren de hacer eso, ya ha llegado a su límite!». Por supuesto que no lo hacía porque Don tenía que soportar el dolor para poder mejorarse. Esos eran los tiempos en que yo tenía que pensar en el futuro. Sin la terapia, Don nunca recuperaría la habilidad de caminar. Era un precio que valía la pena pagar, por parte de ambos. Muchas veces yo tenía que salir del cuarto para que él no me viera llorar. Yo estaba pasando dolor porque él estaba pasando dolor.

Don todavía tenía el aparato en su pierna, pero la terapeuta sentía que era importante que él usara los músculos que todavía tenía. El fijador se quedó en su brazo hasta el mes de mayo, poco menos de cinco meses después del accidente. Después de que se lo quitaron, nosotros conseguimos un andador ortopédico y Don aprendió a caminar con él. La casa de alquiler tenía un patio en la parte de atrás donde podía practicar.

---

Nuestras vidas se complicaron más. En la mitad del verano, regresamos a la iglesia, incluyendo a Don, aunque estaba en una silla de ruedas con el fijador en su pierna.

Muchas personas piensan que los ministros solo trabajan los domingos. Tengo una verdad que anunciar. Ser un ministro siempre es agotador, y los ministros están disponibles las veinticuatro horas al día, siete días a la semana. Don siempre ha dado su tiempo y su energía desinteresadamente a su llamado. El verano está lleno de más actividades de lo usual porque es el tiempo del año en que los jóvenes están más ocupados.

Don no quería que su grupo se perdiera nada. En medio de la fisioterapia y las citas médicas (las cuales requerían una hora de viaje tanto para ir como para regresar del centro médico), yo trataba de dar una mano y ayudar cuando pudiera. Yo también quería restablecer un poco de normalidad para nuestros hijos. Dos varoncitos de ocho años de edad y una chica adolescente podían salirse con muchas cosas que ellos quisieran hacer.

Por meses, mi enfoque primario fue cuidar a Don y también ser una madre para mis tres hijos. Aunque fue agotador cuidar a los hijos y a un esposo que todavía estaba físicamente dependiente, yo estaba feliz de hacerlo. Al ir pasando el verano, llegué a estar mejor dotada para hacer malabarismos para compaginar las actividades. Todavía estaba pagando las cuentas, abordando con asuntos legales y observando cuidadosamente a Don para asegurarme de que él no se excediera (tuve que detenerlo varias veces).

Cuando mis estudiantes tenían problemas con las matemáticas en la escuela o con las palabras del vocabulario, yo a menudo les decía: «Sigue adelante con eso. Mientras más hagas algo, mejor lo vas a conseguir». Así es como yo me sentía en cuanto a todo lo que tenía que hacer.

A veces no tenía éxito al hacer malabarismos para compaginar las actividades a la misma vez. Unas cuantas veces hice citas para dos cosas al mismo tiempo o no dejé tiempo suficiente entre eventos (la mayoría de las personas entendían y me perdonaban). Pero en unas cuantas semanas me sentí cómoda con mi nuevo papel de presidente de la familia Piper. Otros me ayudaron y yo aprecié que lo hicieran, pero yo tenía la responsabilidad de asegurarme de que todo funcionara bien y sin problemas.

Una tarea regular y significativa durante el verano fue la de limpiar los agujeritos del fijador de Don. Como lo mencioné antes, alguien tenía que limpiarlos todos los días y yo escogí hacerlo. El problema más grande era evitar que su piel se le pegara a los alambres. Inicialmente usábamos pedazos de gaza empapados de Hibiclens, un jabón desinfectante, con un lado cortado para que quedara bien alrededor del alambre. Aunque cortar la raja no tomaba largo tiempo, yo tenía que tener cuidado de que ningún hilo estuviese suelto ni pudiera quedar enganchado ni en los alambres ni en su piel.

Como siempre, la tecnología médica sigue avanzando. Aprendí que un mejor método había sido inventado. Para enseñarme, una enfermera trajo una caja del nuevo material. Adentro estaban 100 círculos pequeños de gomaespumas, cada uno con una raja cortada de un lado. Un tornillo pequeño de plástico lo mantenía en su sitio alrededor del alambre. La goma espuma se empapaba en el Hibiclens y luego se ponía alrededor del alambre.

Una vez miré la caja pequeña y la etiqueta con el precio que todavía estaba en ella. Cada caja contenía 100 discos y cada disco costaba $6.60. Eso significaba que cada caja de 100, costaba $660.00. Y nosotros usábamos tres docenas de discos al día. Ese era un recordatorio más de los gastos que se estaban acumulando en cuanto a la hospitalización de Don.

Él también tenía que recibir inyecciones, primeramente para el dolor y los antibióticos. Aprendí a inyectarle también. Dentro de unos cuantos días después de habernos trasladado, nuestro cuarto de estar parecía un cuarto de hospital. Pero estar en casa animó a Don.

En el segundo día que estábamos en la casa, él miró por la ventana y dijo: «Puedo ver a personas que no usan uniformes blancos».

Teniéndolo en casa fue definitivamente más trabajo para mí, pero valía la pena. Cada día, sentía que nuestras vidas estaban regresando lentamente a alguna forma de normalidad, no la clase que conocíamos antes, pero una normalidad ajustada. Don todavía estaba deprimido, pero no estaba tan mal como lo había estado en el hospital.

Don había estado en el hospital por 105 días, pero ahora estaba en casa. Por un total de trece meses él se acostó en una cama de hospital. Pero excepto por unas cuantas recaídas, se mejoraba cada día.

Él empezó a caminar otra vez, aun con el anillo de casi catorce kilos de acero inoxidable que estaba en su pie izquierdo. El primer día que lo intentó, dio exactamente tres pasos y casi se desploma.

Don pensó que había fallado; yo me alegré porque él había tenido éxito. Yo estaba contenta porque realmente estaba caminando por sí solo.

Tres pasos no suenan como mucho, pero para alguien que no había caminado por casi cuatro meses y a quien le habían dicho que no iba a poder caminar otra vez, aun tres pasos fue un logro asombroso. Es como cuando tu niño da su primer paso. Pensé en padres de niños pequeños. «Nuestro hijo dio su primer paso hoy». Dicen y brillan con orgullo. Se emocionan acerca del progreso más pequeño. Me acordé con cariño cómo me sentí con nuestros tres hijos. Sabía muy bien desde donde empezó Don y por cuanto había pasado para poder lograr el acto de caminar.

Al ver su progreso, me sentía muy orgullosa de Don. Quería llamar a todo el mundo y compartir mi emoción. Cada persona con quien hablé se alegró conmigo. El entusiasmo de ellos añadió a mi alegría.

Después de sus tres pasos iniciales, Don se mejoró un poco más cada día. Dentro del próximo par de meses, a pesar de tener ese aparato horrible en su pierna, él estaba caminado por toda la casa, pero no con elegancia ni rápidamente. Me sonreía al verlo cojeando. Se veía gracioso, pero él *estaba* caminando.

---

Fue un alivio saber que no teníamos que preocuparnos acerca de pagar las cuentas médicas, pero Don tuvo que ir a una audiencia una vez. Aunque nuestro abogado se encargó de todo, Don todavía tuvo que aparecer en persona para una declaración judicial en el otoño de 1989. Tuvo que ir al juzgado para que el Comité de la Compensación para Trabajadores lo pudiera ver y para que él pudiera demostrar lo que reclamaba. No fui porque yo estaba enseñando, así que nuestro abogado recogió a Don y lo llevó al centro de Houston.

La Compensación para Trabajadores tiene sus propias instalaciones en la calle Tuam en el centro de Houston. Tan pronto llegaron, nuestro abogado rodó a Don al cuarto en su silla de ruedas. Varios miembros del comité examinador estaban sentados al frente en una mesa grande y redonda.

Cuando llegó el turno de Don, él todavía estaba usando el fijador, ellos se le quedaron mirando a él y al aparato horrible. El encargado del comité dijo «No necesitamos que diga nada, señor Piper. Vamos a encargarnos de esto. Sentimos mucho haberlo hecho venir hoy. No teníamos idea de que usted estaba tan gravemente lesionado».

Su condición era evidente y verlo en persona era todo lo que ellos necesitaban. Fue obvio que Don merecía cualquiera compensación que ellos le podían dar. La Compensación para Trabajadores nunca ha sido un problema desde ese entonces. Él tiene beneficios médicos de por vida para cualquier cosa relacionada con el accidente.

El único problema que podemos enfrentar es que si alguna cosa saliera, y no estuviera en la lista inicial del informe del accidente, aunque fuese una complicación a causa de este, tenemos que luchar para que lo paguen. Frecuentemente tenemos que ir a través de varios pasos para demostrar que el problema está relacionado con el accidente. Lo normal es que se forma una batalla entre nuestro seguro de Compensación para Trabajadores y nuestra compañía de seguros normal. Ninguno de los dos quiere pagar y cada uno asegura que es la responsabilidad del otro. He pasado horas en el teléfono tratando de arreglarlo todo.

Unas cuantas veces he tenido que decir firmemente: «No me importa quién va a pagar. Solo quiero que se encarguen de mi esposo. ¿Con quién tengo que hablar para que esto suceda?».

Eso da resultados. Algunas de las lecciones que todavía uso, las cuales aprendí a causa del accidente.

Don había salido del hospital y había estado en casa por poco tiempo, y todavía estaba maltrecho pero se estaba mejorando, lo cual era lo más importante. Entonces fue cuando nos informaron que Nicole se había ganado el título de Reina con un cetro en una ceremonia de coronación en la iglesia bautista de South Park.

Ella era parte de una organización bautista del sur llamada Girls in Action (o GA) [Chicas en acción] para niñas más jovencitas y Acteens [Jóvenes de acción] para las chicas que cursan la escuela secundaria. Ella cumplió con los requisitos para ser elegible para el honor, el cual incluyó un nivel alto de actividades, tales como memorizar una cierta cantidad de versículos bíblicos, hacer proyectos y participar en viajes misioneros.

La mayoría del tiempo, ella cumplió con los requisitos mientras estaba hospedada en la casa de Stan y Suzan Mauldin. Traté de animarla cada vez que podía; Don estaba muy enfermo para estar consciente de lo que ella estaba atravesando.

Eso significa que Nicole lo hizo sola sin ninguna incitación de parte de ninguno de nosotros. Cuando supimos del honor que le otorgaron, nos hizo estar mucho más orgullosos de ella.

Esto también creó un problema. Una de las tradiciones de la coronación era que el padre escoltara a la reina por el pasillo.

Para nuestro deleite, los doctores de Don le dieron de alta del hospital poco antes de la ceremonia de coronación. Yo no pensaba que era una buena idea para que él se aventurara tan rápidamente, pero eso era importante para Don. Como él dijo: «No es su boda, pero es el momento más grande de su vida como jovencita».

Don, aún en su silla de ruedas, fue con ella. Nicole lo tomó del brazo mientras que él rodó en la silla de ruedas por el pasillo. Los gemelos, llevando la corona y el cetro en almohadillas, caminaron detrás de ellos. Los gemelos también rodaron la silla de ruedas porque Don no podía hacerlo por sí solo, ya que su brazo izquierdo había estado gravemente lesionado.

Esa noche fue especial para nosotros. A pesar de su dolor, Don sonrió de una manera que yo no había visto desde el accidente. La sonrisa en el rostro de Nicole hizo patente que ella se sentía honrada de que su papá hubiera «caminado» por el pasillo con ella.

Me quedé en la parte de atrás y observé mientras las lágrimas me corrían por las mejillas. Otras cuantas personas de la audiencia en South

Park también lloraron. Fue un momento muy emocional. La mayoría de la gente estaba impresionada de que Don estuviera allí, pero la noche le pertenecía a Nicole.

Cuando trajimos a Don a la casa esa noche, él estaba exhausto, como yo sabía que iba a estar. Su nivel de dolor se intensificó a causa del esfuerzo, pero él no se quejó. Haber estado con su hija en su primer gran evento valió la pena el dolor.

---

Al final de agosto o a principios de septiembre, Don salió hacia afuera de la casa mientras yo estaba lavando la camioneta. Él todavía no había dejado su silla de ruedas, pero podía caminar por cortas distancias con su andador ortopédico o con sus muletas. Él salió para el frente de la casa y estaba observando. No estábamos hablando de nada importante.

Me detuve para vaciar el cubo de agua sucia. Casi estaba terminando y estaba totalmente concentrada en dejar todo limpio.

Chris vino hacia mí y dijo: «Papá quería las llaves de la camoineta».

Me volteé. Don estaba sentado en la parte delantera de la camioneta, en el asiento del conductor, él tenía las llaves en su mano derecha, sonrió y las tintineó.

«¿Qué estás haciendo?», le pregunté. Todavía tenía el fijador de Ilizarov en la pierna.

«Voy a conducir».

«No, no vas a hacerlo», empecé a discutir. «Es muy temprano para...». Y entonces vi su expresión. «Está bien».

Yo no creía que Don estuviera listo para conducir, pero la determinación en su rostro y la forma en que estaba sentado, hicieron que me diera cuenta de que no era un asunto para discutir. Era uno de esos momentos en que él sabía lo que quería hacer. Nada iba a detener su determinación de intentarlo.

No había visto esa determinación en su rostro desde el accidente.

Aunque consideré que era muy temprano, su estado emocional era más importante.

Don dio la marcha al motor mientras yo estaba cerrando la puerta del copiloto. Yo estaba de pie en el camino de entrada y él daba marcha atrás con la camioneta lentamente hacia la calle. Me tomó todo lo que tenía para no saltar enfrente de la camioneta para que él no siguiera hacia adelante. En mi cabeza, yo entendía su necesidad de regresar al asiento del conductor, pero mi corazón estaba gritando que no.

Hasta ese momento, aun cuando no estaba con Don, yo sabía que él estaba dependiendo de otros para que lo cuidaran y proveyeran lo que él necesitaba. Para él conducir significaba que por primera vez desde el accidente, podía ser independiente.

Cuando él dobló la esquina, oré para que Dios lo mantuviese a salvo. Desde el accidente, yo tenía más práctica en cuanto a soltar mis temores y dárselos a Dios. Eso no quiere decir que nunca me preocupaba, pero había llegado al punto donde no permitía que el temor me controlara.

Don solo se fue por unos minutos, solo dio la vuelta a la manzana, aunque pareció ser un rato largo, muy largo. No respiré fácilmente hasta que la camioneta regresó nuevamente a nuestra calle.

Cuando él regresó al camino de entrada, la mirada de triunfo en su rostro fue asombrosa. Fue como que si él hubiese dicho: «Ahora tengo un poco de control sobre mi vida. Puedo conducir. Puedo hacer cosas».

Ese día, cuando él condujo, fue una fuerte declaración de independencia.

Después de que condujo ese día, fue como si hubiera pasado su primer examen de conducir.

Él nos llevaba conduciendo casi por dondequiera. Nos metíamos a la camioneta y nos llevaba al centro comercial que estaba a corta distancia de nuestra casa. Cuando él salía de la camioneta, la mayoría de las veces nosotros lo ayudábamos a que se metiera nuevamente a la salida. Caminar con ese aparato todavía era problemático, y el tiro de la gravedad lo hace peor. Los niños y yo tomábamos turnos empujando a Don mientras él caminaba por el centro comercial. La gente generalmente se nos quedaba mirando cuando pasábamos porque el aparato de Don atraía una atención indeseada.

Eso suplió otra lección más para mí y nuestros hijos. Hoy en día somos sensibles a aquellos que están tratando con condiciones de minusvalía. Nosotros nos acordamos cómo se sintió ser vistos como una clase de circo de los fenómenos. Aun con las miradas indeseadas y los comentarios ocasionales, disfrutábamos pasar el tiempo juntos y ser una familia.

Esto era progreso e hizo una gran diferencia en la actitud de Don. Él podía moverse otra vez y no estaba atrapado dentro de la casa todo el día.

Por más que trataba de mejorarse, Don todavía tenía poca energía y no tomaba mucho para que quedara exhausto. No era solo la falta de energía, sino que todavía estaba bajo de peso. Él estaba empezando a subir de peso, pero no mucho. Algunos de sus músculos se habían atrofiado porque no habían sido usados, aunque las sesiones de terapia dos veces a la semana le ayudaron a restaurar masa muscular.

Una de las cosas que hicimos fue hacerle batidos de proteína todos los días. Experimentamos con diferentes sabores, tratando de encontrar uno que él disfrutara y tomara. Su favorito quedó siendo el de plátano. Todo esto era parte del proceso de la terapia y la dieta. Todavía nos tomó meses antes de que él pudiese regresar a hacer cosas normales por prolongados periodos de tiempo.

Continúe pensando en él conduciendo por una calle. Ese fue *el* momento de cambio. La determinación en su rostro gritó: «¡Voy a conseguir hacer esto!». Después de ese paseo él era diferente. Mejoró en varios niveles.

«Estoy consiguiendo a mi esposo nuevamente», me dije a mí misma. Sin embargo, supe aun en ese momento y lo vi más claramente, que el Don que existió antes del accidente se había marchado.

Yo estaba triste al pensar que Don nunca más iba a ser el aventurero que había sido antes. Yendo a hacer esquí acuático con los jóvenes aunque no sabía nadar, deslizándose por la pista de esquí de categoría «diamante negra» (para expertos), en su primer viaje de esquiar por la nieve, el cual me aseguró que fue por accidente. No me ha convencido. Esas son las cosas que él no volvería a hacer otra vez. A Don le fascinaba jugar al tenis, caminar, montar en bicicleta. Esas cosas también estaban en el pasado. Estoy adolorida por la pérdida que tuvo.

Pero Don, el hombre, estaba regresando. Yo podía ver una nueva fortaleza en su rostro, un sentido de propósito y especialmente esperanza. Él nunca iba a ser el mismo, pero definitivamente estaba más cerca de ser el que había sido antes del accidente, de lo que había sido durante los meses anteriores.

# 30.
# Adiós al fijador

Noviembre de 1989 continúa siendo un tiempo especial para Don y para mí, por una razón importante: el aparato de Ilizarov había hecho lo que tenía que hacer y él estaba listo para que su médico se lo quitara. Si el aparato había tenido éxito, y no estábamos seguros de eso, Don podría empezar a caminar por sí solo. Los dos estábamos emocionados y un poco ansiosos por el evento.

Me tomé el día libre de la escuela y llevé a Don al hospital de St. Luke en la camioneta. Los dos estábamos tensos; sentí como si ambos estuviéramos conteniendo la respiración durante todo el viaje. El doctor Tom Greider le quitó el aparato (todavía tenemos una parte para enseñarle a la gente). Entonces puso un aparato de refuerzo en la pierna de Don para caminar. Como había estado con nosotros a través de la mayor parte de la dura experiencia de Don, llamábamos al doctor por su nombre de pila, Tom.

Según recuerdo, tomó como unas seis horas para que él le quitara esa jaula de acero. Después de que se la quitó, vino a la sala de espera con una sonrisa enorme en la cara.

Eso fue suficiente para mí, pero él añadió: «Eva, todo salió muy bien».

Me sentí aliviada, aunque no esperaba que nada saliera mal. Sin embargo, oírle decir eso me ayudó a relajarme.

Tom se sentó a mi lado y dijo: «Hay una cosa. Cuando los huesos se sanaron, uno se deslizó por encima del otro».

«¿Y qué es lo que significa eso?».

«Los huesos no están parejos. Don va a estar más corto de estatura en el lado izquierdo».

«¿Cuán corto?».

«Como un poco menos que cuatro centímetros», dijo él. «Pero el procedimiento funcionó. Tejió e hizo exactamente lo que estaba supuesto a hacer. Le puse placas de metal dentro de su pierna para estabilizar el hueso. Con el tiempo vamos a poder quitar las placas cuando el hueso se fortalezca».

Tom estaba orgulloso de su trabajo, como debió haberlo estado. Era un nuevo procedimiento médico y pienso que era la primera vez que alguien lo había hecho en un fémur aquí en este país. Me di cuenta en ese entonces de que él no estaba muy seguro en el principio como parecía haberlo estado.

«El Ilizarov hizo lo que estaba supuesto a hacer», él reiteró. «No fue perfecto. Darle vueltas a los tornillos diariamente fue lo que hizo que los huesos se unieran. Si hubiese salido perfectamente, los dos huesos se hubiesen unido exactamente y ahora sus dos piernas hubiesen estado a la misma altura. Pero en algún lado, durante el crecimiento del hueso, el hueso de arriba se deslizó un poco sobre el de abajo».

A pesar de la falta de perfección, la estructura de Ilizarov funcionó como estaba supuesto a hacer y Don pudo salvar su pierna. Eso en sí fue un milagro.

---

Para quitar el fijador, tuvieron que poner a Don a dormir. Fue un proceso largo. Después de que el personal médico lo sacó del cuarto de recuperación, lo enviaron a un cuarto de hospital. Yo estaba esperando allí cuando se abrió la puerta y trajeron su camilla adentro. Él estaba cubierto con una sábana. Previamente, la sábana había cubierto ese aparato enorme del fijador, creando una clase de tienda. Esta vez fue diferente. La sábana en realidad cubría su pierna. ¡Fue la primera vez en diez meses que cualquier cosa había tocado la piel de su pierna! Me salieron lágrimas de alegría.

Eso suena como algo pequeño, pero es una imagen que todavía puedo ver en mi mente. Él había salido de esos meses de agonía y pronto iba a caminar con sus propias piernas.

Su pierna izquierda estaba hinchada, por supuesto, y envuelta en un vendaje de compresión, pero el aparato se había ido. Eso hizo que ese día fuese especial para mí.

El aparato de refuerzo que Don tenía que usar estaba hecho de cuero y metal. La correa de cuero se amarraba a su cintura y las barras planas de metal iban a lo largo de su pierna. Un zapato negro estaba adjuntado al nuevo aparato. El aparato mantenía su pierna recta como soporte para que el hueso pudiese continuar sanándose. Pasarían varios meses antes de que él se pudiese quitar ese aparato. El aparato evitaba que él doblase la pierna por el momento; los doctores no estaban seguros de cuánto iba a poder doblar la pierna después.

Le habían quitado los clavos, y los alambres ya no estaban colocados a través de sus piernas. Iba a poder moverse más. Antes de que ese día se acabara, él pudo caminar unos cuantos pasos usando muletas. Como no tenía que cargar con el peso adicional del Ilizarov, se le hizo más fácil caminar.

Nos sonreímos mutuamente mientras estábamos caminando por el pasillo.

Todavía no estábamos listos para librarnos de la silla de ruedas, pero la usábamos menos y menos. Si Don se quedaba despierto por mucho tiempo o quedaba agotado, él usaba sus muletas o su andador ortopédico. En unas cuantas ocasiones, él estaba tan exhausto que se dejaba caer en la silla de ruedas.

El uso ocasional de la silla de ruedas no nos desanimó ni a Don ni a mí. La fisioterapia estaba dando resultados y su condición estaba mejorando.

La resistencia de Don aumentó y parecía que yo podía verle mejorando día a día. Sin embargo, algunos días él se excedía y el próximo día regresaba a la silla de ruedas. Pero eso estaba bien. El proceso de ir hacia adelante y hacia atrás se convirtió en parte de nuestro nuevo estilo de vida. Cuando usábamos la silla de ruedas, me convertí en una experta ayudándolo. Podía empujar la silla en cualquier lado e ir por las curvas y sobre los hoyos. En un punto pensé: *nuestra vida está llena de sillas de ruedas, muletas, andaderas ortopédicas y aparatos de refuerzo, pero todavía es una buena vida. Don y yo estamos juntos.*

Eso era bueno. La depresión casi se le había ido del todo y sentí que tenía a mi esposo otra vez. Don nunca iba a ser el mismo físicamente. En varias maneras, los dos habíamos sido cambiados emocionalmente por el accidente. Nos habíamos establecido en nuestra nueva manera de vivir. Don empezó a recobrar su confianza y su determinación. Debajo de todo el herraje, él todavía era el hombre que yo amaba y con quien me había casado.

# 31.
# LAS MUCHAS PREGUNTAS

¿Alguna vez has cuestionado a Dios o le has preguntado por qué tuviste que pasar por esto? Como dije en uno de los capítulos anteriores, oigo esa pregunta muy a menudo.

La respuesta es que sí he cuestionado a Dios, unas cuantas veces. Pero no estoy segura de que alguna vez le haya preguntado por qué tuvimos que pasar por nuestra experiencia difícil. A la verdad, lo acepté como que era la voluntad de Dios. Quizás es porque provengo de una familia militar y eso me ayuda a aceptar eventos sin cuestionar la autoridad. Tal vez Dios me dio una buena dosis de fe. En cualquier caso, la mayoría del tiempo, cuando digo la mayoría, quiero decir *la mayoría*, yo estaba bien.

Pregunté por qué Dios permitió que esto le sucediera a mi esposo: «Él es un ministro y un fiel servidor», oraba yo. «Hemos dejado todo por ti. No hemos pedido cosas materiales ni te hemos desobedecido».

Todavía no tengo una respuesta totalmente satisfactoria y, sin embargo, en los años desde la publicación de *90 minutos en el cielo*, Don ha tocado millones de vidas. Él nunca hubiese tenido un ministerio a nivel mundial tan poderoso, si no hubiese pasado por ese accidente. Eso es lo más cerca que puedo llegar a contestar mi propia pregunta.

Cuando Don y yo nos casamos, yo no sabía que él iba a entrar al ministerio. Él trabajaba en ventas para una emisora de televisión y le gustaba mucho su trabajo. Después de que él sintió que Dios quería que fuese un ministro, yo lo acepté, pero él no tenía mi apoyo completo. Simplemente acepté que eso era lo que Dios quería que él hiciera y yo no quería interponerme en su camino. Quizás estaba siendo una mujer típica aquí, pero yo quería un esposo y una familia, y anhelaba quedarme en un solo lugar y no mudarme cada dos o tres años.

Yo había pasado por ese frecuente traslado como hija de un hombre militar y ahora yo quería estabilidad. Quería que viviésemos en la misma ciudad por toda nuestra vida juntos para que pudiésemos establecernos y echar raíces firmes.

Mis padres se mudaron a Bossier City, Louisiana, cuando yo estaba cursando el último año de la escuela secundaria. Nuestro tiempo allí fue el más largo que yo había vivido en un solo lugar.

Catorce años después de que Don y yo nos casamos, nos mudamos a Texas. Cuando nos mudamos, yo sentí resentimiento hacia Dios. Le había entregado mi vida a Dios, pero ahora, en vez de quedarme en Bossier City, donde iba a estar contenta, nos mudamos a Texas y yo tenía que aprender a adaptarme. Me tomó un largo tiempo, pero pude soltar el resentimiento.

Quiero dejar todo esto claro porque no soy una cristiana perfecta y no estoy por encima de quejarme, dudar e incluso sentirme resentida por algunas de la cosas que Dios ha hecho. Esos sentimientos negativos fueron pasajeros, pero estaban allí.

Normalmente puedo tomar una pausa y reflexionar en todas las cosas positivas que Dios ha hecho por mí y por mi familia. Aun ahora, miro atrás al accidente de Don y deseo que no hubiese sucedido. Por supuesto que lo hago, pero también veo otra cosa: aun en los peores tiempos, Dios interviene y hace que cosas buenas salgan de esas experiencias terribles.

Con demasiada frecuencia, la gente, tanto fuera como dentro de la comunidad cristiana, tiene expectativas de la forma en que creyentes buenos o espirituales deben comportarse cuando vienen los tiempos malos. Esperan que ellos digan: «Está bien. Es la voluntad de Dios».

A Dios no le sorprenden nuestras tragedias, pero esos tiempos malos no significan que encojamos los hombros y digamos: «Está bien. Lo que sea». Tenemos sentimientos y aspiraciones. Cuestionamos las cosas. Dios nos dio la habilidad de hacer preguntas y querer saber.

Especialmente durante las primeras semanas después del accidente, yo estaba agotada en todos los niveles: física, mental, emocional y espiritualmente. A menudo estaba agotada y me preguntaba si yo podría hacer la nueva rutina una vez más, cosas como ir al hospital o vivir otro día más sin tener a mis hijos en casa. Yo sabía que podía, pero me *sentía* como que mi depósito estaba vacío y que había usado todos mis recursos. Tuve que encontrar formas de esforzarme a través de esos tiempos difíciles. Mis amigas Suzan y Susan probablemente hicieron más para sostenerme que cualquier otra persona.

Algunos días fueron increíblemente difíciles y me sentí aislada de todo el mundo. Eso fue especialmente cierto en los días en que nadie nos vino a visitar en el hospital. Era una distancia larga para conducir desde Alvin hasta el centro médico y las personas tenían sus propias vidas. Yo entendía eso, pero mis emociones estaban rezagadas por detrás de mi habilidad para razonar.

En mis peores momentos, realmente deseaba que alguien estuviese allí para mí, que me hablara, que me animara y que dijera: «Está bien, Eva».

Eso fue especialmente cierto después de la primera semana luego del accidente. Porque los primeros días la gente parecía venir al hospital en raudales. Tomó como un mes para que el río de visitantes se secara. Cada semana, menos y menos personas venían a visitarnos. Por supuesto que estaban aquellos de quienes estábamos seguros que estarían allí regularmente, pero en su mayoría la gente paró de venir. Yo entiendo, la vida se mete en el camino.

Ahora estoy más consciente de ser una amiga de larga duración. Cuando hablo en público, animo a la gente a que ponga en su calendario o ponga un recordatorio en su teléfono o computadora para estar pendientes de aquellos que ellos saben que están en un lugar difícil de larga duración.

Sentí un poco de autolástima. Tenía que sentarme en el hospital hasta las 23 horas de la noche sin nadie con quien hablar, excepto con la enfermera, en ocasiones. Don estaba en el cuarto, pero él no estaba hablando. Sentí que me había empujado fuera de su vida y eso dolía.

Muchas veces me fui del hospital después de esas horas de estar sentada sola y sintiéndome sola. Me sentí derrotada, abrumada por lo que había desatendido en la escuela y en la casa, e insuficiente para encargarme de todo.

Aunque escribo esto, también sé que esos tiempos dolorosos fueron parte de mi crecimiento y en algún nivel estaba consciente de que Dios me iba a fortalecer a través de todo. Eso no significa que me gustó lo que tuve que aprender.

Una de las cosas que aprendí, y esto probablemente suena simplista, fue a orar sin inclinar mi cabeza y cerrar mis ojos. No recuerdo que alguien haya dicho que solo hay una forma de orar, pero orar con los ojos cerrados fue un patrón que aprendí durante los primeros años de mi niñez. Absorbí esas enseñanzas implícitas y nunca las cuestioné. Nos habían enseñado que inclinando la cabeza y cerrando los ojos, era la forma de evitar distracción.

Una verdad liberadora para mí fue que podía conducir por la carretera y hablar espontáneamente con Dios. Estaba sola yendo y viniendo del centro médico, así que pasé la mayoría de ese tiempo abriéndole mi corazón a Dios.

«Gracias, Señor, que tengo amigas en la escuela que me están ayudando con la carga de trabajo que tengo».

«Eres maravilloso. Gracias por el progreso que hizo Don esta semana».

«Gracias por que los niños están siendo bien cuidados y no tengo que preocuparme por ellos».

«Aquí está lo que me gustaría que hicieses por mí...».

«Estoy cansada, Señor. Exhausta. No creo que pueda hacer esto más».

Algunas veces mi oración era algo como esto: «¿Por qué? ¿Por qué permitiste que esto pasara? ¿Por qué tenías en tu plan permitir que mi esposo sufriera de esta manera?». Esa clase de oración a menudo iba acompañada por lágrimas y algunas veces pegándole al volante por frustración.

Ya sea que las lágrimas fuesen por frustración o por alegría, esas fueron algunas de las oraciones más significantes que había orado en mi vida. Dios estaba conmigo y sentí una cercanía verdadera. Fue un cambio tan grande para mí hablar desde mi corazón y no preocuparme sobre cómo sonaba. Yo estaba soltando las cosas, diciéndole a Dios lo que estaba sucediendo, y me sentí mejor.

Tan pronto me liberé de mis limitaciones emocionales, sentía los brazos de Dios alrededor de mí. No recibí respuestas audibles, pero sí recibí paz. Entonces fue cuando la oración, la verdadera oración, se convirtió en una parte vital de mi vida. Dios estaba conmigo y siempre lo había estado. Yo sabía eso, pero había algo más: me di cuenta de que a Dios no le molestaba cuán enojada yo estuviera. A él no le molestaban mis preguntas, mis gritos o mi frustración. Dios podía tratar con cualquier cosa que yo le daba.

Varias veces he hablado con personas y les he animado a que oren, y los individuos han respondido: «No podría hablar con Dios acerca de eso».

«¿No crees que Él ya lo sabe? Tus sentimientos no son un secreto para Dios».

No querría deshacer mis experiencias de oración adentro del auto, aunque detestaba las circunstancias. Las oraciones fueron liberadoras. Somos los hijos de Dios y Dios es nuestro Padre. Los padres quieren oír de sus hijos y eso es ciertamente verdadero con Dios. Si a mi padre terrenal le gusta tener noticias mías, yo sé que mi Padre Celestial quiere oír aún más.

Una de las mejores cosas acerca de hablar con Dios es que no tengo que censurar o titubear. Él ya sabe y es tan liberador estar emocionalmente desnuda ante Dios. No siempre había entendido eso, pero una vez que entendí, fue liberador.

Cuando confío en Dios lo suficiente como para dejar que las palabras y las emociones fluyan, sé que estoy exactamente bien en nuestra relación. Soy honesta. Me importa lo suficiente y creo lo suficiente como para enfrentar la cercanía de Dios y su voluntad de amarme, que le cuento todo.

La oración es una relación bidireccional, aunque mucha gente no la trata de esa manera. Muy a menudo pensamos que la oración significa que nosotros hablamos y Dios escucha. Mientras crezco, también me doy cuenta de que Dios quiere hablar y va a seguir hablando si aprendo a escuchar. No escucho una voz, pero siento la voz de Dios en mi alma. Veo la evidencia de su presencia.

Dios realmente contesta mis oraciones y no tengo ninguna duda sobre eso, aunque a veces consigo respuestas que no me gustan. Mi cuñada murió de cáncer a los 39 años de edad. Yo oré, toda nuestra familia oró, y Dios nos respondió diciéndonos que no. Mi mamá falleció después de tener un derrame cerebral. Esas son las clases de respuestas que no me gusta recibir, pero son respuestas. Mi fe en un Dios amoroso es lo suficientemente fuerte como para poder enfrentarlas y decir que Dios tiene un mejor plan del que tengo yo.

Prestarles atención a mis hijos me ha ayudado a entender la forma en que Dios obra. Cuando estaban creciendo, a menudo pedían cosas que no necesitaban. Querían las cosas con urgencia, al menos en ese momento. Y nunca me molestaba que ellos me pidieran, pero también les tenía que decir que no. Aunque a veces era difícil decirles que no, lo hice porque era lo correcto.

Porque Dios me ama y solo quiere lo mejor para mí, puedo aceptar que me diga no cuando ruego que me dé una respuesta positiva. Mientras estamos pasando por tempestades y lugares oscuros, no podemos ver lo que está pasando, pero Dios ve claramente aun en los momentos más oscuros.

Con mis hijos, hubiese sido mucho más fácil darme por vencida y darles todo lo que querían para así tener paz. Algunos padres parecen sentir que si no lo hacen, sus hijos no van a quererlos o respetarlos.

Estoy convencida de que es todo lo contrario. Al retener en los momentos apropiados, no solo les enseñamos a nuestros hijos el valor de lo que es importante en la vida, sino que les demostramos que nos importan lo suficiente como para que les digamos que no. Les enseñamos que algunas cosas pueden ser deseables, pero no son buenas para ellos.

Mi responsabilidad como madre es velar por el bienestar de mis hijos y ser responsable por las decisiones que tomo. Porque estoy dispuesta a decirles que no a mis hijos, como madre terrenal, he aprendido a aceptar el hecho de que a veces mi Padre Celestial me va a decir que no. Él sabe en última instancia lo que es mejor para mí.

---

En otro lugar indiqué que la gente ocasionalmente me preguntaba que cómo estaba y mi respuesta era que «estaba bien». Algunas veces decía: «Esto está difícil, por favor oren por nosotros para que podamos salir adelante».

Yo no estaba mintiendo, pero estaba poniendo una máscara y me estaba protegiendo a mí misma.

Ahora puedo admitir que tenía el temor de abrirme cuando me preguntaban ocasionalmente. Tenía miedo de que si les decía cuán difícil estaba la vida para mí, me iba a desmoronar, lloraría y no podría controlarme nuevamente.

Era más fácil sonreír y decir: «bien» o «muy bien».

Cuando yo era niña, aprendí la historia sobre un pequeño niño holandés que puso su dedo en un dique y mantuvo todo a salvo. Eso es un poco como yo me sentía. Si yo permitía que un chorrito de dolor o desaliento saliera, temía que todo el dique se fuera a romper y yo me desmorona.

No parecía que Don me necesitaba en el hospital; yo necesitaba estar allí, sin embargo me preguntaba qué beneficio estaba aportando. Muchas veces sentí que Don estaba recibiendo todo el apoyo que él necesitaba, pero yo no tenía ninguno. Yo tenía amigas, pero me refiero a los sentimientos y no a la realidad. Si yo dejaba salir aunque fuese tan solo un poco de mi dolor y confusión, temía no poder llegar a controlarme otra vez.

Si me desmoronaba, ¿quién iba a cuidar a Don? ¿Quién iba a cuidar a mis hijos? Mi forma de pensar no era racional, aunque pude funcionar en un nivel racional. Yo estaba existiendo con los gases de escape emocionales, apenas conseguía sobrevivir muchos días.

Las mejores relaciones en esta tierra no se enfocan solo en los tiempos felices, sino en compartir lo que tenemos profundamente dentro de nuestros corazones. Las mejores relaciones son lo que llamo los tiempos pegajosos y metidos en el lodo. Puede que sean desagradables y difíciles de superar, pero en esos momentos oscuros, confusos y a menudo dolorosos son en las que nuestras relaciones se fortalecen.

Hasta que pasó el accidente, yo viví en una relación a nivel superficial con Dios. Si alguien me hubiese retado y me hubiese llamado trivial, probablemente me hubiese ofendido, pero es la verdad. Pienso que la mayoría de la gente, la de la iglesia, vive en el nivel en que yo vivía. Eso no es para criticar o condenar, solo para enfrentar la realidad.

En los veinte años y pico desde que pasó el accidente, mi vida y mi compromiso con Cristo se han hecho más profundos y abundantes. Detesto que Don tuviera que pasar por un accidente para llegar a este punto. Me siento culpable porque nuestro Salvador se merece más que eso. No le di ese nivel de compromiso por mucho tiempo.

Hoy en día, cuando le hablo a la gente, le digo: «Necesitas desarrollar esa relación entre tú y Dios. Tienes que trabajar en ella para hacerla auténtica. Y gran parte de ese crecimiento viene a través de tu vida de oración».

Una vez le dije a un amigo: «Aprendo la mayoría de mis lecciones por medio de fracasos y adversidades».

Él se rio y dijo: «No, tú aprendes todas tus lecciones por medio de fracasos y adversidades».

Eso pudo haber sido una exageración, pero no está lejos de la verdad. Cuando la vida es fácil y suave, no hay mucho incentivo para cambiar. Cuando enfrentamos el dolor en nuestras vidas y especialmente cuando las personas a quien amamos están desesperadas, nos desesperamos más por Dios.

Por semanas, Don todavía dormía en la cama de hospital en el cuarto de estar. Un recuerdo especial se destaca para Don y para mí. Cada día después de la escuela, Chris corría por la puerta principal y ponía su cabeza sobre el pecho de Don. Era como si estuviera escuchando el corazón de Don. Chris siempre ha sido el más cariñoso.

Joe se quedaba de pie cerca de la cama y decía: «Hola, Papá». Él no era demostrativo como su hermano gemelo, pero su afecto estaba en sus ojos y en su voz.

Para ese entonces, Nicole se había convertido en una adolescente y estaba más interesada en cosas de adolescentes, lo cual era natural. Ella se detenía para ver cómo estaba su papá, pero a menudo el teléfono sonaba y se iba y entablaba conversaciones de chicas adolescentes.

El accidente nos hizo a todos conscientes de cuán rápido cambian las cosas. Habíamos sido una familia unida y lo subestimamos. No me hubiese podido imaginar que nuestra familia iba a sufrir una tragedia o fuera separada.

Una vez que estábamos juntos nuevamente, vi un cambio en cada uno de nosotros. No es como que vivíamos con una nube negra sobre nuestras cabezas, pero teníamos un claro entendimiento de que nuestros seres queridos podían irse en cuestión de minutos. Nos hizo apreciarnos más los unos a los otros.

# 32.
# Un viaje al cielo

En el libro de Don, *90 minutos en el cielo,* él explica cómo se aferró a su secreto sagrado por varios meses antes de que finalmente lo compartió con David Gentiles y con Cliff McArdle. Yo me enteré luego que mi esposo hizo un recorrido asombroso al cielo y regresó.

Desde que Dick se reunió conmigo en el pasillo que estaba afuera del cuarto de Don en el hospital Hermann y me dijo que Don había muerto, seguí haciéndome preguntas. Sentí que algo le había pasado a Don, pero no podía procesar qué podría haber sido. En esos días, mi mente había estado llena con cuidarlo a él. Sin embargo, al pasar el tiempo, ocasionalmente me preguntaba qué fue lo que sucedió.

Aunque Don no me había dicho, yo tenía una corazonada de que fue algo significativo y ese sentimiento no se me iba, pero no intuí que se había ido al cielo. Una experiencia de muerte-al-cielo-y-de-regreso-a-la-vida estaba más allá de mi comprensión.

Algo le estaba molestando a Don y yo no podía descifrar qué era. Estaba consciente de que después de todo lo que él había sufrido y su dolor constante, su condición abatida tenía sentido. Pero había algo más. Algo más profundo. Algo que él no me había dicho. Algo que había pasado en el tiempo del accidente.

*Algo* había ocurrido. Yo estaba segura de ello, aunque no le dije eso a nadie. Probablemente hubiese sonado como una locura. Quizás en mi propia manera, yo estaba luchando con el mismo asunto que Don tenía, ¿quién me creería?

Yo había escuchado a personas hablar sobre las experiencias cercanas a la muerte, pero siempre había sido escéptica. Estas habrán sucedido en tiempos bíblicos, ¿pero suceden ahora? Sin embargo, no me podía sacudir el sentimiento de que Don había experimentado algo sobrenatural. Pero no podía descifrar qué había sido.

Como lo mencioné anteriormente, en la Biblia, el apóstol Pablo habló acerca de ir al paraíso, al cual también lo llamó el tercer cielo, y regresar a la Tierra. ¿Le pasó algo similar a Don? Tan extraño como era ese pensamiento, no podía eludirlo. Seguí pensando y preguntándome, ¿qué fue lo que en *realidad* le pasó a Don?

---

Más de un año después del accidente, llegué a saber qué le pasó a Don cuando lo oí por casualidad contándole la historia a J. B. Perkins, un ministro anciano y mentor. Yo estaba asombrada, pero no tanto como lo hubiese estado antes. Aunque la conversación me anonadó, me confirmó lo que yo había sentido, pero no había podido poner en palabras.

Cuando J. B. se fue, entré al cuarto, me senté y dije: «Cuando falleciste, ¿fuiste al cielo?».

«Sí».

Eso es todo lo que dijo. Él estaba agotado después de la conversación larga que había tenido con J. B., así que no lo presioné para que me diera detalles.

Al estar sentada al lado de su cama, las cosas tuvieron sentido. *Esa es la razón por la cual él ha estado comportándose de esta manera. ¿Quién querría regresar del cielo? ¿Por qué no iba a resentir tener el dolor y estar físicamente limitado?*

Quiero dejar algo claro: yo no estaba herida por no ser la primera persona en saber. Eso nunca me molestó. Estaba eufórica de saber porque me ayudó a entender al hombre con quien yo estaba casada.

Yo había crecido en la iglesia y toda mi vida había escuchado acerca del cielo (y del infierno). Era algo que aceptábamos porque estaba en la Biblia y habíamos escuchado muchos sermones hablando del tema. Nunca pensé en el cielo como uno de esos lugares con nubes y arpas. Me habían enseñado y creía que era un lugar de mansiones y de calles hechas de oro, literalmente todas las cosas que están escritas en el libro de Apocalipsis. Así que para mí, el cielo era real. No era inminente, pero iba a ser el lugar a donde yo iba a ir cuando falleciera.

Más tarde, después de que descansó, Don se abrió y me contó más acerca de su tiempo en el cielo. Me dijo acerca de la gente que le dio la bienvenida en la Puerta. Vio a su abuelo, a quien él llamaba Papa. Cuando él me estaba diciendo esto, me acordé que cuando yo estaba embarazada con los gemelos, Don recibió una llamada diciéndole que Papa había sufrido un infarto cardiaco y que había fallecido.

Don también me dijo que su abuela estaba allí. Nunca la conocí porque ella había fallecido antes de que nos casáramos.

Por un largo tiempo, él se enfocó en los aromas y en los colores indescriptibles. La música perfecta. Su descripción de la música fue lo que más me tocó. Soy una música y estaba impresionada por su descripción de los sonidos en el cielo.

Ese día no me dio detalles como lo hizo después, pero me dijo lo suficiente y creí cada palabra. No se me había ocurrido en ese entonces o después, que Don hubiera tenido una experiencia cercana a la muerte. He leído muchos de esos recuentos y la experiencia de él no fue nada como la de ellos. Estoy convencida de que él realmente falleció y que regresó a la Tierra a causa de la oración. Tan pronto me dio un resumen de su experiencia, me di cuenta de cuánto eso le había afectado. Aunque él no tenía que decirlo, él añadió: «Es el mejor lugar en que he estado en mi vida».

---

Don quería que los dos nos fuésemos para algún lugar por unos cuantos días. Entre la Navidad y el Año Nuevo, un tiempo en el cual no hay muchas actividades en la iglesia y yo estaba en vacaciones navideñas. Hicimos arreglos para que nuestros hijos se quedaran con mis padres. Don condujo la camioneta hasta llegar a Nueva Orleans. Eso está como a unos 560 kilómetros y ni una vez me pidió que condujera.

No le pregunté si quería que yo tomara el mando. Esta fue una de las veces en que salió el Don que yo conocía antes, con agallas en su expresión y determinación en sus acciones. No quería hacer nada para ponerle trabas a este siguiente paso de progreso. Nos detuvimos dos veces y el tuvo la resistencia para todo el viaje. Tuvimos un tiempo maravilloso disfrutando las vistas de Nueva Orleans, caminando por el Río Misisipi y yendo de compras. Pensé en cuando habíamos hablado un año atrás acerca de irnos para el retiro en enero sobre sembrar iglesias.

Parecía toda una vida, desde la vida que yo tenía antes de que sucediera el accidente. Esa es la forma en que veo la vida ahora: antes del accidente y después del accidente. Había tantas cosas por las cuales estar agradecida.

Los niños estaban en la escuela y hasta donde sepamos, ninguno de ellos perdió nada en sus estudios. Yo temía que los varoncitos, estando en una escuela en la ciudad donde viven mis padres, fueran a interrumpir su aprendizaje, pero no vi ninguna evidencia de eso. Una vez más, yo estaba agradecida a Dios por ayudar a nuestros hijos a crecer muy bien en medio de nuestras vidas caóticas.

Había aprendido a depender de amigos y miembros de la familia y me ayudaron a pasar a través de tiempos difíciles. Después de eso, no me apoyé tanto en ellos como antes, pero había una confianza muy, muy profunda de que yo podía contar con ellos si los necesitaba.

Si aprendí alguna lección especial durante ese año después del accidente de Don fue que las personas quieren ayudar y yo tenía que estar abierta a ellos y darles el permiso para hacer cosas para nosotros.

Mi papá quería que Don hablara acerca de su accidente y de su recuperación en la Iglesia Bautista de Riverside en Bossier City, la iglesia a donde mis padres se reunían a adorar. Papá había oído un poco de información sobre la experiencia, pero Don no le había dado detalles.

Papá pudo conseguir que invitaran a Don a predicar un domingo por la mañana en Riverside. No solo mis padres estaban presentes, mi familia entera estaba allí, incluyendo a los padres de Don, su abuela por parte de madre, mi hermano Eddie Pentecost, su esposa Joyce, y sus dos hijos.

Don habló acerca del accidente y después les dijo acerca de su corta experiencia en el cielo. Enfocó su mensaje en el pasaje bíblico adonde Jesús dice: «No se turbe vuestro corazón; creéis en Dios, creed también en mí. En la casa de mi Padre muchas moradas hay; si así no fuera, yo os lo hubiera dicho; voy, pues, a preparar lugar para vosotros» (Juan 14.1–2).

Tuvimos una buena reunión y la gente estaba asombrada y respondió con entusiasmo. Después nos fuimos a almorzar a la casa de mis padres.

Papá llamó a Don hacia un lado para hablar con él. No estaba enterada de la conversación, pero esto es lo que recuerdo que me dijo mi papá:

Papá tomó la mano de Don y dijo: «Te debo una disculpa».

«¿Por qué?».

A mi papá se le llenaron los ojos de lágrimas y dijo: «Yo estaba enojado contigo y especialmente enojado por la forma en que tratabas a Eva y a los niños. No podía entender por qué les harías eso a ellos». Papá hizo una pausa y dijo: «Hoy, cuando escuché acerca del cielo, me di cuenta...». Empezó a sacudir la cabeza levemente, tratando de buscar las palabras exactas. «Me di cuenta de que si estabas vivo, acostado con dolor en un hospital, cuán enojado te debiste sentir de tener que regresar».

«Lo estaba».

«Ahora lo entiendo, hijo, ¿me puedes perdonar?».

«No hay nada que perdonar».

Papá sonrió con lágrimas en sus ojos y le dio palmaditas a Don en la espalda.

Esa experiencia habla muy bien acerca de la situación en que se encontraban todos los adultos de nuestra familia. Hasta que lo escucharon hablar ese domingo por la mañana, ninguno de ellos realmente entendía por qué él se había comportado como lo había hecho. Pero tan pronto ellos escucharon sobre su viaje al cielo, todo resentimiento se desvaneció.

Ninguno de la familia jamás cuestionó que la experiencia de Don fuese auténtica; nadie ni siquiera sugirió que era una de esas experiencias cercanas a la muerte. No la cuestionaron por dos razones: primero, la escucharon como el propio relato de Don. Escucharlo hablar acerca de lo que sucedió, fue electrizante. Él no vio túneles ni luces brillantes. Para él, fue una transformación instantánea de esta Tierra hasta el cielo.

Pero la otra razón es que nosotros conocíamos a Don. Él era uno de esos pensadores metódicos. Hablar de una experiencia como esa sería típico para él. Hubiese explicado las cinco lecciones que él había aprendido del accidente; él no hubiese hablado acerca de una experiencia, especialmente de una que era emocional.

Antes me molestaba con él y lo llamaba señor Spock (de *Viaje a las Estrellas*) porque para él todo era tan lógico. Yo quería que él fuera más emocional, que lidiara con sus emociones más como yo lo hago.

Después del accidente, Don cambió. Todavía puede sacar la personalidad del señor Spock, pero eso es raro. Él se convirtió en un hombre que siente y expresa sus emociones. Ahora él comparte sus experiencias abiertamente y ninguno de nosotros dudamos de su sinceridad mientras contaba su historia, especialmente porque nosotros nos acordamos del Don precavido de antes.

———

Don empezó a recuperar gradualmente los rasgos de su personalidad previa, aunque sabíamos que físicamente nunca sería el mismo. Pero estaba vivo; estaba caminando y estaba caminando con sus propias piernas.

Ya que su pierna izquierda es unos cuatro centímetros más corta que la otra, esto hizo que su columna vertebral se curvara. En los años posteriores al accidente, su espalda le duele a menudo, así como las coyunturas de sus caderas. Nuestros cuerpos fueron creados para trabajar de una cierta manera. Cuando algo no está funcionando como debe, crea presión adicional en otras partes del cuerpo. También se enfrentaba con un aumento de artritis por todo su cuerpo. Era algo que los doctores me dijeron que iba a suceder como resultado del trauma que sostuvo en el accidente.

Él no puede enderezar su codo izquierdo aunque el doctor Greider lo operó varias veces. Él me dijo: «Como el codo estaba fracturado por dentro, cuando se tejió por sí mismo, lo hizo de una manera que no puedo enderezarlo».

———

«¿Alguna vez le pediste a Dios que sanara a Don totalmente?».

He escuchado esa pregunta varias veces. No estoy segura de qué quiere decir la gente cuando la hace, pero me pregunto si es una velada acusación que quiere decir: «¿No estaría Don totalmente sanado si tú hubieses orado por su sanidad total?». ¿O están cuestionando si Dios es lo suficientemente poderoso para sanar totalmente a Don? ¿O están pensando que Dios nos está castigando en alguna manera?

La mayoría de las veces pienso que son interrogadores auténticos que están tratando de entender cómo funciona Dios.

Por supuesto que oré por su sanidad. Yo quería que el esposo que yo tenía antes del accidente regresara. Y no es algo que dejé de pedir, aun después de sus treinta y cuatro cirugías.

Oro así aun hoy. Don sigue luchando con muchas limitaciones físicas, aunque la gente no lo va oír quejarse. Su cuerpo se está desgastando y me entristece verlo suceder.

Sí, oré. Sí, todavía oro. Parece que Dios no le va a dar un cuerpo sano en esta vida. Mayormente oro para que se le alivie el dolor porque veo cuánto le duele. La gente que no lo conoce y que solo ha leído acerca de él en sus cuatro libros, está estupefacta en cuanto a lo bien que se ve.

Él se ve sano.

«Ni siquiera cojea», las personas dicen a menudo. Es verdad: no lo hace, pero ellas no saben que toma una cantidad inmensa de autodisciplina y esfuerzo de su parte. Don no usa plantillas elevadoras en sus zapatos. La elevación lo haría sentir minusválido y él se rehúsa a reclamar ese término. No es que él piense que esa palabra es degradante, es cierto que no piensa así, pero es para su imagen propia que él se aparta de esa descripción.

Él camina normalmente. Cuando cojea ocasionalmente, es por el dolor de la artritis o porque hizo esfuerzos excesivos. Eso significa que no tiene las fuerzas para caminar como una persona sana.

Don siente dolor cada momento cuando está despierto. En todos los días de su vida hay agonía y él ha aprendido a vivir con ella. Él fácilmente puede obtener una receta médica para comprar medicamentos que mitiguen el dolor, pero se rehúsa. Don dice que le apaga los otros sistemas. Una vez él dijo: «Me hace sentir como un zombi». Ocasionalmente en las noches, el dolor se pone extremadamente mal y él se toma algo para sentir alivio, pero esa es la excepción, en vez de ser una rutina diaria.

No quiero perder a Don y creo que todavía nos quedan buenos años juntos. Sin embargo, sé que cuando él se vaya, él va a ir a un lugar en donde va a poder saltar, correr y hacer todas las cosas que no puede hacer ahora. Aunque yo estaría triste por mí, estaría feliz por él.

Don me hizo prometerle que si alguna vez un camión le pegara otra vez o si él estuviese involucrado en una de esas situaciones de vida o muerte, que yo no oraría para que él se recuperara.

Yo entiendo eso ahora y se lo he prometido. Cuando él pase de esta vida, va a haber alegría en el hecho de que voy a saber que él va a estar sin ese dolor que él tiene en su cuerpo en cada-minuto-del-día. Aun ahora, me duele cuando me doy cuenta de cuánto le duele a él. Creo que puedo controlar mi propio dolor mejor, en vez de ver la manera en que le duele a él.

# 33.
# Siguiendo adelante

A menudo decimos que cuando Dios llama a una persona a ser pastor, él llama a la familia entera. Eso ciertamente ha sido la verdad para nosotros. Desde el tiempo en que Don sintió que Dios quería que él fuese un pastor, yo me sentí guiada a ser una esposa de pastor y estaba convencida de mi llamado, junto con ser una maestra. A través de nuestro matrimonio, Don ha apoyado mi profesión; yo he apoyado la suya.

Ser parte de la familia de un ministro significa estar abierta al llamado de Dios a trasladarse. En el verano de 1990, nosotros seguimos su llamado cuando Don aceptó la posición de pastor en la Primera Iglesia Bautista en Rosharon, Texas. Era la primera iglesia en donde fue el pastor principal. Tuve que hacer algunos ajustes en mi nuevo papel como esposa del pastor. Rosharon no era una iglesia grande. Los domingos por la mañana, la concurrencia era entre 75 y 100 personas. Yo era más joven que muchas de las mujeres de la congregación, lo cual fue una experiencia nueva para mí porque anteriormente habíamos estado en iglesias con una gran variedad de edades.

Rosharon fue una buena experiencia para Don. Observé su crecimiento, especialmente en la forma en que se preocupaba por otros. Aprendió a delegar responsabilidad, lo cual yo no lo había visto hacer antes.

Yo también crecí durante ese tiempo. Tuve buenas amistades en Rosharon, pero tuve que aprender acerca de establecer límites personales y protegerme al no decir mucho o expresar mi opinión muy a menudo. No solo me estaba protegiendo a mí misma, sino a mi familia también. Me di cuenta de que cuando yo hablaba, lo tomaban como una voz de autoridad, aunque no me sentía de esa manera.

Como la esposa del pastor, no quería parecer que estaba tomando posiciones en asuntos de la iglesia. Si me preguntaban, compartía mis pensamientos, pero en una manera que no fuese controvertida. La confianza que obtuve durante el tiempo en que estuvo Don en el hospital, me sirvió mucho en cuanto a presentar mis ideas.

En Rosharon, nosotros vivíamos en la casa pastoral allá afuera en el medio de un arrozal. Eso fue difícil para mí porque yo crecí como chica de ciudad, aun con todos los traslados militares de mi papá. Normalmente vivíamos en la base de las Fuerzas Aéreas. Por primera vez en mi vida, yo estaba viviendo en un área rural con culebras y mosquitos. Sin embargo, nuestros varoncitos, que en ese entonces tenían nueve años de edad, todavía dicen que ese fue el mejor lugar en el cual han vivido en sus vidas. Ellos iban al campo, capturaban culebras y las traían a la casa. Tenían espacio ilimitado para jugar. Yo quería mucho a la gente y a la iglesia, pero no estaba feliz viviendo en el lugar en donde estábamos. Por mucho que disfrutaba de la gente y realmente la disfrutaba, no disfrutaba de la vida en el campo.

Nos quedamos en Rosharon por casi tres años y fueron tres años buenos. Después, con la dirección de Dios, Don dimitió de la iglesia para mudarnos a Plano, Texas. Él había oído de una posición en una emisora de radio cristiana en el área de Dallas. La radio y la televisión siempre le han atraído. Otro factor fue que David Gentiles se había convertido en el pastor de jóvenes en la Iglesia Bautista de Hunter's Glenn en Plano. Como David era su mejor amigo, yo creo que Don quería estar cerca de él. Yo estaba emocionada de estar de regreso en la ciudad.

La desventaja fue que mudarnos significaba que yo tenía que dejar mi posición de maestra en Alvin. Nos mudamos a Plano aunque yo no tenía trabajo.

Yo necesitaba un trabajo. Don consiguió el trabajo en la emisora de radio, pero como muchas organizaciones cristianas, no pagaban bien. También necesitábamos el seguro.

Una noche después de la reunión en la iglesia, una nueva amiga que trabajaba para el Distrito Escolar Independiente de Plano me dijo que ella había organizado una reunión para que me entrevistaran para una posición como maestra en una escuela nueva. No había posiciones abiertas para el primer grado, pero la escuela necesitaba una maestra para el tercer grado que trabajaría con estudiantes de nivel superdotado. Tomé la posición. Una vez más, estaba fuera de mi nivel de comodidad; pero para mi sorpresa, disfruté enseñarles a esos niños prodigios.

En 1994, fui elegida, y honrada de ser nombrada, como maestra del año de la escuela primaria de Mitchell. Eso verdaderamente fue algo grande para mí. El cambio de enseñar el primer grado a enseñar el tercer grado permitió que algunos de los talentos que no había usado maduraran. Aceptar la posición para el tercer grado fue otra de las bendiciones escondidas de Dios.

Durante ese tiempo, Don siguió trabajando para la emisora de radio, pero él no estaba encontrando mucho propósito en su vida. Él iba a trabajar y tenía éxito, pero era obvio que no estaba feliz. No se sentía realizado.

Un día me dijo: «He decidido renunciar». Añadió: «No tengo ningún otro lugar a donde ir, pero es tiempo de irme».

«¿Vas a hacer *qué*?».

«Encontraré algo».

Él estaba más calmado acerca de su decisión de lo que yo estaba. Pero yo sabía que él había orado acerca de esa decisión y que él creía que era lo correcto.

«Sé que va a salir bien para ti, para nosotros». Pude decir eso honesta y sinceramente.

Dios hizo lo que le prometió. En las afueras de Plano está un pequeño pueblo llamado Murphy. Casi tan pronto renunció, Don aceptó un llamado a pastorear en la Iglesia Bautista de la calle Murphy. Era un poco más grande que la de Rosharon, con quizás de 100 a 150 personas los domingos.

Don disfrutó estar allí. Yo podía ver la diferencia en su actitud. Él estaba más optimista y seguro.

Yo desarrollé varias buenas amistades allí y estaba lista para quedarme hasta el tiempo de la jubilación. Pero Dios tenía planes diferentes. Nos quedamos por un par de años y al final del 1996, nos mudamos a Pasadena, un suburbio de Houston.

Nuestro acuerdo legal era que mientras el doctor Greider pudiera ver a Don, ahé era donde teníamos que ir. No era tan gran cosa en sí, pero no sabíamos cuán a menudo Don necesitaría atención médica urgente. Mientras más orábamos sobre ello, más seguro se sentía Don de que necesitábamos regresar al área de Houston.

Don aceptó el llamado a servir como ministro para los adultos solteros en la Primera Iglesia Bautista en Pasadena. Nuestra familia entera estaba activamente involucrada en varias áreas de la iglesia. La congregación era calurosa y amigable. Hicimos amigos fácilmente y empezamos a desarrollar esas relaciones.

Un miembro de la iglesia trabajaba para conseguirme un trabajo con el Distrito Escolar Independiente de Deer Park. Mi corazón se alegró tanto cuando descubrí que necesitaban una maestra para el tercer grado. Yo estaba segura de que este era el lugar donde pasaríamos el resto de nuestras vidas.

Pero Dios tenía aún otro plan.

# 34.
# TIEMPO PARA UN LIBRO

En enero de 2002, Don empezó a tener serios problemas de salud, como palpitaciones del corazón y dificultad para respirar. «Siento como que un elefante está sentado sobre mi pecho».

Él tuvo uno de esos episodios en la iglesia un domingo por la mañana. Varios miembros eran personal médico y llevaban sus buscapersonas así que podrían correr a cualquier emergencia para darle primeros auxilios o cualquiera cosa que se necesitaba.

Don se fue a la biblioteca y estaba muy pálido. «Me siento terriblemente mal», dijo él.

Alguien llamó a una enfermera llamada Sue Mulholland. Ella le tomó la tensión arterial y estaba extremadamente elevada. «Necesitamos llevarte a una sala de emergencias».

Ella me llamó fuera de la congregación y conduje hasta el hospital St. John's, donde fue ingresado. Un doctor escuchó el corazón a Don y lo mantuvo en el hospital por dos días para hacerle exámenes. No salió nada, ni una sola cosa.

Cuando llevaron a Don corriendo al hospital, mi primer pensamiento fue: *aquí vamos de nuevo*. Yo no sabía lo que estaba pasando. No estaba segura de que si debería ir a la escuela el día siguiente. Muchos de esos temores de antes me regresaron rápidamente. Una vez más sentí fuertemente que tenía que estar con él en el hospital, como si estar allí pudiese protegerlo.

Cuando lo visité el domingo por la tarde, dije que iba a tomar un día personal y pasar el lunes en el hospital.

«No lo hagas», dijo Don. «Estoy bien, ve y trabaja».

Me convenció de ir a la escuela el lunes, pero tan pronto se terminaron mis clases, corrí hacia el hospital. Durante el día llamaba cada vez que podía separarme de mis estudiantes para ver cómo estaba. La posibilidad de perderlo era muy clara porque ya había caminado por esa calle aterradora antes.

El personal todavía estaba haciéndole exámenes pero no podían encontrarle nada mal. Hicieron unos cuantos exámenes más con los mismos resultados, así que le dieron de alta.

Los síntomas continuaron, no cada día, pero de vez en cuando. Don se sentía mareado, tenía zumbidos en los oídos, y no podía respirar bien. Fuimos a otros médicos, incluyendo los cardiólogos y terapeutas para la respiración. Parecía como que cada uno contradecía lo que el doctor previo había dicho. Ninguno de ellos encontró la causa. Mi frustración y ansiedad estaban incrementando mientras los síntomas de Don continuaban.

Finalmente, una de las enfermeras de nuestra iglesia recomendó un doctor en el Centro Médico de Houston. «Si él no puede encontrar lo que anda mal contigo, nadie más lo podrá hacer».

Hicimos una cita y Don fue solo porque yo no pude salir de la escuela. Él y el doctor hablaron de todo en detalles. En el curso de su conversación, Don le mencionó que él estaba escribiendo el libro acerca de su accidente.

Eso fue lo que el doctor necesitaba oír. Él dijo: «Estás sufriendo de TEPT, Trastorno por estrés postraumático. Estás reviviendo todo lo que te sucedió mientras estás escribiendo el libro».

«Eso tiene sentido», dijo Don con alivio. Por fin tenía un diagnóstico. «¿Debería parar?».

«No, tú necesitas terminar el libro. Solo entonces es que puedes seguir adelante con la próxima parte de tu vida».

Cuando escuché el diagnóstico de TEPT, sentí un sentimiento profundo de alivio. «Esto es algo con lo que podemos tratar. Nosotros podemos superar esto».

Hacía tiempo ya que yo había animado a Don a que escribiera acerca de su experiencia porque yo sentía que era una historia que necesitaba decirse. Ahora yo estaba siendo un poco más insistente.

Varias veces le preguntaba: «¿Cómo va el libro?», porque para mí el mensaje verdadero era: «Tenemos que seguir adelante y escribirlo». Yo tuve que luchar para mantener la parte de mi personalidad que quería tomar el mando, la cual fue creada por la recuperación, bajo control.

Yo sentía que teníamos que tomar el siguiente paso, cerrar ese capítulo de nuestras vidas. Para hacer eso, Don tenía que escribir ese libro. Yo no sabía si iba a ser publicado, pero eso no me preocupaba tanto como el que terminara de escribirlo.

Mi mayor temor era que la gente se burlara de Don o cuestionara si la historia era verdadera. Eso vino de mi lado protector. Sin embargo, yo sentía que él necesitaba escribir el libro para seguir adelante con su vida. También creía que era una historia importante que necesitaba ser compartida.

Don sí completó el manuscrito.

En el 2003, Don fue a una conferencia de escritores donde el autor Cecil Murphey (Cec) estaba enseñando. Don quedó impresionado con él y le pidió que escribiera su historia. Para su honor, Cec dijo que él iba a orar acerca de ayudar a Don con su libro. Después de más conversaciones con Don, él accedió a escribir la historia. Escribieron el libro juntos y una editorial lo compró.

---

Una tarde, Don llegó a casa con un sobre de FedEx (servicio de mensajería) y se sentó. «Ven acá», me dijo. «Quiero enseñarte algo». Tan pronto me senté, sacó su primera copia del libro, *90 minutos en el cielo*.

Yo estaba tan orgullosa de él por completar ese proyecto. Fue un deleite ver el libro entero en manuscrito, y ver el libro auténtico fue increíble. Es casi como ver a un bebé recién nacido, yo quería tocarlo, olerlo y seguir mirándolo.

No hablamos mucho acerca del libro, pero yo estaba orgullosa de él y sabía que él estaba súper contento.

---

Ambos supusimos que les venderíamos algunas copias a los miembros de la iglesia. Nuestros padres querrían una copia. Escucharía de personas que tenían sus garajes llenos de libros que no se habían podido vender y hasta yo había ido a sus casas. Típicamente, un poco antes de que nos fuéramos, el escritor de la familia diría: «Oye, escribí un libro...». Entonces trataría de vendérnoslo o más a menudo, regalarnos una copia.

Eso es lo que esperábamos que sucediera con el libro de Don.

Dios nos sorprendió.

En el otoño de 2004, *90 minutos en el cielo* salió a la venta. Casi inmediatamente, Don recibió ofertas por parte de iglesias y organizaciones para que hablara acerca de su experiencia. Supuse que duraría unas cuantas semanas, pero no remitieron. Llegaron más y más oportunidades.

Poco después de que el libro salió, Don sintió que era tiempo de mudarnos otra vez. Una iglesia en Houston no tenía pastor y contactaron a Don. Él les envió su currículo y habló con el comité. Entonces Don visitó las instalaciones y parecía que este iba a ser nuestro próximo traslado.

Pero Dios intervino.

Don viajó a Atlanta, donde había sido invitado a hablar sobre su experiencia. Mientras él estaba fuera, contesté treinta llamadas telefónicas por parte de iglesias, y todas querían que Don predicara. Cada persona que llamaba había leído *90 minutos en el cielo*. «Creemos que tiene un mensaje importante que necesitamos escuchar».

Era casi el final de la semana cuando entraron las llamadas y ese domingo debíamos estar en la iglesia en el sur de Houston para predicar «En vista de una llamada».

Don me llamó para dejarme saber cómo iban las cosas en Atlanta. Cuando él me preguntó cómo iban las cosas en Pasadena, le dije riéndome: «Me siento como que soy tu recepcionista».

«¿Qué quieres decir?». Él no tenía idea de cómo la gente había respondido a su libro.

«He contestado treinta llamadas telefónicas para ti». Yo había anotado la información y mantuve la cuenta. «Todos ellos quieren que vayas a predicar a sus iglesias».

Mientras tanto, el comité de la iglesia en el sur de Houston estaba esperando que Don les diera una respuesta para que ellos pudieran presentar su nombre después de que él predicara.

Don pausó por un momento y luego preguntó: «¿Qué piensas? ¿Le deberíamos decir que sí a la iglesia?».

«He orado y orado acerca de esto y no siento que eso es lo que tienes que hacer ahora mismo».

«¿Por qué no?».

«No creo que ahora mismo tienes que ser un pastor. No creo que debes aceptar este llamado».

«¿Qué es lo que voy a hacer? Tenemos hijos y cuentas y...».

«Yo creo que ahora mismo tu ministerio es *90 minutos en el cielo*».

«Ese sería un salto gigantesco de fe, porque no tenemos idea de cuál va a ser el tipo de ingreso que va a generar». El lado lógico de Don salió nuevamente.

«No hay beneficios asociados con publicaciones», él continuó. «No sabemos si esas ofertas van a continuar llegando. Están entrando ahora mismo, pero quién sabe por cuánto tiempo va a durar».

«Me doy cuenta de eso», le dije. «Pero creo que debes viajar y hablar tantas veces como te lo pidan».

«Quiero ser pastor de una iglesia», dijo suavemente. «Tú sabes eso».

Fui audaz en mi respuesta. «Si Dios quiere que seas pastor de una iglesia, Él te va a dar una iglesia cuando sea el tiempo para que tengas una. Hasta ese entonces, pienso que esto es lo que tú necesitas hacer».

Después de que hablamos un poco más, él dijo: «Voy a llamar al presidente del comité del púlpito esta noche y les voy a escribir una carta. Entonces necesito promover el libro», continuó diciendo, «Y hablar tantas veces como me lo pidan. Lo haré por seis meses y veré qué pasa».

Sonreí. Estaba muy entusiasmada de oírlo repetir las mismas palabras que yo había dicho.

Ninguno de los dos tenía idea de lo que significaría que Don tomase un paso tan drástico. Estoy escribiendo esto casi ocho años después. Él todavía está recibiendo llamadas y coordina la mayoría de sus conferencias con un año de adelanto.

# 35.
# Efectos persistentes

Hasta ahora, Don todavía lidia ocasionalmente con la depresión, aunque no es tan severa como lo era cuando él estaba en el hospital. No sabemos si es un efecto secundario residual por el accidente o si es el anhelo de dejar este mundo y regresar a su hogar permanente en el cielo.

Cuando le pega la depresión, es normalmente después de que ha estado viajando por un largo tiempo y está exhausto. Él mantiene un calendario de conferencias que excede al de la mayoría de los conferencistas. Don está consciente del tiempo limitado que tiene aquí en la Tierra, ciertamente en maneras que yo no puedo comprender. Él está comprometido con las palabras de Jesús y a seguir su ejemplo: «Me es necesario hacer las obras del que me envió, entre tanto que el día dura; la noche viene, cuando nadie puede trabajar» (Juan 9.4).

A veces su depresión es peor que otras. Conozco a mi esposo lo suficiente para poder sentir cuando está regresando. Otro factor para la depresión recurrente puede ser que Don rehúsa tomar muchos medicamentos constantemente para poder aliviar el dolor. Así que parte de su melancolía pueda que sea el dolor escurriéndose a través de su consciencia.

Don es un hombre amable y yo sé eso. También sé que cuando está deprimido vuelve sigilosamente al estado mental en el cual no me habla.

Igual que antes, a veces me siento excluida y aislada. Él no tiene la intención de ser hiriente, pero es la depresión que lo está inquietando.

Ahora que entiendo mejor la depresión, he aprendido a salirme del cuarto cuando está pasando por uno de sus peores momentos. Yo sé que dándole un poco de tiempo a solas para descansar y reorganizarse, él saldrá del estado depresivo más rápido. Tengo que aceptar el hecho de que no puedo arreglarle todo, pero él sabe que estoy allí para hablar si decide abrirse.

La mayoría del tiempo, soy lo suficientemente fuerte como para tratar con su melancolía. También admito que a veces no manejo eso muy bien, especialmente si hay otras cosas que están pasando en nuestras vidas.

Por ejemplo, me jubilé de la docencia en 2009. Sin embargo, antes de eso, si yo tenía un mal día en la escuela y tenía que venir a la casa y enfrentar su sentimiento de desesperación, a veces yo atacaba verbalmente a Don. Eso es algo que nunca pensaba que haría. Pero sucede y después los dos siempre nos sentimos mal acerca de eso.

Entiendo un poco acerca de lo que él está atravesando, aunque no estoy segura de que los niños lo entiendan. Ellos saben que su papá pasó por un accidente horrible y la batalla torturadora después, pero no estoy convencida de que ellos verdaderamente entienden cuánto dolor sufre día tras día porque se ve sano. Nuestros hijos ya son mayores, pero cuando están aquí y ven al papá en sus estados de depresión, me tratan de proteger. A veces se frustran y se enojan con él.

«Siempre lo estás defendiendo», dicen ellos.

Y lo hago.

Ellos aman a su papá, pero no tienen una idea completa en cuanto a su sufrimiento, y no los culpo por ello. Nicole era mayor que ellos y entiende un poco más que los varones. Ella tiene más recuerdos de antes del accidente a los que puede recurrir. Sin embargo, a veces ella se ha puesto exasperada y ha dicho: «Ese es papá y él se puede poner difícil».

Don no es desagradable porque quiera serlo. Solo es que cuando viaja por un largo periodo de tiempo, hablando quizás quince veces en dos semanas, él regresa a casa exhausto. Entonces la depresión parece ser peor.

He estado presente cuando Don le ha ministrado a la gente mientras estaba firmando libros. Repetidamente escucha historias de aflicción, tragedia y desesperanza. Él escucha y ofrece palabras consoladoras, pero la suma total de esas angustias es abrumadora. Él sabe que hay más necesidad de la que él jamás pueda atender.

Entonces es más apto a chasquearme a mí. Yo entiendo que ese no es el verdadero Don, que está irritado, así que he aprendido a no tomarlo personalmente. Lo amo y porque lo amo, le digo que él puede ser un viejo gruñón cuando está conmigo tanto como lo necesite. Empieza a reírse y las cosas en realidad se ponen un poco mejor.

También admiro a Don ya que cubre sus problemas físicos continuos muy bien. Él no puede hacer algunas cosas simples como arrodillarse. Eso todavía es difícil porque él solía jugar al béisbol con los varoncitos sin caerse. Ahora, el simple hecho de ponerse de pie de una silla puede ser difícil.

---

A quince años de casados, antes del accidente, Don no pasaba por ataques de depresión. Como cualquier ser humano, hubo tiempos de desaliento y desilusión. Eso es diferente del cambio que tuvo en el hospital. Como yo no había visto ese tipo de comportamiento anteriormente, me es claro que su depresión es un resultado directo o indirecto del accidente. Independientemente de la causa, él tuvo un cambio perceptible de personalidad y se puso diferente en muchas maneras.

Eso es lo negativo. En el lado positivo, él ha aprendido a apreciar a su familia más. Los quiere alrededor tanto como sea posible. El conflicto ocasional que enfrentamos es que Don a veces, por sí solo, planea algo para la familia. El conflicto sucede porque a él se le olvida decirnos y ya hemos hecho otros compromisos. Él insiste que nos dijo. Nosotros le decimos en broma: «Tiene que ser la pérdida de la memoria de corto plazo que tuviste a causa del accidente».

Nos reímos. Y encontramos formas de hacer que las cosas funcionen.

Don siempre había sido dedicado y ferviente al servir a Jesucristo, pero ahora lo es más. A pesar de sus limitaciones físicas, él da de sí mismo y no guarda nada en reserva. Hay veces en que desearía que tomara las cosas con calma y se cuidara mejor. Sin embargo, cuando lo veo hablar en público y escucho la pasión en su voz cuando habla acerca del cielo, sé que él no puede descansar. Estoy orgullosa de él. Hace más que la mayoría de los hombres sanos. Me considero afortunada de haberme casado con un hombre tan fuerte y determinado.

Yo creo que aquellos que sufren por trauma y tragedia, junto con los que los aman, son cambiados en alguna manera por el resto de sus vidas. Es como tomar un pedazo de papel y romperlo por la mitad. Lo podemos pegar con cinta adhesiva, podemos escribir en él, dibujar un cuadro, o cubrirlo de besos con lápiz labial, pero la rasgadura siempre va a estar allí.

El papel todavía es útil, pero no puede ser como lo era antes. Eso no es una cosa totalmente mala. Si pensamos en ello, el lugar donde está unido con cinta adhesiva, es la parte más fuerte de la página.

Don es diferente; yo soy diferente; nuestros hijos son diferentes. Pero somos más fuertes en muchas maneras.

Esa es la gracia de Dios.

# 36.
# En dónde estamos

Después de que Don tomó la decisión de no aceptar el llamado a ser pastor otra vez, las cosas despegaron con rapidez. Aparentemente, los teléfonos no pararon de sonar. Él renunció de la posición que tenía en la Primera Iglesia Bautista de Pasadena y yo seguí enseñando en la escuela primaria de Deer Park.

Cuando Don no estaba viajando, él estaba en casa, así que le instalamos una oficina allí. Curiosamente, al principio sentí como si él estuviera usurpando mi espacio, aunque los dos nos adaptamos.

Había un entusiasmo sobre esta vida nueva y Don disfrutó vivirla. Él no lo dijo, pero pienso que eso fue cuando Don empezó a entender por qué Dios lo había enviado de regreso a la Tierra.

---

Poco después de que nos casamos, Don a menudo hablaba sobre ser un evangelista. Él dijo que le quería dar a la gente el evangelio y dirigirlos hacia Jesucristo. Después de que la venta de libros despegó y las puertas siguieron abriéndose en Estados Unidos y alrededor del mundo, pensé: *¿Sabes qué? Dios contestó esa oración, no exactamente como Don había planeado, pero es una respuesta definitiva.*

Algunas veces Dios hace eso. Quizás no consigamos en ese mismo instante lo que pedimos, pero Él tiene algo mucho mejor más adelante en el futuro. Dios bendijo nuestra disposición de caminar en fe. La mejor parte de esta vida nueva es que a través de el Don Piper Ministries, basado en *90 minutos en el cielo*, él puede ministrar a gente alrededor del mundo, ya sea en persona o a través de sus otros libros.

Pienso en retrospectiva el hecho de que él quería ministrar a la congregación en el sur de Houston porque él verdaderamente se preocupa por la gente. Dios le ha dado una «congregación» más grande. En vez de cientos de personas, él puede alcanzar a miles. Y como su esposa, estoy orgullosa de su decisión y sé que tomó la decisión correcta.

---

«Yo sobreviví y Eva lo superó». Muchas veces escuché a Don hacer esa declaración desde el púlpito. Él continúa diciendo: «Eva es la heroína de mi historia».

No me siento nada como una heroína. Me siento como una maestra normal de la escuela primaria que hizo lo que necesitaba hacer. Cuando la gente viene a la mesa para que Don les firme el libro y me dicen: «Quiero darte la mano» o «Quiero darte un abrazo y decirte lo maravillosa que debes ser como mujer», me honra porque no siento que merezco ese reconocimiento especial.

Sí caminé por la oscuridad, por un largo tiempo, pero también creo que casi cualquier mujer cristiana haría lo que yo hice. Pude haber hecho mejor, pero ser una cuidadora casi siempre es recibir entrenamiento sobre la marcha. Aprendí mientras seguía hacia adelante. Acepté el hecho de que nunca iba a hacer un trabajo perfecto y no hice todo bien. Pero seguí intentándolo.

Si permanecemos conectados a Dios y estamos abiertos a recibir consejos buenos por parte de nuestra familia y de nuestros amigos, y orar pidiendo sabiduría, nos va a ir bien. La mayoría de las veces vamos a tomar las decisiones correctas.

También aprendí a no mirar atrás y decirme qué es lo que debí haber hecho o cómo lo hubiese podido hacer mejor. Fue lo mejor que supe hacer en ese tiempo y eso normalmente es suficientemente bueno. Aprendí a tomar decisiones y a aferrarme a ellas.

Algunas veces mis ideas y decisiones no funcionaban bien y aprendí a aceptarme a mí misma por ser humana. Yo no tenía que ser la esposa súper exitosa; tenía que ser Eva Piper, la mejor Eva Piper posible que podía ser.

# 37.
# Porque

Al final del libro de mi esposo, *90 minutos en el cielo*, él escribió un capítulo sobre las preguntas del «¿Por qué?». Ya para estas alturas, tenemos respuestas a algunas de esas preguntas. Algunas respuestas han cambiado a través de los años.

Cuando finalmente fui convencida para escribir mi historia, mi meta era aportar información significante para aquellos que tienen el papel de cuidadores. A menudo le digo a la gente: «No tengo todas las respuestas, pero sobreviví un tiempo oscuro. A lo largo del camino, llegué a realmente comprender realmente la forma de sobrevivir».

También estoy firmemente convencida de que cada persona necesita estar preparada para cualquiera circunstancia que le arroja la vida. Definitivamente no me desperté la mañana del 18 de enero de 1989 pensando: *hoy voy a empezar a ser una cuidadora*. Como Guía Scout aprendí el lema: Siempre preparada. Ese es un buen lema para la vida porque para la mayoría de las personas, no se trata de si ellos o alguien a quien ellos aman, vaya a tener que enfrentarse con alguna clase de circunstancia traumática, pero *cuando*. Para responder a los «Por qué», aquí están algunos «Porque».

*Porque las crisis y las tragedias son inesperadas, tú tienes que tener un plan.* No esperes para discutir tus pensamientos acerca de un Documento de voluntades anticipadas, cuidados durante la etapa final de la vida, y planes funerarios. Esas no son conversaciones placenteras, pero para el ser querido que tiene que tomar decisiones de vida o muerte, es una bendición no tener que decir: «Me pregunto qué él o ella deseará».

Cada adulto responsable debería saber en dónde están guardados los papeles importantes, como las pólizas de seguro, los extractos bancarios, las escrituras y los historiales médicos. Mantener papeles importantes dentro de un archivo marcado ayudará a la cuidadora a tener acceso a la información.

Aunque algunas familias dividen las responsabilidades, todos necesitan tener un conocimiento operativo de cómo la familia funciona en cuanto a las finanzas y el mantenimiento de la casa. Mientras la cuidadora tenga que aprender menos al estar proveyendo para su ser querido, más energía va a tener para el cuidado de ese ser querido.

*Porque vas a necesitar muchísimo apoyo, desarrolla relaciones saludables con tu familia y con tus amigos.* Esto puede sonar simplista, pero en el mundo ocupado de hoy, muchos de nosotros estamos involucrados en relaciones superficiales.

Las relaciones toman tiempo y requieren esfuerzo. Un gran lugar para empezar es ser parte de una familia de la iglesia. Nuestra familia de la iglesia nos ministró en innumerables maneras porque ellos nos quisieron mucho y nos cuidaron.

El propósito principal de la iglesia es ministrar a aquellos que están necesitados. Ser parte de una iglesia te da la oportunidad de ministrar a otros y de beneficiarte de sus cuidados cuando tengas una necesidad.

Ambas relaciones, de familia y de amigos, son fortalecidas al estar allí tanto en los tiempos buenos y felices, como en los tiempos complicados y difíciles. Eso quizás signifique no ver tu programa favorito en la televisión o perderte un evento para pasar tiempo de calidad con la gente importante de tu vida.

A veces las relaciones requieren sacrificio, pero las recompensas son increíbles. Busca maneras de ayudar. Mantén las líneas de comunicación abiertas. Es fácil esconder lo que realmente está sucediendo en nuestras vidas detrás de los correos electrónicos y los contactos por la red. Necesitas comunicación cara a cara o al menos escuchar una voz por teléfono. Eso te ayuda a tener una mejor idea de cómo están tu familia y tus amigos, y viceversa. Sin mi familia y mis amigos, nunca hubiese podido encontrar mi camino a través del sendero oscuro que tuve después del accidente de Don.

*Porque somos los hijos de Dios, también tenemos que fortalecer nuestras relaciones con Él.* Una de las mejores maneras de hacer eso es a través de la oración. La oración es más que una lista de deseos y de agradecimientos, aunque son importantes. Para fortalecer tu vida de oración, necesitas aprender a hablar abiertamente y honestamente con Dios a través de tu día.

No hay una tiempo requerido para orar; puede ser solo una oración o dos. En otras ocasiones, quizás te encuentres pasando tiempo significativo hablándole y escuchándole a Dios. Mientras practiques entregándole las cosas pequeñas de tu vida a Dios a través de la oración, se te hará más fácil y natural recurrir a Él en las crisis de la vida.

Dios siempre escucha las oraciones de sus hijos, pero es mucho más fácil orar durante esos tiempos difíciles cuando ya has tenido mucha práctica. No esperes hasta que la crisis llegue para llamar a Dios. En su lugar, haz de la oración una parte de cada día de tu vida.

*Porque Dios te ama, necesitas pasar tiempo fortaleciendo tu fe y confiando en Él.* Proverbios 3.5–6, versículos que muchos de nosotros nos aprendimos cuando niños, dice: «Fíate de Jehová de todo tu corazón, y no te apoyes en tu propia prudencia. Reconócelo en todos tus caminos, y él enderezará tus veredas». La verdad es que no entendía lo que eso significaba hasta cuando sucedió el accidente de Don. Si piensas acerca de la palabra *apoyes* (o *dependas* en otras traducciones), significa que tu propia prudencia no es suficiente como para respaldar o sostenerte. He sido culpable de decir que confío en Dios, pero luego decido encargarme de las cosas yo misma.

Muy a menudo dependo de mi propio entendimiento de cómo tratar con un problema. Me gusta estar en control. Después del accidente de Don, yo no tenía ningún control, así que no tenía ninguna otra opción excepto entregárselo todo a Dios. Todavía estoy aprendiendo a ejercitar mis «músculos de confianza». Al confiarle a Dios las cosas pequeñas en mi vida, edifico y fortalezco esos músculos. Entonces, cuando algo pesado llega a mi vida, es más fácil entregarle el problema a Él. Pese a que no siempre entienda el plan de Dios, sé que es el plan perfecto para mi vida.

También fortalezco mi fe al leer y estudiar la Palabra de Dios. Hay tantas promesas y lecciones a través de la Biblia. Ellas bendicen y calman mi corazón cada vez que las leo. Quizás sea un libro antiguo, pero hace que una luz brille sobre mi vida cada vez que lo leo. «Lámpara es a mis pies tu palabra, y lumbrera a mi camino» (Salmos 119.105). La Palabra de Dios hizo que una luz brillara sobre mi sendero oscuro y todavía me guía hoy.

# 38.
# Cuando la oscuridad regresa de nuevo

Tardó algo, pero con el tiempo salí de la oscuridad. Hubo muchas aflicciones, pruebas y sufrimientos, pero también amistades fortalecidas, una vida de oración renovada y una relación más íntima con mi Señor Jesucristo. Hay aquellos que piensan que una vez que has superado una tragedia, nunca más tendrás que enfrentar aflicciones. Tristemente, he tenido más experiencias de caminar por la oscuridad.

El teléfono sonó cuando estaba tratando de alistarlos a todos para irnos a la iglesia para las actividades de los miércoles por la noche, el 12 de abril de 2000. Al mirar en el identificador de llamadas, reconocí que era el número de teléfono de la casa de mis padres, así que agarré el teléfono y dije hola, esperando escuchar las palabras: «Solo necesitaba escuchar la voz de mi hija favorita». En su lugar, mi papá me explicó que mi cuñada, Joyce Pentecost, acababa de ser diagnosticada con la cuarta etapa de cáncer de melanoma.

Yo estaba anonadada. Sentí que la oscuridad me estaba rodeando otra vez.

Joyce era una pelirroja vivaz con una voz increíble. A principios de ese año, ella había grabado su primer CD con himnos cristianos y canciones gospel. Ella y Eddie acababan de tomar la decisión de meterse al ministerio cristiano a tiempo completo. Planeaban viajar junto con sus dos niños pequeños a varios retiros y avivamientos en donde Joyce supliría la música especial.

Ahora papá me estaba diciendo que Joyce y Eddie iban a venir a Houston para tener una cita con los doctores del MD Anderson Cancer Center, así que por supuesto, ellos se quedarían con nosotros y viajarían al hospital para más exámenes. Durante el próximo año, Joyce luchó valerosamente para derrotar el cáncer que había invadido su cerebro, pulmones y abdomen. Al principio parecía que ella estaba ganando la batalla.

Nuestra familia oró, nuestras iglesias oraron y nuestros amigos oraron para sanidad total. Me imaginé a Joyce y a Don estando en el mismo escenario, hablando de sus milagros de sobrevivencia. No creía que Dios iba a llevarse a una joven esposa y madre. Yo estaba equivocada.

El 3 de mayo de 2001, mi teléfono sonó una vez más. «Se ha ido», dijo papá.

Ese año caminé por la oscuridad junto a mi hermano. A menudo hablábamos del accidente de Don y de su recuperación. Porque yo había experimentado los sube y baja de la recuperación de Don, podía identificarme con su frustración y ansiedad. Yo entendía tanto cuando necesitaba hablar como cuando necesitaba recargarse.

Junto con muchos otros, pudimos caminar por la oscuridad hasta regresar nuevamente a la luz. La caminata oscura que tuve después del accidente de Don me ayudó a proveerle luz adicional a Eddie.

La oscuridad no había terminado.

Don y yo estábamos en camino al aeropuerto el 19 de octubre de 2009. Los dos estábamos programados para ser oradores en la conferencia de mujeres WinSome en Macinaw Island en el estado de Michigan. Mi celular sonó y vi el nombre de mi hermano. Contesté sabiendo que Don y yo teníamos que partir.

«Mamá tuvo un derrame cerebral», dijo mi hermano. «Ella está en el hospital y esto se ve muy mal».

La oscuridad descendió.

Le dije que iba a cancelar mi compromiso para dar una charla y que iba a ir a casa.

«No, papá me dijo que te dijera que él y mamá quieren que vayas. Tú hiciste un compromiso y necesitas cumplirlo. Yo te llamo si hay cambios».

Accedí a regañadientes. Durante la conferencia de tres días, más de 3.000 mujeres oraron por mi mamá. Su preocupación e inquietud por alguien a quien nunca habían conocido, fueron poderosas. Muchas mujeres se me acercaron para darme consuelo.

Después de que regresamos a Houston, conducimos a la casa de mis padres. Por los próximos tres meses y medio, viajé por la carretera entre Houston y Shreveport muchas veces. La mayoría de las semanas me quedaba tres o cuatro días sentada con mi mamá en el hospital y entonces conducía de regreso a Houston.

En varias maneras, estaba reviviendo la experiencia que tuve con Don. Papá se quedaba con ella cada noche en el hospital. Él rehusaba dormir lejos de ella. Cuando yo estaba allí, significaba que él se podía ir a casa a darse un baño, tomar una siesta o hacer quehaceres. Mi mamá había perdido el habla, así que alguien necesitaba estar allí con ella las veinticuatro horas del día.

Una vez más vi los brazos de Jesús extenderse para ayudar a mi papá. Amigos de su iglesia, algunos de ellos que yo había conocido desde la escuela secundaria, le trajeron comida, le cortaron el césped o se sentaron con mamá, si es que papá y yo necesitábamos salir. Poco a poco mamá se mejoró. Ella no podía hablar pero su fisioterapia la estaba ayudando a recobrar un poco de movimiento en su lado derecho.

Decidí que seguiríamos con nuestros planes de tener unas vacaciones en familia a Disney World. Después de haber cuidado a mamá, yo necesitaba un descanso y papá me animó a ir. La familia entera, incluyendo nuestra nieta, se fue a Orlando. Don estaba cansado después de haber hablado a principios de la semana, pero para el segundo día había descansado y estaba listo para salir a cenar.

Justo entonces, Chris tocó a la puerta y preguntó: «Papá, ¿has hablado con Cliff? Él necesita que lo llames de inmediato. David Gentiles tuvo un accidente».

El poco de luz que había tenido por haber tomado un descanso se extinguió inmediatamente.

Durante las próximas horas, nos informaron que David había tenido un accidente mientras estaba levantado pesas en el gimnasio. El pronóstico no era bueno.

Mi oscuridad se estaba poniendo más y más tenebrosa.

A la mañana siguiente, Don y Chris salieron de viaje para estar junto a David. Cuando Don llamó esa noche, yo sabía que las noticias no eran buenas. David estaba en soporte vital; no había ninguna actividad cerebral. Estaban esperando para que una de sus hijas, que estaba viajando, llegara antes de desconectar las máquinas.

David falleció el 18 de diciembre de 2009.

Otra vez clamé y le pregunté a Dios: «¿Por qué? ¿Por qué te llevaste a una persona tan amable y tan buena como David, un ministro que ha dejado todo para servirte a ti?». Como siempre, Dios me envió paz. No hubo respuesta, pero la paz completa de saber que Dios está en control, tranquilizó mi corazón.

---

Poco después de un mes, el 27 de enero de 2010, mi mamá falleció luego de contraer una infección por tener catéteres, sueros y una sonda nasogástrica. Su cuerpo no estaba lo suficientemente fuerte como para luchar más.

Me senté con mi papá y mi hermano, viendo a mamá tomar sus últimos alientos. Después de exhalar su último aliento, nos pusimos de pie y nos abrazamos. Pensé en nuestras vidas, perdí y recobré a mi esposo; Eddie perdió a su joven esposa; la pérdida de nuestro querido amigo David Gentiles; y papá perdió a su esposa de cincuenta y nueve años. Pudimos estar enojados, amargados y perdidos, pero en su lugar había paz en la habitación.

Todos habíamos caminado por la oscuridad, pero emergimos al otro lado con la ayuda de la familia, los amigos, la oración y la fe.

La oscuridad no ha terminado. La enfrentamos en tiempos inesperados. Pero podemos prepararnos. Dios nunca dejó que camináramos solos por la oscuridad y Él tampoco te va a dejar a ti.

> *Bendito sea el Dios y Padre de nuestro Señor Jesucristo, Padre de misericordias y Dios de toda consolación, el cual nos consuela en todas nuestras tribulaciones, para que podamos también nosotros consolar a los que están en cualquier tribulación, por medio de la consolación con que nosotros somos consolados por Dios.* (2 Corintios 1.3–4)

# RECONOCIMIENTOS

Hay un dicho que dice que cada persona tiene un libro dentro de él o ella. Tú tienes el mío en tus manos. Para mí, esa es una declaración asombrosa. Ha habido tiempos en mi vida en que le di vueltas a la idea de escribir un libro profesional, un libro acerca de mi familia, o hasta un libro para niños, pero nunca un libro de crisis. Después de escuchar la misma pregunta repetidamente, «¿Cuándo vas a escribir un libro?», fue evidente que la gente no solo lo querían, sino sentía que era necesario, un libro que honestamente habla acerca de cómo sobrevivir y salir adelante cuando llega una tragedia. Para poner este libro en tus manos necesité el apoyo y la ayuda de muchas personas.

Conocí a mi coautor, Cecil Murphey, por primera vez en 2003 cuando vino a nuestra casa para trabajar con mi esposo en el libro *90 minutos en el cielo*. Al pasar los años, Cec se ha convertido en un querido amigo de la familia. La paciencia que tuvo conmigo, junto con sus dosis masivas de ánimo, han significado más de lo que puedo expresar. Gracias, Cec. Tú eres una bendición.

Mi agente, Deidre Knight, de la Agencia Knight, es otra persona que llegó a nuestras vidas por medio del libro *90 minutos en el cielo*. Nunca en mis sueños más locos me hubiese imaginado cuando Don y yo nos reunimos con ella para comer en el restaurante mejicano en Houston llamado Pappasito, que un día ella iba a estar trabajando conmigo para publicar mi propio libro. Ella es una mujer increíble y me siento honrada de llamarla mi amiga.

Creo que una de las bendiciones más grandes que Dios nos da es la de tener amigos cristianos. A través de toda mi vida, he tenido el honor y el privilegio de tener varios. Estoy contenta de tener esta oportunidad para agradecer a dos amigas que son mucho más allá que especiales: Ginny Wagner y Carla Cothran. Ambas han tenido sus propias caminatas por la oscuridad y emergieron a la luz. Sus sugerencias, cuidado, apoyo y oídos atentos mientras escribía este libro, me sostuvieron en tantos niveles. Vosotras son dos de las bendiciones más grandes que Dios me ha dado en mi vida. Las quiero mucho, Ginny y Carla.

¿Cómo puedes agradecer adecuadamente a la gente que te dio la vida? Mis padres, Eldon y Ethel Pentecost, me criaron con amor. Ese amor fue demostrado una y otra vez mientras trataba de sobrevivir esos días oscuros que tuve después del accidente de Don. No hay palabras lo suficientemente grandes, fuertes o hermosas para expresar mi agradecimiento. Mamá y papá, vuestros sacrificios de tiempo y energía significaron que pude concentrarme en cuidar a Don. Ustedes siempre estuvieron allí para escuchar y, más importante, para orar. Te quiero mucho papi y te extraño mami. Gracias por tener una gran parte, la cual me hizo ser quien soy.

Dos de los días más felices de mi vida fueron cuando nacieron nuestra hija, Nicole, y nuestros hijos gemelos, Chris y Joe. Como su madre, estoy orgullosa de los adultos en que se han convertido. Cada uno de ustedes tiene talentos extraordinarios y especiales que usan para honrar a su Señor Jesucristo. Ninguna madre podría pedir más. Durante mis días oscuros, iluminaron mi caminata cada vez que podía ver o hablar con ustedes. Solo pensar en ustedes hace que mi día sea mejor. Te quiero mucho, Nicole, mi hija favorita; Chris, mi hijo favorito con cabello color marrón; y Joe, mi hijo favorito con cabello color rojo.

Sin el amor y el apoyo de mi esposo, este libro nunca hubiese salido a la luz. Don siempre ha tenido más fe en mis habilidades que la que tengo yo. Don viaja por todo el mundo, pero siempre puedo contar con recibir una llamada cada noche a las 20:00 horas, solamente para hablarme y ver cómo estoy. Durante los pasados treinta y ocho años de casados, hemos caminado por varias sendas, unas brillantes y otras oscuras, pero tú nunca me has dejado. Gracias por creer en mí, gracias por amar a nuestros hijos increíbles, gracias por ser un papá que consiente a nuestro nietos, y gracias por ser un hombre que busca hacer la voluntad de Dios. Eres mi héroe.

Tomaría páginas y páginas para poder agradecer a todas las personas que han estado allí y que nos han apoyado a Don y a mí en nuestro ministerio a través de los años. La gente de la Iglesia Bautista de South Park, Primera Iglesia Bautista de Rosharon, Iglesia Bautistas de la calle Murphy y la Primera Iglesia Bautista de Pasadena, ha sido alentadora, amorosa y comprensiva. Mi vida es mucho más completa por haberlos conocido y haber sido amada por ustedes.

Quisiera agradecer a todas las maestras con quien trabajé, especialmente al equipo del primer grado de la escuela primaria de Stevenson, que se puso en la brecha por mí. Nunca olvidaré su bondad y su buena voluntad de hacer mi trabajo. Eso me tocó el corazón. Realmente fueron mi soporte vital y sigo dándole gracias a Dios por ustedes.

Gracias, Señor. Lo debo todo a tu amor y a tu cuidado. Cuando contesto la pregunta: « ¿Cómo lo hiciste?», simplemente digo «con Dios». Lo digo del fondo de mi alma y de mi corazón. Gracias, Jesús, por estar conmigo en cada paso del camino, aun cuando en algunos momentos no reconocí tu presencia. Tu haces que mi vida brille con fe y esperanza para mejores futuros. Mi corazón es tuyo.

Eva L. Piper

# Acerca de la autora

Eva Piper es una oradora y autora con una percepción singular en cuanto a las pruebas de la aflicción y la alegría de vencer. Ella ha inspirado a las audiencias con su testimonio de caminar con sus seres queridos que estaban heridos a través de la noche oscura y sobreviviendo para ver un amanecer no solo brillante sino mucho más hermoso a causa de la jornada. La esposa del autor de éxito, Don Piper, Eva fue el pegamento que mantuvo a su esposo destrozado y a su familia, unidos.

La historia de Don, relatada en el *best seller* del *New York Times, 90 minutos en el cielo*: *una historia real de vida y muerte*, es la historia de Eva también. De hecho, hoy Don la llama la «verdadera heroína» de su dura experiencia.

Ella y Don ahora viven en Pasadena, Texas. Ella tiene el grado de maestría cum laude del Louisiana State University [La universidad del estado de Louisiana]. Fue maestra por treinta y cuatro años y recibió el honor de Maestra del Año en Plano, Texas, Distrito escolar independiente, sirvió como profesora auxiliar en el North Texas State University [La universidad del norte de Texas], y conferenciante invitada para el Education Service Center [El Centro de Servicio Educativo].

## Acerca del escritor

Cecil Murphey es el autor y coautor de más de 100 libros, incluyendo: *Making Sense When Life Doesn't* [Sacando sentido cuando la vida no lo tiene]. Él ha escrito cuatro libros con Don Piper, empezando con *90 minutos en el cielo. Manos prodigiosas: la historia de Ben Carson*, escrito para el doctor Ben Carson, ha permanecido como un éxito de ventas desde que fue publicado en 1990 y ahora está en su edición número setenta y tres.